血緣性縱貫軸

林安梧著

臺灣學生書局印行

新版序言

　　這部《「血緣性縱貫軸」：解開帝制・重建儒學》是我近三十多年來對於帝皇專制、父權高壓與儒學體系的深層反省之一。面對著儒家人倫教化的核心，最為重要的「五倫三綱」，環繞著「血緣性縱貫軸」這概念叢結，展開了深層的哲學闡析。

　　猶記少時，讀《論語》，喜其平易，平易中有堅定，堅定中有恆久，覺此孝悌人倫、道德仁義，高明中庸，天長地久之教也。因而立志，欲效孔子之周遊列國，弘揚中華文化於天下。但我總覺得儒學有一難以處理的問題，那便是與「帝皇專制」、「父權高壓」及「男性中心」，糾結一處，為許多所謂現代化的進步開明派所摒棄。我亦覺此問題若不得解決，儒學之興復，總是有個病痛在，動不動就會發起病來。而且一發起病來，就麻煩得緊。業力現前，難以了脫。

　　年青時，讀了許多對於儒學批判的書，總覺得這些書很少能進到裡處，見到病源，往往只就現象說說，概括出一些病徵，說出些片面的道理。有些雖進到歷史諸多層面，但由於哲學的高度所限，其反思看似有些知識理論的建構，但仍只是概括而已，實不足以解其病痛也。除此之外，我年青時，更多時間閱讀了當代新儒家的書，他們對儒學既有虔誠之敬意，也有較為深刻的反

思，但我還是覺得這些反思，仍有進一步探求的必要。

　　上個世紀七十年代，接聞陽明學，讀《傳習錄》，直捷簡易，透闢明達，讀之歡喜，踴躍不已。我當時想，這等大學問，一體之仁，落於人間之實踐，卻有千萬個困難，此又何也。我覺得此中一定有個大病痛、大困結在。當時，好讀書，廣搜中西、舉凡社會哲學、歷史哲學、文化哲學，莫不蒐讀，摘抄筆記，反覆思考，何以權力之糾葛，如此其深也。大道之不明，如此其久也。此中糾結處，必當點出，儒學方有重生之可能。

　　嚴重的問題並不是出在儒學本身，而是兩千年的帝皇專制，連帶此帝皇專制而強化了父權高壓，也嚴重化了男性中心。「君爲臣綱、父爲子綱、夫爲婦綱」，三綱之說本要說的也是個常道，仍是相待而依倚的、「兩端而一致」的和合之理，結果鬧到後來，成了「君要臣死，臣不能不死；父要子亡，子不得不亡」，這就實在太過頭了。要寡婦守節，原意也不差，但弄到後來，拿個貞節牌坊，來桎梏人的身心，就連未過門的媳婦，也得守寡。你說這會合孔老夫子仁愛之本懷嗎？但聽說有人也把這叫做儒學，說眞的，這是哪門子儒學啊！

　　不是儒學，但被說成是儒學，而且還高掛著儒學的匾額，這樣的三綱，這樣的儒學，這樣的父權高壓的儒學，這樣的帝皇專制的儒學，這樣的男性中心的儒學，你要嗎？我想不會有人要的。如果，這叫做傳統，那不只反傳統主義者要反，我也要反，陽明要反，孟子要反，就連孔老夫子本人也要反，夫子不只說「非無徒也，小子鳴鼓而攻之可也！」，他會親自督軍，要子路帶兵，跟著一群子弟，殺過去的。眞儒與俗儒、僞儒、陋儒，這場鬥爭

是必要的。

　　這鬥爭，不只是有形有象的外在鬥爭，它更困難的是無形無象的內在鬥爭，它不只是外在的歷史表象問題，它更是內在身心業力的問題，是整個民族、整個文明，自古及今，兩千年來的身心業力問題。它的確是一陰陽相害、神魔交侵，而難以處理的論題。上個世紀七十年代起，我一方面接聞儒家之心學一脈，喜其高明透脫，洞徹有力，卻也發現此中有一難解之「咒術」在焉！一方面又讀了諸多西方哲學，特別是歷史哲學、政治哲學、文化批判諸書。因而我漸漸看出此中的大問題來，也有了解開的途徑。

　　我以為此中有一嚴重的大困結，我且名之曰「道的錯置」（Misplaced Tao）。兩千多年來，儒學陷溺在帝皇專制、父權高壓、男性中心的嚴重困結之中，把權力與道德、專制與良知，攪和一處，莫明所以。本是國家領導，期望他能作為好的國君，這當然是好的。「聖君」本是要求其為「內聖」，方能成為「外王」，這是有德者、有能者，才能居其位、行其權的說法，這當然是對的。本來求其為「聖君」，但現實上，卻是他既為「君」了，他就自以為是「聖」了。不只他自以為，而是大家都這樣認為。這樣一來，有了權力、就有了道德，而且絕對的權力、絕對的道德，「君聖」與「聖君」就錯置了。

　　還有「君者，能群者也」，他應是政治社會共同體的領導者，與血緣親情所成的自然連結，是有所區別的，現在硬要連結在一起。君臣關係原是相待而依倚的，「君臣以義合，合則留，不合以義去」，結果把「君」緊密的關連著「父」來說，說是「君父」，這也是錯置。「君、父、聖」三者形成嚴重的錯置，道德仁義也隨

之錯置；錯置者，倒懸也。如何解此儒學之倒懸、解此「君、父、聖」之錯置，一直是我從事儒學研究、教學，最爲重要的工作之一。

中國政治傳統固有其反智論之傳統，然非只反智也。這裡有著「主智、超智與反智」的糾結在。這糾結與「道的錯置」（Misplaced Tao）密切相關，須得明示之，分疏之、闡釋之、開解之。「道」如何錯置，這必得深入「君、父、聖」的「意底牢結」（ideology）中，才得解開。「君」爲「宰制性政治連結」的最高頂點，「父」爲「血緣性自然連結」的最高頂點，「聖」爲「人格性道德連結」的最高頂點，「血緣性的自然連結」、「人格性的道德連結」、「宰制性的政治連結」，這三者構成了我所謂的「血緣性的縱貫軸」，他影響了整個中國文明的走向。中國文明數千年而不衰，與此相關也。中國文明停滯了一兩千年而不進，與此相關也。中國儒學之有帝制式的儒學、生活化的儒學、批判性的儒學，這三端，與此密切相關也。中國文明之強調縱貫的道德創生，把本體論與宇宙論連在一起，把存在與價值和合一處來說，把天人、物我、人己，三者通而爲一；原強調的「春秋大一統」，結果變成「秦漢大統一」，這莫不與此「血緣性的縱貫軸」密切相關。

既與「血緣性縱貫軸」這結構密切相關，那研究儒學、研究中國文明、研究中國歷史社會總體，研究中國哲學最爲核心的，莫不是要好好解開這難以解開的困結，這本書標舉出「血緣性縱貫軸」爲的是要去分析、闡釋、解構此難以解開的困結，並冀求其有所開發、有所創造、有所生長也。

這部書起稿於上個世紀九十年代中，九三年到九四年間，那

時我在威斯康辛大學麥迪遜校區（Wisconsin University at Madison）歷史系訪問，從學於林毓生先生，並與諸多師友討論，心得筆記，重新疏理，終而得成。當時往來最多、討論最多的朋友，陸先恆博士，竟爾作古多時，想來不禁欷歔。如今想來，似在昨日，想起鄭再發教授的博雅言談、想起在周策縱教授處的縱酒高歌，還有與鄭同僚、黃崇憲、馬家輝的討論，都不免有著久久的惻惻，有著深深的感恩。過了二十一年了，我的老師啊！我的朋友啊！有在有不在的了。我的儒學啊！仍然在艱苦奮鬥中，困結依舊存在，仍須奮鬥疏理、仍須用力開決。疏理、開決，儒學方有所進也。

這部書稿初寫成於一九九四年春夏之交，後修改經年，一九九六年以《儒學與中國傳統社會之哲學省察：以「血緣性縱貫軸」為核心的理解與詮釋》為題初次出版於台北，一九九八年又在對岸的上海再行修訂出版。十多年來，關連此的討論文章已有不少，但此書早已售罄多時，許多年青學者，還有研究生，都說想買，買不著，須得再版。我也考慮要增訂，但動起來可是不容易。想了想，還是改了些手民之誤，接受建議，把原來的題目做了調整，以《「血緣性縱貫軸」：解開帝制・重建儒學》為題，再加上六篇副論，特別要提的是那篇紀念老朋友陸先恆的文章（副論第六篇〈眾生病病病可離，萬里神洲齊奮力──悼念陸先恆博士〉），說真的，沒有先恆，我這本書可不會那麼快就寫成。

書要重版了，才知學問並沒有多大進步，只是就以前所開展的，補其罅漏而已。真的，「十有五而志於學，三十而立，四十而不惑」，「四十、五十而無聞焉，斯亦不足畏也已！」青壯之年，

人生境界或有不及，但智力覺性的透悟力特強，朱子中和新說、陽明龍場悟道、船山寫成《周易外傳》《老子衍》，都是三十七歲，良有以也，這道理是真真切切的。

《血緣性縱貫軸》一書的寫成，在我的爲學歷程來說是重要的，在政治哲學、社會哲學的探討上，「血緣性縱貫軸」這詞的提出有其關鍵性在，「道的錯置」如何構成，如何疏解開來，必須以此作爲核心，展開努力。從傳統儒學如何開啓公民儒學，也必須在此有所著力。儒學不能只停留在心性修養，儒學必須更重視社會公義，亦必須在此著力。從陸王本心論爲主的思考，而調節爲以橫渠船山天道論爲本的思考，從牟宗三先生的「兩層存有論」轉化爲「存有三態論」，從帶有護教式的「新儒學」到批判性的「後新儒學」，也都與此《血緣性縱貫軸》一書密切相關。

舊籍重刊，當有新言；刹那生滅，當下已故，豈有新者。抽足入水，已非前流，雖說如此，讀者爲新，當下即新，生生不息。想了想，何不將原先的附錄三篇，作一修訂，又取九十年代末寫的〈心性修養與社會公義〉論綱，再加上了在美期間寫成的《麥迪遜手記：後新儒學的懷想》，及悼念先恆的文章，以爲副論。如此主論十一章，副論六章，終於成了這本新版之作。

「血緣性縱貫軸」當得解開，但解開，不是要拋棄；而是轉化、開展，並且進一步求其成全也。祈願公民社會的建立，民主憲政的開啓，世界大同、天下爲公，儒家王道思想得以進一步的開展與實現也。斯爲序。

———乙未年（孔子紀元 2566 年，西元 2015 年）七夕
寫於元亨書院台北分院

原版序

　　本書題爲《儒學與中國傳統社會之哲學省察——以「血緣性縱貫軸」爲核心的理解與詮釋》，旨在針對「儒學」與「中國傳統社會」做一深度而系統性的哲學反省。蓋儒學者，長於中國傳統社會之學也，不可孤離而視之，不可徒做玄遠之哲思，亦不可執泥於餖飣之考據，必其能涵浸於傳統生活世界之中，入乎其中，出乎其外，由具體之感知，提昇而爲概念之思考，進而建構一體系性之理論，理解之、詮釋之，願其有助於吾國吾民之未來發展也。

　　追溯其始，一九七九年初，吾時讀書於台灣師範大學，爲「中國哲學史」一課之報告，讀及余英時先生所寫「反智論與中國政治傳統」一文，頗有所感。吾覺其言之有理，但總覺未盡處，遂鼓其初犢之勇，寫下「中國政治傳統中主智、超智與反智的糾結」一文，此殆思考該問題之始。吾思考此問題，固受余先生影響，然最受啓發當屬之牟宗三先生所寫《政道與治道》一書，其餘則受殷海光、徐復觀、張君勱、錢賓四諸先生書文之啓迪亦甚多。七〇、八〇年代間台灣之民主化運動風起雲湧，凡我族類必有所感，感之既切，省之既深，爲學日有所益也。後又讀及林毓生、張灝先生之書文，更有進益。但覺彼之所論，頗有道理，唯感有未盡處，其所未盡，是又何也，亦無所知，只是納悶。

　　一九八二年秋，我進台大哲學研究所就讀，於西方契約論、社會哲學、歷史哲學，漸有所知。對霍布士、洛克、盧梭，康德、黑格爾，韋伯、馬克斯、涂爾幹等人之思想亦漸有一定之了解。吾常於西洋新學中，對比反思中國舊學，其間吾所發表之洛克、盧梭、康德、黑格爾、韋伯、馬克思、彌爾諸文皆對比於中國舊學而思也。吾自謂學問非僅買成品、購種子而已，蓋既購其種子，當於自家文化土壤上，播之、種之、耕耘之，願其有所成長也。吾之所學日多，所思益切，雖不免困知勉行，然始難而終後獲，自亦有其樂處。一九八五年夏，吾讀及懷悌海所著「科學及其當今世界」，彼提及西方近代文明皆有一「具體性錯置」之謬誤（The fallacy of misplaced concreteness），對比中國之學，吾覺其有一「道的錯置」之謬誤。吾以爲當可以經由此來理解中國文化、中國政治社會及其相關之哲學問題。

　　一九八六年春，吾寫就《王船山人性史哲學之研究》碩士論文，此問題更覺顯豁，本即擬以此爲博士之進修計畫，然總覺學有未逮，故暫置之，然其間則常梗梗懷中，日夜以思，終年不斷也。一九八九年春夏，即以「道的錯置」爲思考核心，於東海大學及文化大學所舉辦之國際會議，發表論文兩篇，於中國傳統政治社會中的「父」、「聖」、「君」三個重要概念做出分析闡釋。

　　文既釐清，概念漸明，遂以「血緣性的自然連結」、「人格性的道德連結」、「宰制性的政治連結」三概念爲核心，構結成文，說明「道的錯置」究何所在。捫心自問，仍有所不明，故又置之，未及詳察也。再者，時局日遷，心頗憂苦，遂寫「台灣、中國——邁向世界史」一論綱，仍據此「道的錯置」一概念而闡釋分析之也。

　　自謂所學，存在之學、真存實感之學，非徒恃知識之博以為學也。吾一方面以為中國傳統文化、中國哲學有所謂「道的錯置」處，但又信此傳統文化之能歷劫不衰，自有其療治之可能，自有其康復之可能。吾以為儒、道、佛皆於此有其深睿處，非尋常所知，然又行於倫常日用間也。吾適因緣所至，民間講學，頗盡其氣，於「文化治療」間亦有得。覺儒家之學可開展一道德修養之「意義治療學」，而道家則可開展一自然無為之「存有的治療學」，至於佛教般若空智更有其殊特處，當亦可有一緣起性空之「般若治療學」。吾或筆之成文，或宣之成章，愈覺東土之學實有其難能可貴處，此當立於天地之間，參與全人類文化之辯證，令其有所新開展也。文化多元而對比之觀念，深涵吾心，以是愈覺中國文化傳統中「道的錯置」一問題非解決不可。

　　經由中西文化、宗教、政治社會之巨觀對比，我以是提出「氣的感通」與「言說的論定」二語以為標干，並以《書經》〈皋陶謨〉「絕地天之通」與基督宗教《舊約全書》〈創世紀〉「巴別塔」對比，寫定成文，指出氣的感通者，為存有之連續觀，而言說的論定者，為存有之斷裂觀。如是之論，後證之於張光直先生於考古人類學、中國古文化之發現，吾以是益堅信之。自此起，吾即以為中國文化之核心概念當屬之於「氣」，「心」、「性」非其選也。亦因此，我以為牟宗三先生之新儒學乃一儒學智識化之新方向，非儒學之本原也。

　　熊十力先生體用合一之論，雖言之不免其鑿，然較切近焉！且熊先生出入佛教唯識、般若、真常諸宗，回歸大易，頗有可觀。以是之故，吾即以彼為中心，商量佛儒、對比中西，冀其開

展，一九九一年博士論文寫定，題為「存有、意識與實踐：熊十力體用哲學之詮釋與重建」也。此間吾雖未能繼續研究中國之政治社會哲學，然於「道之錯置」、「氣的感通」等關鍵話頭，仍致其思，不敢或忘也。

何言其不敢或忘也？吾日日思此，體之於倫常日用間，證之於千方萬門，愈見其是。吾亦由是而探索語言、文字、符號，及其古老咒術之關係，或證之於宗教活動，或證之於日常之生活，或求之於古典文獻，或求之於傳奇小說。

猶記一九八九年間，曾對《三國因》傳奇唱本，做研討，覺此中深涵之咒術，不可輕忽。比之於韋伯所論，我覺中西之咒術不同、符號相異、語言文字之表達亦大異其趣，此與其宗教、經濟、社會、政治皆有整體結構性之異同，至可注意。思之、思之、鬼神通之，吾以是覺中國政治社會哲學之研究必不離文化根源之研究，乃至哲學傳統之研究亦必不離於此文化根源之探討。其餘西學之所論，其所及於知識、理性、存有、意識、符號、語言、力量、真理、……等問題，吾亦相證之，自求其解，漸有所得。至此，我漸將所探討之論題集中於「宰制」、「咒術」、「良知」、「瓦解」等概念上來思考，並商量於核心與邊陲之際，「道的錯置」之論自認亦有一番新進境，於「哲學」之基本特性亦因之有新見地，因寫成「從咒術型因果邏輯到解咒型因果邏輯：中國文化的核心困境及其轉化創造」一文，於一九九二年中央哲研所舉辦之國際會議發表。

又順此於「道德教化」與「以理殺人」之弔詭有所闡析，寫定成文，於是年五月於花蓮師範學院所舉辦之國際會議發表。吾且依

此而思，闡明儒學所說之性善論乃於根源處說法也，此當是一以善為向之「善向論」，非求之於善之「向善論」也。順花蓮開會機緣，吾與傅佩榮先生論之於函園，意雖酣暢，唯憾其真知之難也。

　　吾於儒學之理解多方轉折，興味淋漓，更覺彼與中國傳統政治社會之關係，究當若何，當費力釐清，彼方有一新生之可能。適吾於一九九三年得美國傅爾布萊特基金會獎助，赴美國威斯康辛大學歷史系訪問研究，遂以此為論題核心，繼續研討。時相往返於林毓生教授處，論談甚歡，雖或持論有異，然真受益良多也。於林先生所舉「道德思想之意圖」一論題，愈能於中國文化傳統中取證其理，並楷定此思考方式究何所來，其義何在，其偏失又何在。其間吾與陸先恆君相約蒐讀韋伯《中國的宗教》一書，因往來最切，談論最勤，多有靈光乍現，快然不可自已者，先恆於我，助之大矣，不勝其計也。吾復抽暇為諸學友講《道德經》、《陽明傳習錄》、《六祖壇經》，藉此機緣，再思儒、佛、道諸問題，並置之於中國傳統政治社會中，思之、復之，理路亦由是而日益其明也。吾以是更見學之為學果非餖飣考據之學也，蓋學者所以為覺也，必其於生活世界中，涵潤既久，自得其發榮滋長也。

　　思此問題既久，隨筆手札日多，然多漫散不成篇，本擬以費孝通先生寫《鄉土中國》之筆調串連之，然筆愈寫而愈專，每於抽象之哲思，更覺其陶然忘懷，直抒胸臆，其樂不可支也。吾從日常生活之言說論起，更及於生活世界之擺設儀式等，確立「血緣性縱貫軸」為本書之核心概念，進而以五倫為分析闡釋之對象，一方面闡析此中之問題，一方面則逐漸顯豁「宗法國家」一概念。

　　此概念既立，更因之而蒐討其「宗教」與「理性」之關連，並

於「皇權」、「孝道」之特性，楷定其理。凡此所論皆指向「道的錯置」一語，遂藉此申說血緣性縱貫軸之基本限制。進而論及吾人所處之現代，當由血緣性縱貫軸轉進而為人際性互動軸，由宗法社會走向公民社會。吾亦由是而論當由宰制性的政治連結主導下之順服的倫理解放出來，並由根源的慎獨倫理轉而為公民的倫理，且此轉進之為轉進，非思想意圖之轉也，蓋配合權力、結構、組織之變化而轉進也。吾之所述，皆願於我族群之文化之困境有其認識，並求其轉化創造也，遂以此為結論也。計十一篇，所以成其主幹也。

　　附錄三篇，其一〈論儒家的宗教觀及其成聖之道：不離於生活世界的終極關懷〉一文，乃吾於一九九一年春夏間應台灣大學儒學研究社所作之講演，後由張文城、黃英君兩位同學筆錄成文，吾稍事修訂並增補其注釋而成者。其二〈「絕地天之通」與「巴別塔」：中西宗教的一個對比切入點之展開〉，原發表於一九八九年「東方宗教討論會」年會上，後改寫發表於《鵝湖學誌》第四期。其三〈後新儒家哲學論綱〉，寫於今春二月，本只是筆記手稿，後從遊諸友人咸以此可獨立成一綱要也，遂移置於此，以示其「未濟」之意也。

　　吾遊學麥迪孫期間，師友護持，難以勝計，非筆墨所能謝也。吾妻若蕙為我守護家園，養育墾兒、耕兒，其間甘苦，何可言者。廖安兒、美玉嫂，居象山近鄰，照拂至多，亦難為謝也。吾願大恩不以言報也，願以如斯之恩義，延遞之、拓展之，薪盡火傳，永不息止。

林安梧

民國第二甲戌年清明節序於美國中北麥迪孫城

血緣性縱貫軸
——解開帝制‧重建儒學——

目 次

第八章　論「道的錯置」——論血緣性縱貫軸之基本限制 **129**

第一章　本論：本書之緣起、方法及其主題之展開

提　要

　　本文乃全書之導論，旨在彰顯本書之緣起、方法並展開其主題論述。首先筆者由自己生活周遭之學術社群省察起，並將問題點指向「學術自主性之問題」。再者，點出「賢者蔽於意見」，群體結構的外延性不能化約為個我意義的內含性。因為，群體結構的外延性有其極為複雜的向度並產生一難解的驅力。繼之，筆者指出學術本身的自主性，往往是從游離於學術群落間的邊緣人所開啟。正因如此，我們可以通過「熟者使生、生者使熟」這樣的方式，開啟一新的認識階層。這在在顯示本書著重於生活世界及歷史社會總體的優先考量，因為筆者一直以為形而上本質之論述實不能外於歷史發生原因之考察。以下則概述本書各章之提要內涵。

關鍵詞：學術自主性、生活世界、邊緣人

一、

1. 學術社群、學術自主性之問題

　　多年來,「儒學」與「中國傳統社會」一直是筆者關心的論題。在筆者周遭的朋友裡,大約有兩群,對這兩個論題發生興趣,但他們明顯的,有倚輕倚重之別。其一,著重的是「儒學」基本義理的探討與講求;其二,著重的是「中國傳統社會」結構的理解與詮釋。前者,大體是研究中國哲學的朋友,而後者則大體是研究社會學、人類學以及歷史學的朋友。這樣的兩群朋友,我與他們都有極深切的交往,並且有著存在的共事經驗,就筆者的觀察,他們這兩群之間的互動一直是不夠的,甚至相互垢病。前者以為後者太過具體、特殊,不能正視到儒學的普遍處與抽象處。後者則往往以為前者太過抽象、空洞,不能注意到儒學的起源處與發生處。筆者曾想盡量的去促使兩方面的人互動、溝通,但卻總是失敗得多。

　　慢慢的,筆者發現問題的關鍵點不只說這兩方面的人,私下裡有沒有學術真誠的問題,而在於當兩方面的學術研究形成了龐大的言說論述結構,彼此的溝通與互動就變得極為困難。大體說來,一旦構成了學術研究的社群以後,學術的主張、真理的呼籲、權力的擴張、資源的爭取,攪結成一個不可分的整體,這時做為學術社群中的一個存在,往往成了一個社群裡某個向度、驅力下的存在,他亦往往喪失了學術的自主性而不自知。甚至,就在這種喪失學術自主性的情況下,以為某個向度、驅力下的研究

便是在眞具有自主性下，所採取的定準，不可變易，以爲他們自己所隸屬的學術社群所經營的學術方式，及由此而構成的體系便是標準的學術，其餘則僅爲旁支，要不就是異端。說其爲旁支者，以其未直接構成學術權力的威脅，一旦稍涉及於學術權力的威脅，則成異端矣！古云「賢者蔽於意見」，言之深矣切矣！

2. 賢者蔽於意見：群體結構的外延性不能化約爲個我意義的內含性

「賢者蔽於意見」，非自蔽也，蓋群蔽也。並不是個人學術忠誠度如何，而是一旦成了一個學術社群，所成的群所發出的驅力與向度之蔽也。如果只是個人學術忠誠的問題，好像只要反躬自省，求之於己，推己及人，就可以了事的，但若成了一學術社群的問題，它就不是個人如何省察自身，如何忠誠，就可以辦到的。當然，筆者並不否認每個個人學術忠誠的重要，而且個人的學術忠誠多少對於學術社群有一定的影響；但在此筆者所強調的是，即使如此，個人的學術忠誠仍然沒辦法對學術社群產生結構性的影響。簡單說，群體結構之向度與驅力固然與個人之忠誠有密切的關係，但結構之外延性，是獨立於個人之意義的內含性的，不能將群體結構的外延性化約爲個我意義的內含性。

3. 群體結構的外延性及其向度與驅力

更有趣的是，在發生層面看起來，起初是個我構成了群體，但一構成了群體，便有了獨立於個我之外的群體結構的外延性。既有此群體結構之外延性，它便產生一強大的向度與驅力，去規

定個我意義的內涵，甚至使得此群體中的任一個我，限制在此向度與驅力下，並且以此為學術的忠誠，以此為學術的良知所在。這麼一來，學術的忠誠與學術的良知，轉而成了固守學術社群的頑固力量。本來，你想經由學術良知的呼籲、學術忠誠的講求，可以造成學術社群彼此之間的良好溝通，結果很可能適得其反，彼一是非，此一是非，得失、是非早已不是寸心所能真知，蓋道術已為天下裂故也。

　　然則，學術上的此一是非、彼一是非是否永遠只是各是其所是、各非其所非呢？此又不然。那又什麼樣的因素使得彼此有一交通互動的可能呢！其實，如果我們回到學術之為學術本身，此問題自可豁然而解，因為學術之為學術，起先並不固限於某一學術社群之向度與驅力也。甚至，學術之為學術並無有所謂之學術社群也。這也就是說學術先於學術社群，不可以學術社群而範圍學術也。不過，這樣的釐清只是一理上的釐清，並不是實情上即為如此也。尤其，在現代化建制之下，權力與支配有其優先性在，連帶的，學術社群的建制，也就充滿了權力與支配的擴張性，因而個我的自主性之顯露就更形不易。但筆者想說，儘管其愈形不易，但並非全然不可能。然則，其可能處何在？請述之。

4. 學術本身的自主性往往游離於學術群落間

　　其實，學術互動的可能性與學術本身的自主性往往游離於學術群落間，而不是直接落在某個固定的學術群落裡，相對而言，學術群落間的邊緣人，或者陌生者，反而有新創發的可能。或許，這些陌生者對於彼此的學問並未全幅的掌握，但卻因為其為

陌生，反而有著一股新的生之力量，使得它有一番新的生長可能，一跳脫出原先的軌範的生長可能。筆者以為此正如同禪宗告訴學佛者須得經由一「熟者使生」的歷程，才可能進入一新的境域，才不為一熟悉的俗化脈絡所宰控。由「熟者使生」，然後才能再由「生者使熟」，這樣的「熟」才不會限在原先的脈絡，而有一新脈絡開啟的可能。

二、

5. 熟者使生，生者使熟：開啟新的認識階層

就筆者個人而言，起先應是熟於前者，即中國哲學研究一面，但卻疏於後者，即社會學、歷史學、人類學一面。由於學術生活史的變遷使得筆者有機會由前者轉進到後者，這便使得我由前者之熟再轉而為後者之生，又由於面對後者之生，再轉而為熟。這時，相對於前者，便由原來之熟再轉而為生，如此一來，於是又有了新的理解契機，有了新的詮釋可能。筆者以為如此往復循環，應是理解、詮釋，交融、互動的方法。也就是「熟者使生」、「生者使熟」，進而再由第二回合的「熟者使生」、「生者使熟」，工夫一直做下去，永無止息。之於筆者而言，這樣的一本專書，可以說是第一輪的「熟者使生」、「生者使熟」而已，至於第二輪、第三輪、……那要不斷的做下去。此是學術分工及承繼之事，非一人之力所能獨支也，願俟諸他日之來者。

再者，我們要說這樣的「熟者使生」、「生者使熟」，又可以

用來概括的表達一研究的進程。它指的是要回到一生活的感知世界，重新來思考問題，要在一活生生的實存而有的體會下去遭逢一新的問題，而使得這問題有新的生長方式。筆者以爲一切概念的思考是起源於生活的感知的，沒有生活感知，那概念思考便是空洞的；當然，要是沒有概念的思考，而只有生活感知，則此生活感知是盲的。還有，概念的思考並不是憑空而來的，也不是由一先驗的範疇作用在感知之上，而是透過生活的感知，再經由一主體的對象化活動，推提而上，再座落在此生活的感知上，如此往復不已，終而開啓一新的認識階程。

6. 生活世界的優先性、本書的入路

換言之，筆者強調的是「生活世界」的優先性，而與此「生活世界」同時俱起的則是人之做爲一「活生生的實存而有」，進到此生活世界之中，而開啓了新的生活世界之感知，進而再由此新的生活世界之感知經由一對象化之歷程，推提而上，並再迴向於生活之感知中，此時自然就起了一新的認知之歷程。

我們做了以上這樣的說明，便可以清楚的指出何以本書雖標爲「儒學與中國傳統社會的哲學省察」，但筆者似乎把重心擺在「中國傳統社會」，而不是擺在「儒學」。其實，並不是筆者只將重心擺在「中國傳統社會」，而不放在「儒學」；而是想經由中國傳統社會的進入、理解、詮釋、闡析，去指出其根本的結構，指出儒學居於其中是何地位，扮演何角色，又有何限制。

7. 形而上、本質之論述實不能外於歷史發生原因之考察

外於生活世界，直接拿古聖先哲的教言作一番詮釋，進而構造一理論，這並不就完全沒有價值，但往往這容易流於形而上的、本質論式的論述，而失卻了歷史發生原因的考察，甚至由於失卻了這一面，因而其所做形而上的、本質論式的論述亦有麻煩缺失。此蓋因所謂形而上、本質之論述實不能外於歷史發生原因之考察也。當然，筆者此處強調「生活世界」，或許會有讀者以為此意味著所用的方法是一人類學式的田野考察，其實不然。筆者只是強調要處在生活世界之中，與此生活世界有一新而密切的、內在的親和關係，並經由這樣的背景重新來理解、詮釋「儒學與中國傳統社會」之為何物，過去何如，當前何如，而其未來又當何如！茲分段概述之。

三、

8. 血緣性縱貫軸之確立

第二章論「血緣性縱貫軸的建立」，筆者起先從東西文化的差異與日常生活的差異論起，進而以一種現象學式的描述方式，往前追溯、探源窮本，指出血緣性、土根性、道德性三者是如何的連在一起，並指出內聚性的德行與生命之氣的感通，有其密切的依存關聯。相對而言，則為一外張性的權力與言說之論定的依存關聯。一者成就為一鄉土的、禮俗社會，一者成就為一契約的、

法律社會。就中國傳統而言,則是以「血緣性的縱貫軸」為核心而展開的政治社會共同體。它著重的不是一左右、橫列的關係,而是一上下、隸屬的關係。

9. 血緣性縱貫軸之三基元:父子、君臣、夫婦

第三章論「血緣性縱貫軸之三基元:父子、君臣、夫婦」,筆者對比的區分血緣性縱貫軸與地緣橫拓面的差異,進而深拓此血緣性縱貫軸之形上一面,即所謂的「縱貫的創生」。縱貫的創生所成的一個宗教型態是一「以父為天」的道德倫理式的宗教,此不同於一「以天為父」的宗教式的道德倫理。此確立之後,我們繼而檢討了三綱:父子、君臣、夫婦,這三者的基本問題,指出此中所含「父子君臣化」、「君臣父子化」、夫婦一倫不但被「父子化」,而且也被「君臣化」,如此一來,「忠」、「孝」、「貞」這些德行便由原先所強調之由「內在根源之感通」外化為一「絕對專制的規約命令」。由是可知宗法社會、帝皇專制與道德理性有極為密切的關係。

10. 血緣性縱貫軸的兩輔元:兄弟、朋友

第四章論「血緣性縱貫軸的兩輔元:兄弟、朋友」,筆者釐清了長幼有序之為同階而不同位,並通過姊妹與兄弟的對比闡析,去彰顯宗法、符號、權力等的關係。此理既明,便可以清楚了解中國傳統「一統而多元」、「理一而分殊」的構造。再者,我們又對「悌道」做深入分析,指出彼有孝道化、忠君化的傾向。儒家原來對朋友一倫極為重視,但由於君臣化、父子化,便使得朋友之

道的空間變狹，而且不得恰當之發展。正因如此，朋友之道流為
江湖道義，此中雖含有一批判性在，但面對宰制性的帝皇專制，
仍只疲軟無力。筆者以為此皆因為未恰當發展出一朋友式的、地
緣式的關係所致，總在血緣性的縱貫軸支配下，強調人的熟悉、
感通，自有這樣的限制。

11.血緣性縱貫軸所成之宗法國家

第五章論「血緣性縱貫軸所成之宗法國家」，筆者闡析了小農
經濟與氏族農莊，而指出此是一血緣性縱貫軸所成的共同體。在
這樣的血緣共同體下，其自我的身份、所有物的觀念、乃至物與
物之間的交換方式，都有其獨特處，當然其使用貨幣的觀念亦不
相同。凡此種種皆與中國傳統政治觀念不是權力的統合而是禮之
象徵的統合有密切關係，而此亦可以清楚的說明中國文化之為一
恥感的文化，相對而言基督宗教文化為罪感文化，印度佛教文化
則為一業感文化。此與中國之為一符號式的統治，而不是實力式
的統治密切相關。以其如此，故中國傳統符號式的統治自有其獨
特的名實觀，此與西方傳統實力統治下的名實觀相異。中國傳統
宗法國家與其氣的感通傳統相應，而此皆依於血緣性縱貫軸以為
核心而展開。

12.血緣性縱貫軸下宗法國家的宗教與理性

第六章論「血緣性縱貫軸下宗法國家的宗教與理性」，筆者首
先檢討了宗法國家涉及到的權力、符號與象徵諸層次，指出一政
治社會共同體其權威的確認、權力的獨佔、神祇的安排與儀式的

置定等息息相關。並經由一對比的方式指出在「言說的論定」下，其相應的是一絕對的一神論，是一斷裂型的理性，而這與征戰、權力、語言、命令、執著性、對象化、理性、約制、絕對、專制、共相等觀念有其內在的親近性。在「氣的感通」下，其相應的是一萬有在道論，是一連續型的理性，而這與和平、仁愛、情氣、感通、無執著性、互為主體化、道理、調節、和諧、根源、整體等觀念有其內在的親近性。經由以上這些了解，我們進一步對於儒學中常用的天、命、性、道、德、行諸字義，做出清楚而確定的詮釋。

13.血緣性縱貫軸下宗法國家的皇權與孝道

第七章論「血緣性縱貫軸下宗法國家的皇權與孝道」，筆者順上章所論政治社會共同體之建立與宗教、理性之誕生相伴而起，進而指出此與皇權與孝道相應，當然此皆與血緣性的縱貫軸密切相關。於是，我們順著歷史與哲學兩層面而展開分析。周公之制禮作樂代表由部落王權走向普遍王權，此隱含一王權的虛化與孝道之落實。就政治文化史、思想觀念史而言，此即是由「帝之令」轉而為「天之命」，是由畏懼生仁敬，由威權轉道德，血緣性縱貫軸亦由是得以確立。值得注意的是儒家原先的政治理想──王權虛化、孝道落實，並未真正成功。隨著帝皇專制、絕對皇權的建立，孝道亦因之而被異化了，因而專制性的縱貫軸與血緣性縱貫軸極奇詭的合為一體。

14.論「道的錯置」——論血緣性縱貫軸之基本限制

第八章論「『道的錯置』——論血緣性縱貫軸之基本限制」，依前面諸章所論，筆者再經由中國傳統政治社會與西方政治社會型態之對比指出其異同，並環繞「道的錯置」一問題，提出省察。筆者指出儒家一直陷在血緣性的縱貫軸之中，其所主張之政治社會共同體之規範及秩序（禮）之最後的軌持者仍然是「天子」，而這便隱含著一個難以處理的困結。再者，直以道統與政統對比，道統是以聖賢、君子為主導，此有別於天子君相為主導的「政統」。原先，儒家所強調「血緣性的自然連結」與「人格性的道德連結」合而為一乃是「血緣性縱貫軸」之調適而上遂的發展。這裡原隱含一道德理想的實踐，它是超乎政治之上，而且足以抗衡現實政治的。然而，秦漢之後，「宰制性的政治連結」成為一切的管控核心，這使得「人格性的道德連結」及「血緣性的自然連結」異化為一切宰制之合理化及合法化的基礎。如此一來，君成為「聖君」，君成為「君父」，「君」成了一切管控的核心，「道之錯置」於焉構成。經由這樣的分析，我們發現宰制性政治連結與道德思想之意圖有密切的關聯。此時，儒家人格性道德連結所構成的「道統」與帝王家宰制性政治連結所構成的「政統」儘管形成了一個內在對比的抗衡結構，但仍不免將其「自律型之慎獨倫理」異化而成為一「他律型的順服倫理」，「良知型的理性」異化為「宰制型的理性」，所謂「阿Q式的精神勝利法」亦於此脈絡可明白了解。再者，筆者闡明西方近代理性的解咒與牢籠，指出契約性社會連結與委託性政治連結的重要，冀其能免除道德思想意圖的謬誤，讓

政治社會之道有重新開啓之可能。

15.從「血緣性縱貫軸」到「人際性的互動軸」

第九章論「從『血緣性縱貫軸』到『人際性的互動軸』」，筆者總結如前所論，指出血緣性的縱貫軸包含有「宰制性的政治連結」、「人格性的道德連結」、「血緣性的自然連結」，此即「政統」、「道統」與「鄉土血統」三者。這樣的「血緣性縱貫軸」是不同於「人際性互動軸」的。可貴的是血緣性的縱貫軸隱含著一縱貫的創生力量，此有別於原先那網絡性的縱貫連結，而有著一股新生的力量。此力量一方面根於原先內在超越的敬德宗教傳統，一方面則由於使命感之向上向內而發出的根源性追溯力量，再者，就倫常日用中，血緣性的縱貫軸本即含有此根源性的縱貫創生力量。然而，我們仍須正視的是中國傳統政治的最大限制──結構與權力無客觀獨立性。就此而言，我們須經由縱貫的創生一轉而爲人際的互動，這即是由「我與您」（I and Thou）這樣的格局，轉而爲「我與它」（I and It）這樣的格局。唯有如此，經由對象的兩分，一限定性的存在方能確定，客觀的第三者才得以建立，公共空間，社會公義方得以建立，人際性的互動軸才能眞實的確立起來。

16.從「順服的倫理」、「愼獨的倫理」到「公民的倫理」

第十章論「從『順服的倫理』、『愼獨的倫理』到『公民的倫理』」，首先筆者依前所述血緣性縱貫軸之展開，指出儒學有「生活化的儒學」、「批判性的儒學」與「宰制性的儒學」等三個面向。

以前之知識方子以道統結合民間鄉土之倫常孝悌，而柔化帝皇專制，然而近代以來，淺薄的知識分子直以爲此道統與倫常孝悌與帝皇專制爲一體，因而大力撻伐之，結果造成了近現代的新專制，此不可不察。此亦可見當代中國知識分子之不能了解儒學之多元性所致，而此又何也，更值得重視。再者，筆者對於所謂「存天理、去人欲」之命題展開詮釋分析，指出「根源性倫理」與「順服性倫理」的錯置情況。由於這樣的錯置情況使得道德思想之意圖其調節性作用受到嚴重限制，且因之而導致更嚴重之謬誤。就道德思想之意圖的謬誤中，我們發現中國文化傳統中，根源性的倫理、帝皇專制以及巫祝咒術的傳統形成一相互依倚、相互抗持的關懍，值得注意。筆者以爲凡此種種，皆可以說中國文化傳統中的子民是一自然狀態下的天民，其倫理乃是一天民倫理。天民倫理是一血緣性縱貫軸下所成之倫理，此與公民倫理不同。公民倫理是以自我的限定爲起點，並由此而構造成一客觀的契約性結合體。公民倫理不是來自於道德、思想、意圖，而是來自於權力、結構、組織。筆者強調中國文化之發展，尤其是儒學之發展，不在單元的轉出，而在多元的重建。

17.從「咒術的實踐因果邏輯」到「解咒的實踐因果邏輯」

第十一章論「中國文化的核心困境及其轉化創造：從『咒術的實踐因果邏輯』到『解咒的實踐因果邏輯』」，筆者集中於「咒術的」與「解咒的」這兩個詞的對比來闡析中國文化的特點並指出其核心困境及其轉出之可能。筆者以爲咒術型實踐因果邏輯是以咒術之絕對爲一切因果之歸依，而解咒型的實踐因果邏輯是依於理

性的對列原則所立法的因果。咒術型實踐因果邏輯與連續型理性相關，或者可說是傳統「連續型理性」的異化與墮落之表現。這樣的實踐因果邏輯不是在市民社會中開展出來的，而是在一血緣性縱貫軸下開啓的。這是經由氣的感通原則而開啓的，不是經由言說的論定而開啓的。再者，新儒家所說的「智的直覺」與咒術型的實踐因果邏輯密切相關。再者，由於這樣的實踐因果邏輯，導致主體的實體化與實體的主體化，因而造成了嚴重的自我封限。

我們該當正視此封限，才能解開這個困結，才能了解諸如從庚子義和拳、五四運動，文化大革命，一連串看似相反的運動，它們卻都隱含著咒術性格。再者，筆者指出了實踐因果邏輯的咒術型轉出及其限制，並說明了道德思想意圖的摧化作用及其限制。最後則指出台灣地區已具有解咒型實踐因果邏輯開展的可能。

18.本章導論之結語

如上所述，可見筆者所把握的主軸概念是「血緣性的縱貫軸」，首先著重從生活世界所及的五倫闡析詮釋起。筆者將五倫的父子、君臣、夫婦視為三個基元，而兄弟、朋友則視之為兩個輔元。經由這樣的闡析逐漸豁顯此血緣性的縱貫軸是由血緣性的自然連結、宰制性的政治連結、人格性的道德連結所構成。就此三者而言，可以說是中國傳統社會之三大軸面，若以儒學觀之，皆交涉於其中，難以分離。就歷史的進程而言，筆者以為由部落王權而普遍王權，再由普遍王權轉而為絕對皇權，中國長久的帝皇專制指的是此絕對皇權。以儒家的理想而言，曾冀望能由普遍王

權調適而上遂於一道德王權，並因之而主張民本、禪讓、天下爲公。可惜的是由於歷史社會總體從秦漢起進入到了絕對皇權的階段，因此道德王權只是一過去的嚮往與理想的追思而已。甚至儒家所強調的人格性的道德連結也成了專制的工具。

　　由於帝皇專制高張，宰制性的政治連結爲首位，儒家所強調的人格性的道德連結成了工具，這便造成嚴重的扭曲與異化，筆者所謂「道的錯置」於焉構成。筆者更因此分別論述了宗法國家的宗教、理性、王權與孝道，其間極爲密切而複雜的關係，而凡此種種皆環繞著「血緣性縱貫軸」構成。道之爲道，原是全族群所分享的，它原是存有、知識、價值的最後根源與最高歸趨，帝皇專制後，由於宰制性的政治連結獨大管控了一切，這便使得皇帝成了「道」的實際握有者。道一旦封限在帝皇專制手裡，血緣性的縱貫軸便成了宰制性的縱貫軸，原來根源性的倫理便轉而爲順服的倫理，而且原先的咒術性傳統便起了一極大的作用，成爲思維的核心。然而，筆者以爲中國文化傳統中，儒家之爲可貴的是，在此血緣性縱貫軸的思維中，極爲強調一根源的縱貫創生性，它使得中國文化有著再生的可能。但值得注意的是，這根源的縱貫創生性是不足的，它必須走向客觀化，走向一自我限定，而開建一新的橫拓面軸。如此，才能由原先的天民倫理走向一公民倫理，由血緣性的縱貫軸走向一人際性的互動軸。當然，這都得伴隨著經濟的發展、社會的變遷、政體的轉型，在一公民社會下才成爲可能。籠統言之，筆者以爲這是一解咒的過程，此得邁向整個中國政治社會共同體之重建，而儒學亦得在此過程中有一新的重建也。

第二章 「血緣性縱貫軸」之確立

提 要

本論文旨在經由日常生活世界的現象學描述，指出在中國文化傳統中所隱含一根本的「血緣性縱貫軸」之結構。首先筆者經由曠觀的對比指出中西文化中文化的差異與日常生活語言的差異，進而指出在中國文化傳統中的「個人」乃是一在血緣性自然連結下的個人。再者，就祖先牌位的安排放式，及其相關的祭祀情形，筆者進一步闡明了祭祀的咒術性與道德性，從而點示出儒家傳統中極強調的將血緣性與道德性關聯成一不可分的整體。

再者，筆者更探源窮本，指出血緣性、土根性、道德性三者是如何的連在一起，並指出內聚性的德行與生命之氣的感通，有其密切的依存關聯。相對而言，則為一外張性的權力與言說之論定的依存關聯。一者成就為一鄉土的、禮俗社會，一者成就為一契約的、法律社會。就中國傳統而言，則是以「血緣性的縱貫軸」為核心而展開的政治社會共同體。它著重的不是一左右、橫列的關係，而是一上下、隸屬的關係。

關鍵字：血緣性、鄉土、契約、道德性、氣的感通

一、

1. 文化的差異與日常生活語言的差異

多年來，筆者嘗從事於中西文化及其哲學之比較研究，愈發覺得任何宏觀的比較，其實都離不開我們的生活世界，因此往往從我們對日常生活的覺知，就可以在一現象學的描述下，調適而上遂的論及於兩者之差異。即使，在已經現代化的社會裡，仍然可以從日常生活用語裡，去發現彼此所存留的文化積澱。做為中國文化傳統核心的「血緣性縱貫軸」結構，依然在我們的生活世界中明白可見。

台灣現在幾乎已進入到所謂的「已開發國家」之林，社會經濟的主要生產來源是工業與商業，而不是過去的農業。但無可懷疑的，就我們的社會文化而言，仍然是建立在過去的農業文化，而發展起來的。比如，我們與人交往，一見面最習慣問的是「貴姓」，「那個地方人」，而寒暄問好以前最常用的便是「天氣好啊！」「吃飽了沒有」。這和外國人之問「HOW ARE YOU？」便有很大的不同。他們一問人，便問的是名字，而不是貴姓；他們問的是「WHERE ARE YOU FROM？」而不是「籍貫」。我們要說這些對比不是偶然的，它們充滿著文化整體的差異，這是在不同的社會型態下所長成的兩個不同的文化型態，兩個不同的言說表達方式，他們經由數千年的歷史烙印在不同的族群與社會之中，直到廿世紀末的今天，雖然世界幾乎已成為地球村，但此差異仍然清晰判明，分毫不爽。

　　就前面我們所提的幾句問答，這便涉及於三個極爲重要的面向，一個是「天」、一個是「地」、一個是「人」，這「天」、「地」、「人」，在漢文化的古傳統中就將它說成「三才」，《三字經》上說「三才者，天地人」即指此。[1]「天氣好啊！」這指的是一自然環境如何的問題，「吃飽了沒有？」這指的是生命的自我保存問題。這可以說漢文化下的族群彼此都極爲關心注意生存與生命，外在與內在的種種問題。就這兩句話，還不足以表現出這個族群的特色來，而一問「貴姓」、「籍貫」，這便顯示了它的特色來了。

　　文化的差異必表現在日常生活語言的差異上，我們若能注意到日常生活語言的獨特性，自能掌握到這文化的特色所在。學問求得是概括的、抽象的論述，但可不要忘了任何概括、抽象的論述定從具體的、實際的生活經驗中來，如何去就日常生活所感知到具體而實際的差異，抽繹成概括的、抽象的論述，這是頗爲重要的。[2]

2. 血緣性自然連結下的個人

　　問「貴姓」與問「WHAT IS YOUR NAME」，就不同。後者強調的是一個「個人」，而前者則強調一個「群體」。再者，值得

---

[1]　除了《三字經》提出「三才者，天地人」的論點外，中國其它經典幾乎隨處可見及人生於天地間，如何參贊天地之化育的論述，這裡透露出人是與天地關聯成一個整體的，是在生命聲息的互動感通下而去長成其自己的。

[2]　明顯的，筆者這裡提出了一從生活世界的感知到理論的締建之歷程與方法，請參見林安梧〈存有、方法與思考──對於「方法論」的基礎性反省〉，見《鵝湖》，第十八卷第十期（總號 214），一九九三年四月，台北。

注意的是，這個群體並不是經由人為的契約方式組織起來的，而是依循著自然的血緣關係而構造起來的。它小的是一個「家庭」，大的是一地方的「家族」，更大的則是一國家社會的「宗族」，再大則可以是跨過了國界的「宗親」。換言之，漢文化義下的「人」是擺置在「家」裡頭的，這是就一個「血緣性的自然連結」而成的一個整體，就此整體而說的「人」。或者，我們可以清楚的指出，在漢文化下，一說到「個人」就是在「家庭」乃至「家族」中的個人，而不是可以隔離開來而說的單獨的個人。³

　　再說「籍貫」，明明你是在台灣出生的，但說的「籍貫」卻不是台灣，而是以前你的父親的故鄉。甚至，你們已經遷居台灣數代，乃至超過了十代的，但一說起「祖籍」，卻能清楚的說出是來自於「福建」或「廣東」，或者其他什麼地方。即使現在的台灣仍然可以看到很多不同的「同鄉聯誼會」的廣告招牌，這雖與政治權力相關，但決不只是什麼政治權力因素就能造成，而是由於文化綿延的因素造成的。

二、

3. 祖先牌位與祭祀

　　其實，這問題更清楚的表現在祭祀的祖先牌位上。祖先排位，通常正中央寫的是「堂上高曾祖顯考（妣）某姓之神位」，而

3　如費孝通即從「差序格局」來思考此問題，請參見《鄉土中國》，〈差序格局〉、〈家族〉兩節，上海觀察社出版，一九四八年，上海。

跨正中央的兩邊，則跨寫「某地」（祖籍），在這祖先牌位的旁邊，也就是廳堂的正中央，原置的是「天地君親師」的牌位，台灣現在則許多是「觀音菩薩」，在觀音菩薩下，則有「土地公」與「土地婆」，旁邊很可能有一副對聯，寫著「佛力永扶家安宅吉，祖宗長祐子孝孫賢」（這是佛教世俗化與中國儒道兩家完全結合的一個例子，若不是這樣，可能有不同的對聯，但意思大體相差不多），這是一個極重要的文化現象，我們可從此來理解這個社會之所以成為這個社會，其背後深層的構造因素。

一個群體在同一個生活世界日常所使用的基本符號象徵，定然充滿著豐富的意義，去解讀這些符號象徵是做為理解這個群體文化理解與詮釋最好的方式。最好的解讀方式就是去把它描述出來，讓現象呈現它的本質。這個描述與詮釋是否恰當，就看它整體是否一致通貫。

在我們的生活世界中，記得以前除了過年過節要祭祀祖先，及其他相關的神祇外，每個月的朔、望亦要祭祀，而最平常的是每日早晚要在牌位前焚香。舊式的農業社會，在他們的生活世界裡幾乎無一日不有祭祀的活動。

4. 祭祀的咒術性與道德性

「祭祀」是經由一儀式，讓你能與祖先神祇生命精神根源相接，而在漢文化的理解中，每個人的生命是與其祖先關連起來的，因此經由祭祀的儀式去與祖先神明相接，其實就等同於去疏通自家的生命根源。如此一來，我們就能了解那祖先牌位就如同人生命源泉的象徵一般，每一個人經由血緣性的自然連結緊密的

結合成一個整體。

　　祭祀祖先，在原始的意義上，是相信祖先可以降下禍福災祥的，因此要祈求祖先降福祥祛禍災的。原先，這樣的儀式是含有咒術意義與效用的，但後來，經由道德理性化的過程，它成了一種用來疏通自家生命內在根源的儀式。它所強調的不再是宗教上巫術的意義與效用，而是道德實踐修為上的意義與效用。換言之，祖先不再是一實質的「靈」能干預你什麼，能降下什麼禍福災祥；相對而言，祖先是一象徵的「德」，祂敦促你反躬自省，回到自家生命深處，尋求自己該當實踐的指標。儒家所謂「愼終追遠，民德歸厚矣！」[4]便是這個意思。一般，我們說「祖德流芳」，而不會說「祖神顯赫」，也是這個道理。至於，在一般民間的祭祀廟宇中，我們雖然也會有「福德福由德，正神正是神」的說法，但我們所重的是「神力加被」、「神威顯赫」，而不是「神德加被」、「神德感召」。這也都在在可見，「祭祀祖先」與「祭祀神靈」，前者著重的是「道德的」、「象徵的」層次，而後者則著重的是「咒術的」、「權力的」層次。這是頗值得我們注意的。[5]

5. 血緣性與道德性

　　這麼說來，我們要指出，不只是「血緣性的自然連結」是我們

4　語見《論語》〈學而〉第九章，乃曾子之言。

5　大體而言，「祖德崇拜」傳統可歸屬儒教，而「神威顯赫」傳統則可歸屬道教，前者重在「道德創化」，而後者則重在「一氣之所化」。請參見林安梧《論儒家的宗教精神及其成聖之道——不離於生活世界的終極關懷》，東方宗教討論會第九屆年會論文，刊於《東方宗教研究》新五期。

漢文化的特色，再者在這「血緣性的自然連結」裡層乃是一「人格性的道德連結」，它強調的是人與人之間存在的道德真實感，由此真實感而構成一不可分的整體。

這「血緣性的自然連結」與「人格性的道德連結」相滲透而成為一體之兩面，使得那「血緣的」不再停留在「自然的血性」中，而提到了「道德的感通性」這層次，同時也使得「道德的」不再停留在「權力的‧理性的規約」之中，而滲入了「自然的血性」之中。自然的血性與道德的感通關連成一個整體，不可兩分。

血緣性的自然連結將個人的生命深遠的植根於過去，並通向未來，而在這內裡則是道德的、人格的連結；如此一來，我們可以知道每一個個人不是一漂萍式的存在，因為他的生命不只是現世而當下的，而是深入過去，並且邁向未來的，這使得每一個個人的存在基礎變得極為深厚穩重，當然，所謂的「保守性」亦再所難免了。

6. 血性、土性、根性與德性

把「血緣性」與「道德性」連結在一起，這便使得血緣不只是一種連結的方式而已，而是提到了更為根本的根性，或者說，它不只是在方法論的層次（methodological level）而已，而更提到了本體論的層次（ontological level）。或者，更簡單的說，漢文化的族群構造方式，這「血緣」的方式，不只有「血」性，更重要的是有「土」性，因為這「土」性，而有其「根」性，也因而有其「德」性。漢文化自古即有「安土重遷」、「祖德綿綿」之說。

這「安土重遷」與「祖德綿綿」看起來分而為二，其實它們是

一體的。之所以會有「祖德綿綿」的義理理解，乃因爲「安土重遷」的條件所致。再往前追，之所以「安土重遷」則因爲「小農精耕經濟」所致。這麼一來，我們可以說「血性」、「德性」都建立在「土性」之上的。費孝通在所著《鄉土中國》裡就說「從基層上看去，中國社會是鄉土性的」。[6]這說的很有道理。

　　以農業爲主的經濟，「土地」當然是他們的命根子，土地是一切「生長」的可能，而且是必然的可能，有了土地，才能下種，才能耕種，才能收成，才能活下去。漢人移民塞外，第一件事不是學胡人來個胡服騎射，而是將原來的農耕方式，移植過去，不管天候如何，總要試試，耕地下種。只要能耕地下種，便聚族而居，形成一個新的單元體，連使用的語言亦保留的很完全，不太受外族的影響。[7]這樣的一個新的聚落，與他密切相關的是「土地」，再者，則是他們何自而來的「籍貫」、「祖籍」，以及「血緣」的追溯。整個說來，他們是「客寓」於此，最後因爲血緣繁殖，甚至在此落地生根了，但可不要忘了，他們之落地生根是將此「客」作「主」，而不是渾在此「客」中，化掉了「客」，而參與到原先此地的生活世界中，而成爲「主」。換言之，不是以這「土地」爲主，而是以其「血緣」統緒進到這「土地」上做主。「血緣」與「土地」，血緣優先，土地其次。或者我們可以說「血緣土地化，而有了根性；土地血緣化，而有了血性」。[8]

6　　見費孝通著《鄉土中國》，〈鄉土本色〉一節。

7　　同上註。

8　　筆者以爲「血緣土地化，而有了根性；土地血緣化，而有了血性」，這兩
　　　句話，一方面可用來表達血緣與土地的關係，另方面則可以說明中國文化

　　祖先牌位之所以要把「祖籍」登載上去，這正象徵著爲血緣尋個土地根性的入路，同時，也象徵那土地經由血緣祭祀之禮，而不再只是土地，而成爲一具有道德根性的「母土」。

三、

7. 土根性、聚村而居

　　如上所述，我們似乎將「血緣性」、「道德性」、「土根性」三者結合在一起順著說了，但我們不能只是如其現象的做出概括就了事，因爲這裡有一個重要的連結點在於「聚村而居」，而之所以聚村而居，多半由於經濟與生命保存的理由。

　　一般說來，因爲耕地面積狹小有限，多半小農經營，聚村而居，可以相互支援。再者，因爲水利的問題，彼此有合作的需要。三者，彼此守望相助，安全。四者，土地平均的繼承，人口自然也就一地一地的累積下來，成爲村落。[9]中國傳統的社會是「聚村而居」，由「村落」而進一步構成鄉村的社會，每一個村落幾乎成爲一完足的「單元」，這「單元」當然比起孤零零的「家庭」大得多了，它大到一個能夠互動而具有自己自足的能力，因此這樣的一個村落它自己也就具有自主性的能力。因爲它自己自足，

　　傳統中「根性」與「血性」究何意義，而兩者的關係又如何。或者，我們可以說「血緣」乃是一縱貫的原則，是「乾」原則，是「創生」原則；而「土地」則是一橫拓的原則，是「坤」原則，是「畜養」原則。

9　以上之概括多取自於費孝通之見地，如前所註。

它具有自主性的能力，因此，相對於其他的村落，它可以是封閉的、隔離的。因爲是「封閉的」、「隔離的」，人與人之間的關係自也單純，是從血緣的根性，順著自然發展成的。這樣的人與人之間的關係是一內聚的關係，而不是外向的關係，自然也就發展出一套內聚的德性來，而且這內聚的德性是與血緣根性息息相關的。

8. 內聚的關係與生命之氣的感通

「外向」是將自己視爲一個單體，而向外發展，冀求有一新的連結方式；「內聚」是將自己擺置在一個整體之中，回到那整體，並因此而獲得對自己之爲個體的說明。「外向」常指向一人的規約的社會的建立，而「內聚」則是一人的自然的鄉土的存在。

「內聚的關係」強調的是「熟悉」，是「生命之氣的感通」，經由這樣的感通而關聯成一個整體，甚而相信這整體有一根源，這根源處即是此整體的動源處。顯然地，內聚的關係乃是一連續的關係，人與人的連續，人與土地的連續，人與外物的連續，人與過去的連續，人與未來的連續，一切切都是自然連續在一起的。漢文化最重大成就的儒學，最強調的是「仁」，「仁」指的便是「人與人之間存在的道德眞實感」，便是在這樣的社會背景下提出來的。*10*

---

10 如上所述，我們可以發現中國文化傳統下的「人」，既強調「感通」，但卻又處在封閉與保守之中。

9. 仁與氣的感通

「仁者，人也，人之安宅也」，「仁」是怵惕惻隱，由此怵惕惻隱之仁而發的存在的道德真實感，必然的要求人與整個生活世界關連成一個整體，這說透了只是人的真實的感動，這真實的感動就是人所能安居的宅第。[11]原來儒家最強調的就是在此具有根性的血緣社會的熟悉，並由此推而擴充之，進一步的說一道德的理想。簡單的說，儒家所強調的道德並不是來自於法律規約，而是來自於生活世界的熟悉，來自於「氣的感通」。

「氣的感通」這樣的熟悉感其原型可能是來自於「家庭」，但只是「家庭」尚不足以言此，而是由於能「聚村而居」、「聚族而居」，使得構成一個「家族社會」，才足以產生。

德性的普遍性必然要在一相當大的族群裡才可能發生，否則它就停留在特殊性的層次；更重要的是，它必須要從原先的族群中游離出來，解放出來，超越出來，才可能成為一普世所接受的德性，這樣子它能真正擁有所謂的「普遍性」。這問題就不能只是社會橫面的展延的問題而已，它必得是在一縱面的歷史發展的歷程中有一如何的突破，就以中國文化來說，漢文化中儒家所強調的「天命性道」相貫通，便是這意思底下一極為重要的課題。

---

11 以上所徵引，見《孟子》〈離婁〉，又孟子說「今人乍見孺子將入於井，皆有怵惕惻隱之心；非所以內交於孺子之父母也，非所以要譽於鄉黨朋友也，非惡其聲而然也。由是觀之，無惻隱之心，非人也；無羞惡之心，非人也；無辭讓之心，非人也；無是非之心，非人也」。《孟子》〈公孫丑〉。此怵惕惻隱之仁，可以說是從最具體的生活世界中所感知而得的。

10.熟人與陌生人

在以上所說的「聚族而居」、「聚村而居」，大家自然也就熟悉，大家都是熟人，這也就難有「陌生人」的觀念，如何與「陌生人」相處，自己是「陌生人」又當如何與人相處，這便是很陌生，而不熟悉的了。因而我們可以說：「氣的感通」強調的是「熟悉」下的熟人，推而擴充之，到了極點大家可以都是「熟人」，所謂「四海之內皆兄弟也」；但若不能往外推，只是固守在自家圈子裡，不免就會有「人皆有兄弟，我獨無」的感慨了！[12]

我們常聽到「熟人，有話好說」、「熟人好辦事」，但弔詭的是，我們亦常聽到「就因為是熟人，叫我怎麼啟口」、「是熟人，那就難辦了」。就以前者來說，「熟人，有話好說」，那若不是「熟人」，這話可就難說了；「熟人好辦事」，若不是「熟人」，這事可就難辦了。陌生人在這種情境下是要吃虧的。再以後者來說，則因為沒有「陌生人組成了一個公民社會」的想法，因而無法將人從熟人的熟悉感中解脫出來，成為一客觀的主體，因此才會有難以啟齒的遺憾。

11.鄉土社會與契約社會

鄉土社會的確定性是來自於內聚的熟悉，是由於生命的聲息感通，而達到的信任，這樣的信任是一切德行調合的根底，這樣的信任是具有土根性的，具有血緣的感通性的。這是在主體的互動感通中，而達到一超乎言說的可靠感而來的確定性。它不是由

12　從司馬牛與子夏這段對話中，分明可見。

主體之概念性的反思中，而定立其自為主體並相對的置立其所對的對象，這樣的主體與對象是被言說與思維論定的，是一經由言說而論定的確定性。後者，不是鄉土社會，而是契約社會。鄉土社會發展成的是一「禮俗社會」，而契約社會發展成的是一「法理社會」。禮俗社會下的道德強調的是內在的根源的本體善，而法理社會下強調的則是外在的超越的絕對善。

四、

12.社會結構功能與社會文化徵符

「禮俗社會」與「契約社會」對比的說了漢文化為主的中國社會與近代西方社會的基本特質。基本上，禮俗社會是經由「家」的擴大與延展而來的，而契約社會則經由一個個「個人」的集結而成的。「家」的擴大與延展當然是以家的構造做為基本原型，而家的原型是由「父母」與「子女」所構成的。但只是看「父母」與「子女」這樣的關聯並不能決定出其原型，因為任何一個族群，其存在的基本單位都是以「家」為單位的，也都有「父母」與「子女」，這便不能看出它的特性來。我們真要見出其特性便要注意到他們的角色，及此角色所顯現的意義與象徵。瞭解這些角色的意義與象徵，即便瞭解了他們之間的權力關係，也就瞭解了整個歷史社會結構。社會結構功能的理解與詮釋必得與整個社會文化徵符的理解與詮釋關連成一體來看待，這兩者是不可分的。一個「家庭」的理解，涉及到「父母」與「子女」的結構功能，但同時涉及到社

會文化徵符的問題，離開了這文化徵符，就難以恰當的釐清那複雜的功能關係。

13.父子與母子的異同

俗諺有云「知子莫若父」、「父子天性」、「母子連心」、「父債子還」、「虎父無犬子」，這些話可以說都清楚的彰顯了中國文化中所謂的「家」的社會文化徵符究竟是什麼意義？

粗的來看，這些話告訴我們「父母」與「子女」的關係是極為密切的，而且是關連一輩子的，甚至是要延續到下一代的。更細的來說，似乎它最所強調的是「父子」的關係。「父子」是一血緣性的縱貫軸，它不同於「母子」（或「母女」、「父女」）的則是特別突出此血緣性的縱貫軸所具有的權力與符號的意義，這權力與符號的意義，是文化所特別賦予的，它不同於「母子」或「母女」較為自然的。或者，我們可以說「父子」是一「社會的血緣性縱貫軸」，而「母子」或「母女」則是一「自然的血緣性縱貫軸」。[13]

14.血緣性縱貫軸的基型——父子

「父子」這血緣性的縱貫軸是中國人所謂「家」的核心，是宗法的原型與起點。「父」不只是做為「子」的自然生命的來源而已，而且它亦是文化生命乃至價值生命的來源。在宗法社會裡，「父」

---

[13] 將「社會的血緣性縱貫軸」與「自然的血緣性縱貫軸」對舉，是要凸顯父子一系的宗法性，與母子或母女一系的親情性，「宗法」「親情」兩者分而不分，無別而實有別。

對於「子」而言，絕不只是「養育」與「依賴」這樣的關係，更進一步的，它可以說是「根源」與「生長」這樣的關係。「養育」與「依賴」這樣的關係，它必然在養育完成之後自然也就撤銷了，而他們剩下的是該當要有的「權利」與「義務」的關係；但是「根源」與「生長」這樣的關係則不同，他們是恆久持續下去的，不但一輩子的事情，即使身後，他們仍然是關聯在一起的。[14]祖先的生命是與其繼起者關連在一處的，是經由其後起者而開顯的；後起者的生命是稟受祖德之氣而開啓的，與祖德有密切的關聯。如此說來，我們可知「父子」這血緣性的縱貫軸是人存在的根底，它一方面具體的撐起現世的起點，而另方面則是深入到過去，並指向未來。

15.上下、隸屬與左右、橫列

「父子」這血緣性的縱貫軸關係，他們之間是一上下的、隸屬性的關係，而不是左右的、對列性的關係。在漢文化爲主的宗法社會裡，由於此父子的血緣性縱貫軸的關係最爲重要，因此做爲家庭中其他的關係，如「夫妻」、「兄弟」，本來應該有其獨特的關係樣式，但卻沒好好發展出來。「夫妻」、「兄弟」當是一左右的、對列性的關係，但在以父子的血緣性縱貫軸爲主的宗法社會裡，他們沒有獲得其所當然的發展，甚至也深染著血緣性的、縱

---

14 大體來說，西方的契約論者，如洛克（John Locke）所論的父子關係便是由此「養育」與「依賴」的關係，而轉爲「權利」與「義務」的關係，請參見林安梧〈從自然狀態到政治社會的締造──對洛克政治哲學兩個基礎性問題之理解〉《思與言》第 25 卷 3 期，一九八七年九月，台北。

貫軸的、上下的、隸屬的關係這樣的色彩。俗諺說的「在家從父、出嫁從夫」，「長兄如父」，這都充分的顯示著這樣的意義與道理。在台灣的習俗裡，喪禮中，長孫如同小兒子，因此雖是「祖孫」但卻是要服「父子」關係的喪禮，分家的時候，長孫要視同兒子一樣分取一分。這在在可以看出它所著重的是一什麼樣的關係，顯然是一切以「父子」這血緣性的縱貫軸的關係為主導的。

五、

16.血緣性、道德性與土根性

　　如上所述，本文旨在指出血緣性、道德性、土根性這三個概念是如何的緊密結合在一起。我們經由生活世界周遭的實際例示──祖先牌，來加以闡明詮釋這三個概念的關係。並指出這樣的格局是一以「父子」這血緣性的縱貫軸關係為主導而成的格局，依此而生的家庭，我們可以稱之為「宗法家庭」，繼而經由聚村而居、聚族而居，終而形成一「宗法社會」，而這宗法社會是依禮俗而成的，故亦可稱之為「禮俗社會」。至於若論其德行，則可以說是一內聚型的道德，強調的是生命之氣的感通，是存在的熟悉可靠感。

第三章　血緣性縱貫軸之三基元：父子、君臣、夫婦

提　要

　　本文旨在經由哲學人類學的理解向度，對於「五倫」之「三綱」——父子、君臣、夫婦，展開詮釋與分析。筆者首先對比的區分血緣性縱貫軸與地緣橫拓面的差異，進而深拓此血緣性縱貫軸之形上一面，即所謂的「縱貫的創生」。縱貫的創生所成的一個宗教型態是一「以父為天」的道德倫理式的宗教，此不同於一「以天為父」的宗教式的道德倫理。此確立之後，我們繼而檢討了三綱：父子、君臣、夫婦，這三者的基本問題，指出此中所含「父子君臣化」、「君臣父子化」、夫婦一倫不但被「父子化」，而且也被「君臣化」，如此一來，「忠」、「孝」、「貞」這些德行便由原先所強調之由「內在根源之感通」外化為一「絕對專制的規約命令」。由是可知宗法社會、帝皇專制與道德理性有極為密切的關係。

關鍵詞：三綱、血緣性縱貫軸、宰制性縱貫軸、父子君臣化、父婦君臣化

一、

1. 父子血緣縱貫軸與鄰人地緣橫拓面

在上一章中，我們說到了「血緣性」、「道德性」、「土根性」這三個概念是如何的緊密結合在一起，而我們著重的線眼可以說是在「血緣性」上，而指出了以「父子」這血緣性縱貫軸爲主的構造原型。在本章中，我們將進一步對於此「血緣性的縱貫軸」的基本單元展開分析。

如前所說，「家」可以說是中國人最基本的生長單位，同時一切的單位構造都是由此「家」的原型推而擴充之成的，從家庭，而家族，而宗族，乃至國族，即或我們去稱謂「NATION」時，我們亦將它譯成「國家」。中國人似乎離不開家，時時在家中，但卻至今仍然好像沒回家，或者說找不到家。這當然是近代以來種種問題所致，現暫不去論它。但可以肯定的是，我們離不開「家」這個概念，我們生於斯，並且長於斯，同時經由這樣的原型來理解這個世界。

我稱這種理解的原型叫做「父子血緣的縱貫軸」理解方式。它不同於「鄰人地緣的橫拓面」理解方式。[1]漢文化裡的族群用這樣

1　關於此，前輩學者論之甚詳，請參見林耀華著《金翼——中國家族制度的社會學研究》，三聯書店有限公司印行，一九九〇年九月，香港。又請參見杜正勝著《編戶齊民——傳統政治社會結構之形成》，聯經出版公司印行，一九九〇年三月，台北。又請參見李亦園著〈中國家族與其儀式〉收入氏著《文化的圖像（上）：文化發展的人類學探討》，允晨文化實業公司印行，一九九二年一月，台北。

的理解方式來理解「家」，並且用這樣的方式來理解及詮釋整個
世界。

二、

2. 父子、根源與連續、感通

　　父子血緣的關係不只是自然的養育與依賴的關係，而是進到
一更高層次的文化與符號的關係，是一「根源」與「生長」的關係。
從「根源」到「生長」是連在一起的，父子相連，血濃於水，我們
常常希望能瓜瓞綿綿，祖德流長。根源與生長是關連成一個整體
的，是不分的，他們彼此沒有斷裂，而一直是連續的，他們靠的
是骨肉親情而連結在一起，而不是靠其他任何外在的規約而連結
在一起。它所依靠的是由血緣性的自然連結而緊密的關連在一
起，不是靠社會性的契約連結關聯在一起。靠的是內在生命聲息
的相互感通而聯在一起，不是靠外在契約的制定與遵守而聯在一
起。[2]

3. 天地父母與縱貫的創生

　　我們習慣將「天地父母」連在一起說，天之德爲「乾」，地之
德爲「坤」，「乾稱父」、「坤稱母」，天地不只是個形，更有其

---

[2]　父子血緣縱貫軸的存在樣式，使得人們相信與任何外在的事物都是關聯在
　　一起的，是連續體的關係，而不是斷裂的。最明顯的，我們可以從對於「天、
　　地」的詮釋來看這問題。

象，法象而制義，所以天具有乾健之德，地具有坤順之德。[3]人呢！人生在家庭中，生在天地間，便要「天行健，君子以自強不息」、「地勢坤，君子以厚德載物」[4]，人要效天法地。天地不是一自然的天地而已，天地更是人文的天地，經由人的理解與詮釋，點化了的天地，天地充滿了價值的意味，它一直在和我們訴說著、呈現著、啟示著，指點著。[5]天地不只是天地自身，天地不只是萬物生長的天地，天地重要的是人所生長的天地。人生於天地之間，人是得天地之秀氣而最靈的存在，人是天地所生，而又能參贊天地之化育。

　　人是父母所生，沒有「生」就沒有父子血緣性的縱貫軸，「生」這字眼自然就與血緣性的縱貫軸是連在一起的，是與整個家連在一起的；同樣的，「天地之大德曰生」「生生不息」，「生」是天地之大「德」，這樣的「德」也是血緣性縱貫軸的，是人們以其自家的生活經驗，將家庭的血緣性縱貫軸推而擴充之於天地間所做的詮釋。

3　語出張載〈西銘〉「乾稱父，坤稱母，予茲藐焉，乃混然中處」，朱子解曰：「天，陽也，以至健而位乎上，父道也；地，陰也，以至順而位乎下，母道也」。請參看蔡仁厚對張載〈西銘〉分句解義，見氏著《宋明理學‧北宋篇》，頁85，一九七七年十月，台灣學生書局印行，台北。

4　語出《易經》〈乾〉、〈坤〉二卦大象傳。

5　據王船山言，有「天之天」、「物之天」、「人之天」等層次，筆者此重在「人之天」立言。關於王船山立論，請參見林安梧《王船山人性史哲學之研究》第三章〈人性史哲學的人性概念〉，頁 55。又曾昭旭《王船山哲學》第三編第三章第一節「天之天，人之天，物之天」對此論之甚詳，請見氏著頁 354-361，遠景出版公司印行，一九八三年，台北。

　　「家」中這樣的「生」，是「誕生」，由「誕生」，而進一步說「創生」，是「創生」，而不是「創造」，是在一個生活世界的氛圍下誕生（創生），並不是在一絕對的至上神的命令下，經由這命令而創造出來的。父母生我是具體而存在的，並且生活在一起的，因為是生活在一起的，所以是連續在一起的；但上帝之創造人，則是超越而絕對的，因為超越而絕對，故不是生活在一起的，他們之間必然是斷裂開來的。[6]

4. 以天為父與以父為天

　　中國人一直以「家」的原型做為基礎，他們把這父母生我的方式推到了極點，於是就以父為天、以母為地，天地父母，都在這個生活世界之中，合在一起，永不分離。西方人不以「家」做為理解世界的原型，他們有不同的構造方式，這些方式是人的契約所訂定的，是經由言說的論定而訂定的，而一切的言說都是主體的對象化活動後的產物，攝所歸能的往前追，追到最前頭，便要有個根源，於是就把那根源叫做上帝，或者叫做天父。中國人是以父為天，而西洋人則是以天為父，他們的不同是極為清楚的。[7]以「家」為原型，以「父子」的血緣性縱貫軸為主導，理解一切、詮釋一切，這樣的文化格局自然不會產生像西方基督宗教絕對的一

6　關於此兩者之異同，請參見林安梧〈絕地天之通與巴別塔〉，《鵝湖學誌》，第四期，頁 1-14，台北。

7　關於「以父為天、以天為父」的對比，王邦雄於此多所論略，請參見氏著〈儒家人文精神的落實問題〉，收入《「變遷中的世界：問題與展望」論集》，頁 547-558，中興大學法商學院，一九九三年，台北。

神論義下的宗教。

　　「血緣性的縱貫軸」雖以「父子」為核心，但它之所以成立則因為有「夫婦」始得以成就此「父子」之縱貫軸的血緣關係。「夫婦」男女雙方原是不同家庭的，他們並無任何必然的關係，但他們卻組合成一個新的單位，生養下一代，因為他們的結合而成就了「父子」之倫。他們本無必然性的關聯，但卻成就了一必然性的關聯，在中國社會裡，他們之結合而能白頭偕老，其必然性可以說就建立在父子之倫的必然性上。因此，「父子」是上下的、隸屬的、縱貫的關係，同樣的「夫妻」也離失了他們原來可以有，而且該當有的左右的、對列的、橫面的關係，轉而成為上下的、隸屬的、縱貫的關係。三綱裡說「君為臣綱」、「父為子綱」、「夫為婦綱」，便是這個道理。*8*

三、

5. 父慈子孝

8　東漢之《白虎通》繼承了董仲舒和《禮緯》〈含文嘉〉之思想，而有「三綱」之說，〈三綱六紀〉曰：「三綱者，何謂也？謂君臣、父子、夫婦也。……故〈含文嘉〉曰「君為臣綱、父為子綱、夫為妻綱，……何謂綱紀？綱者，張也，紀者，理也，大者為綱，小者為紀，所以張理上下，整齊人道也。……君臣，父子、夫婦，六人也。所以稱綱紀者何？一陰一陽謂之道，陽得陰而成，陰得陽而序，剛柔相配，故六人為三綱。」此三綱之說已成日常生活用語之一部分，本文之所分析闡釋率以日常生活語所及為主，文獻所引證而已，斯為次也。

「父子」這一倫是五倫的重心，他們的理想關係是「父慈子孝」。「慈」是對於自己生命的延展自然而有的一種情感，而「孝」則是回溯自己的生命根源，對於自己生命根源的崇敬。「慈」是一種自然的情感，而「孝」則是自覺的。自然是順著自己的血氣就會的，但自覺則是人文的、符號的，是經由意義的詮釋而開啟的，這是逆返於自家生命根源的。

「父子」這血緣性縱貫軸的關係既是中國人存在的原型，因此其理想關係的「父慈子孝」便是最重要的德性。更由於父子是一上下的、隸屬的關係，因此落在德性上說，大家所要求的便落在「子」上說的多，而落在「父」上說的少，並且因為是上下的、隸屬的關係，因此連帶「孝」而說的便是「順」，甚至就不明就理的「以順為孝」，忽略了「孝」的深層意義。

6. 三綱：忠君、孝親與守節

血緣性的縱貫軸關係推到極處，整個天、地、人、我四方通包在內，進而由這一主軸而說「縱貫的創生」，說天命性道相貫通為一。血緣性的縱貫軸不只用來說明「家」的原型，而且可以推到一切存在的實況。這也就是說，這樣的一個血緣性的縱貫軸是一撐起整個天地六合的綱維，我們一般所說的「三綱」的「綱」便帶有這樣的宗教意義。三綱裡的「忠君」、「孝親」、「守節」便帶有宗教性的意義了。

什麼是宗教性的意義呢？宗教性的意義便是一終極性關懷的意義，把「忠君」、「孝親」、「守節」看得這麼重，不是沒有理由的。而這三者，就其原型來說，當以「父子」這血緣性的縱貫軸

為主導，因而這個民族也就格外重視「孝道」，孝不只是「行」，而也不只是「德」，而是提到了「道」的層次。「道」指的是整體的、根源的、終極的。有人說儒家不是宗教，但若以「孝道」的分量來說，當然它十足的是個宗教。[9]

7. 孝親與忠君的大問題

「孝親」、「忠君」並不能等同為一，但我們平常則聽到「忠臣必出於孝子之門」，他們好像又密切的結合成一個整體，不可分別。這裡隱含了一個大問題，須加以說明。

「父子」是血緣性的縱貫軸關係，而「君臣」就理上說，當然不是血緣性的縱貫軸關係，他們應是左右的、橫拓面的、可能是地緣的、也可能是人緣的關係。古代儒家強調「君使臣以禮，臣事君以忠」，「君臣以義合，合則留，不合以義去」，這大體還是與「父子」這倫清楚的分立出來的。但後來俗諺中常聽到的「君要臣死，臣不得不死，不死謂之不忠」、「君臣之義，無所逃於天地之間」，並且「君父」連著說，「臣子」連著說，這顯然就與以前大大不同，甚至可以說天差地別。

在大統一的專制皇朝還沒建立前，列國並立，自然「君」也是

---

9 梁漱溟於所著《中國文化要義》論中國之「以道德代宗教」，並徵引胡石青之言論中國之宗教乃「大教無名，唯中國系之宗教足以當之」，其所論「敬祖」即如此。見氏著，頁100，問學出版社印行，一九七七年，台北。又請參見徐復觀〈以孝為中心的倫理觀念之普及與宗族功能〉，見氏著《周秦漢政治社會結構之研究》，頁329-333，台灣學生書局印行，一九七五年，台北。

如此，因此「君」的絕對性並沒有建立起來，至於「天子」這觀念則又高出「國君」一個位階。天子是一符號或徵符式的統治者，此不同於國君是一實際或力量的統治者。天子是就「王道」說的，而國君則是就「霸道」而說的。秦漢以後，天子即是國君，這是將王道與霸道的分際搞亂了，直將霸道當王道來說了。**10**

8. 血緣性縱貫軸與宰制性縱貫軸

秦漢大統一專制皇朝建立起來了，君是唯一之君，君成了皇帝，皇帝這詞是比天子誇奢得太多了。「始皇帝」一詞，大有天下洪荒、宇宙六合就從我開始的意思，這顯然已離失了原來「天子」的意思。**11**但值得一提的是，到了漢朝雖然仍是大統一的專制格局，但仍有著「天子」的意味，換言之，其皇權專制仍然不是一命令式的、權力式的、支配式的專制，而是一符號式的、象徵式的、身份式的專制。這樣的專制既言之爲專制當然有其命令式的、權力式的、支配式的一面，只不過一切命令式的、權力式的、支配式的都不是第一義的，而是由那符號的、象徵的、身份的這樣的一面所衍伸出來的。

自秦漢以來，「君臣」成了一宰制的縱貫軸，它是具有主導性的。原來這樣的主導性是與「父子」這一血緣性的縱貫軸相衝突的。《韓非子》書上說「父之孝子，君之暴臣」，便是這個意思，

10　請參見徐復觀〈典型專制政體的成立〉，見前揭書，頁 128-162。

11　太史公司馬遷《史記》〈史皇本紀〉之「瑯琊刻石」曰「皇帝作始，端平法度，萬物之紀」，又彼對三皇五帝評之曰「古之五帝三王，知教不同，法度不明，假威鬼神，以欺遠方，實不稱名，故不久長」，此可見一斑。

法家之所以要大大非儒，所爭的就在於「忠君」與「孝親」何者爲優先的問題。這問題似乎到了漢朝就被解消了，我們看《孝經》所說，就將「忠君」與「孝親」完全結合在一起了，而且「移孝做忠」，「忠君」的思想取得了絕對的優位性。[12]在思想史上，常把這歷程稱做儒學的法家化。其實，不只是單面的而已，因爲從另個角度來看，不只是儒學的法家化，而且是法家的儒學化。我以爲這時候起，整個儒學與專制便結合在一起，兩者不可分，一方面成了一帝制化的儒學，而另方面則是一儒學化的帝制。

四、

9. 帝制化的儒學、父子君臣化

　　帝制化的儒學最重要的表徵在於將儒學所最強調的「父子」血緣性的縱貫軸「君臣化」了，也就是帝皇專制化了。於是「父子」不只是自然骨肉的親情而已，更是整個社會構造、政治權力所賦予了一絕不能改易的上下的、絕對順服的關係。平常我們聽到「父要子亡，子不得不亡」所指的就是如此。「父」這時候便不只是那血緣性的自然連結的最高象徵，而且具有絕對的宰制性、權威性，「父」不再只是「家庭」裡的「父『親』」，而且是整個「社

12　關於此演變，請參見徐復觀〈西周政治社會的結構性格問題〉、〈封建政治社會的崩潰及典型專制政治的成立〉、〈漢代專制政治下的封建問題〉，收入氏著《周秦漢政治社會結構之研究》，台灣學生書局印行，一九七五年，台北。

會」裡的「父『權』」。不過，我要強調的是儘管他是「父權」，但仍帶有幾分的「父親」味道，親情第一、身份第二，至於權力、命令則第三。亂世時，這幾個分際就搞亂了，「父道」被誤置了，父親就變成了「暴君」，這時候的父權是當該受到嚴厲譴責的。至於，如理的「父道」下的父親與父權，則有其存在的時空，亦有其存在的當然理由。

10.儒學化的帝制、君臣父子化

儒學化的帝制，使得「君臣」這一軸，有可能從絕對專制性的縱貫軸，再轉而「父子化」了，它加上了那血緣性的縱貫軸之意味。這時，一方面，「血緣性的父子」變成了「專制性的君臣」，而「專制化的君臣」亦被視同一「血緣性的父子」。此即是我常說的「父子君臣化」、「君臣父子化」。君臣父子化的結果使得大家所理解的君臣關係成為一「天經地義」的關係，是無所逃於天地之間的關係。顯然這已經不再是原始儒學所以為的君臣關係。[13]

當「父子」被「君臣化」之後，原先的「孝道」，除了做為自家生命根源的追溯與崇敬外，重要的是由此「內在自覺的反省」轉而為一「外在專制的規定」。原來所要求的是做子女的應經由一內在的自覺與反省來對待父母好，現在則一轉而成了做父母的用一

---

13 原始儒學所強調的君臣關係可以《論語》、《孟子》作為理想，如下所引可見——「定公問：『君使臣，臣事君，如之何？』孔子對曰：『君使臣以禮，臣事君以忠。』」（十九）《論語》〈八佾〉。「孟子告齊宣王曰：『君之視臣如手足，則臣視君如腹心；君之視臣如犬馬，則臣視君如國人；君之視臣如土芥，則臣視君如寇讎。』」《孟子》〈離婁〉

外在專制的方式來規定與要求，要子女對自己好。孝道一旦外化
為一專制的規定，它也就逐漸的沾染了強烈的專制性格，逐漸失
去了本來應有的父子親情。後來專制化的儒家所提倡的「孝道」，
其弊在此，而它已遠離了原始儒學所說的「孝道」，它只是一味的
「孝順」（或愚孝）而已。這兩者必須釐清，不可含混為一。今之
中國研究學者於此常常未能揀別清楚，殊為可惜。

11.忠：由內在根源之感通外化為一絕對規約命令

　　「君使臣以禮，臣事君以忠」，具體的規矩、儀節是禮，乃至
分寸都可以叫做禮，君臣有君臣之禮，在此君臣之禮下，臣事君
以忠。忠是就事上說，是就事之合於義上說，所以又說「君臣以義
合，合則留，不合則去」，這樣的「忠」是合於原來儒家所說「忠
恕之道」的「忠」，是就「盡己之謂忠」而說的「忠」，是如曾子
所說「為人謀而不忠乎」這意義下的「忠」。「忠」原義上要求的
是歸返到自己內在生命而做的是非善惡的標準。[14]「君臣有義」下
的「忠」並無不妥，但大統一的專制皇朝建立了。「君臣」成了一
專制性的縱貫軸，這時就不再是「君臣以義合，合則留，不合以義
去」，而是「君臣之義，無所逃於天地之間」，這時候所說的「忠
君」就不再能是回到自己內在生命而做的是非善惡的恰當分判，而
是一切依於外在絕對權威的勢力所加予自己生命的任何要求。

14　先秦儒學強調的是「忠恕」，而後來被法家化的儒學則「忠孝」合稱，以
　　為「忠臣必出於孝子之門」。前者是一內返的自主性道德，而後者則是外
　　控的奴性道德。這是一個極重大的轉捩點。

「忠」成為一絕對外化的規約性的、命令式的倫理，而不再是相對的、互動的、感通式的倫理。再者，當「君臣」被「父子化」之後，一方面看似「父子」血緣性的縱貫軸所強調的「孝道」應可以柔化這「絕對外化的規約性、命令式的倫理」，但柔化是柔化了些，但可不要忘了那被異化了的「孝道」則與「忠君」徹底的結合在一起，「君父」、「臣子」當然無所逃了。「忠君」成了一徹底的順服性的倫理、奴隸式的倫理，清朝大臣之自稱「奴才」，於此可見其一斑。「忠君」之道而至於此，是整個民族的墮落，真是可悲！

五、

12.夫婦君臣化、君臣父子化

討論了三綱裡的「父子」、「君臣」的關係，再者我們來討論「夫婦」這一綱。原先的夫妻的「妻」字強調的是「妻者齊也」，但一落到「婦」來說則是「從女持帚灑掃也」。[15]若以原先《易傳》所強調的「一陰一陽之謂道」、「乾坤並建」的原則，當取的是「夫妻」之義，較近於前者，若取後者則較近於帝皇專制化後的儒學解釋。簡言之，帝皇專制化的儒學對於「夫婦之道」的解釋已失去了其對列性、互動性。在三綱的說法裡，「父為子綱」、「君為臣綱」、「夫為婦綱」，「夫婦」是順著「父子」、「君臣」而往下

---

15 依許慎《說文解字》「妻，婦與己齊者也，從女從中從又，又，持事妻職也。……婦，服也。從女持帚灑掃也」。又《白虎通》〈嫁娶〉「妻者，齊也，與夫齊體」。

說的。當「父子」的血緣縱貫軸、「君臣」的專制的縱貫軸，已然聯成一個整體，父子君臣化，君臣父子化，這時候「夫婦」這綱也受到嚴重的影響。

一般所謂的「三從四德」，「未嫁從父，既嫁從夫，夫死從子」、「婦德、婦言、婦容、婦功」，這在在說明了婦人唯一的德性就是「順從」。[16]《孟子》書中，齊人那一章就說「良人者，所以仰望終身也」[17]，這裡所說的「仰望」，其實指的仍是「順從」，只不過「仰望」一詞，比較是站在婦人的立場上來說，而「順從」則是就良人那面說，所指並無不同。夫婦當然不會是像「父子」一樣是一血緣性的縱貫軸關係，但它卻是成就這血緣性的縱貫軸之所以可能的根據，如果依照「一陰一陽之謂道」、「乾坤並建」的原則來說，夫婦當是平等的，互動的、感通的，而《易經》「咸卦」所談及的夫婦之道正是如此。再者，就文字學的意義來說，「妻者，齊也」，夫妻本是平等的。「夫妻」是一平等的、對列的、互動的、感通的兩造而一體的存在；但「夫婦」則不同，「婦」這字原是放在「翁姑——媳婦」這樣的格局下來說的。一般世俗將媳婦稱呼丈夫的父母親叫做「公公」、「婆婆」，這顯然地是把「媳婦」的地位往下數一個位階，而與孫子相同。這麼一降，媳婦之於他自己的丈夫，也就變成了「父子」這樣的角色關係了，儘管在實際

16　《儀禮》〈喪服傳〉「婦人有三從之義，無專用之道；故未嫁從父，既嫁從夫，夫死從子」。曹大家《女誡》「女有四行，一曰婦德，二曰婦言，三曰婦容，四曰婦功」，鄭注謂「婦德謂貞順，婦言謂辭令，婦容謂婉娩，婦功謂絲枲」。

17　語出《孟子》〈離婁〉下。

上它並不是「血緣性的縱貫軸」，但它卻被類擬的血緣化了，縱貫化了。

　　值得注意的是，這裡所說的類擬的血緣化，並不能眞有父子般的血緣親情，而能有的卻是父子般的宗法社會的位階與角色。血緣親情是自然的，而位階與角色則是社會所訂定的，兩者固然都有其文化的、徵符的、權力的關係，但血緣親情是以自然的愛爲首出的，而位階、角色往往是權力所派生的、文化的、徵符的關係。如此一來，我們便很容易瞭解，「夫婦」的角色極容易滑轉爲「君臣」的關係。在大統一的專制皇朝下，「君臣」是上下的、隸屬的、專制的關係，不幸的是這樣的角色不但內化到「父子」這血緣性的縱貫軸上，它更厲害的內化到「夫婦」這一軸上頭。一般俗語中，婦人對自己的丈夫一般稱爲「夫君」，將「夫」與「君」連在一起，當然自己就類比成「臣子」，而丈夫也就稱自己的妻子爲「卿」，暱稱就叫「卿卿」。就這些稱呼而言，可以說是很重要的象徵與符號。

13.忠誠貞女與母以子貴

　　經由這樣的分析，我們可以明顯的說，「夫婦」一方面被「父子化」，而另方面「夫婦」則被「君臣化」。在大統一的專制皇朝格局下，「夫婦父子化」，所以婦道是天經地義的；「夫婦君臣化」，所以婦道是專制的、絕對的忠誠與服從。男女兩造結婚，原應兩造彼此忠誠的，但我們卻發現獨獨只要求女方的多，而要求男方的卻少之又少。甚至連丈夫死了，經濟出了問題了，都還有人說「餓死事小，失節事大」，這樣的「忠誠」貞女，其道德情操

的確感人，但感人的事蹟後頭卻隱含了難以言喻的專制結構，誰能說這只是道德的自由意志下所做的選擇，而不是社會文化意識型態型塑而成的後果。像這樣已造成了「以理殺人」的後果了，豈不令人寒心！*18*中國的婦人只能等待自己親生的小孩長大成人，所謂「母以子貴」。或者，在丈夫死後，由於特殊的原因使得她能轉化成「丈夫」的角色，底下有一群兒子或兒媳婦，乃至孫子，這時候這位寡婦則擁有如同自己的丈夫（兒子的父親，媳婦的公公）般的權力，尊榮顯貴已極，戲曲上的楊家將中的「佘太君」所扮演的正是這樣的角色。

14.母子連心與父子天性之對比

「夫婦」因為在宗法家庭中被「父子化」、「君臣化」，於是夫婦原有的真情實感幾乎被吞噬殆盡，原來像《詩經》「關雎篇」所描述的男女之情，何等美好，則完全不復可見。在宗法家庭中，婦人和自己生養的孩子是同階的，稱丈夫的父母是「公公、婆婆」，稱自己的丈夫則是「夫君」。相對來說，丈夫稱自己的妻子則或稱「賤內」、或稱「拙荊」、或稱「娘子」、或稱「孩子的媽」，這都是將婦人往下降一級，甚至降級到不復可說的地步。不同等級的位分，是不可能有一種平等的感情互動的。倒是台灣地區稱自己的妻子為「牽手」，頗合「妻者，齊也」的古訓原義，蓋移民

---

18 關於「以理殺人」，清中葉的戴震於此論之甚詳，請參見林安梧〈以理殺人與道德教化──環繞戴東原對於朱子哲學的批評而展開對於道德教化的一些理解與檢討〉，收入氏著《中國近現代思想觀念史論》，頁95-121，台灣學生書局印行，一九九五年九月，台北。

社會夫妻遠渡海洋，攜手奮鬥也。然而，一旦安定下來，聚族而居，宗法社會的文化又成立了，儘管「牽手」之名仍在，其實還是「賤內」、「拙荊」，男人很快就故態復萌，真是野火燒不盡，春風吹又生。值得注意的是，由於宗法家庭中，婦人和自己生養的孩子是同階的，因此他們的情感最自然，純是血緣的，而不是宗法的。蓋血緣純是自然，而宗法則涉及到社會權力支配的問題。因此，母子的關係往往是極自然的，極親近，極深刻的，所謂「母子連心」所指在此。如果是在一較大的宗法家庭，母親擁有奴婢，又因丈夫緣故擁有少數附帶的權力，則母子的關係就無法那麼自然，這時候最自然的可能是「乳母」（奶媽）與「乳子」的關係，這從老一輩的傳述以及戲曲小說、稗官野史的記載裡，可以看得很清楚。

　　至於相對於「母子連心」而說的「父子天性」，這「天性」二字最好不要簡單的理解成血緣性的自然連結就了事，因為這「天」不只是「自然之天」，而且也是「宗法之天」，是「義理之天」，是「道德之天」，而這「性」不只是「自然之生」，而且也是「宗法之生」，是「義理之生」，是「道德創生」。蓋道德、義理之事，非由自然而然也，必也經由人群社會之構造而生之文化自覺也。正也因為是在人群社會之構造而生的文化自覺，因此它是更不容易的，但卻也因此可能是不自然的，有所戕害的，以理殺人者，此負面之尤者也。[19]

---

19 關於朱子之思想，請參見林安梧〈知識與道德之辯證性結構——對朱子學的一些理解與檢討〉，收入氏著《現代儒學論衡》，頁 145-168，業強出

六、

15.宗法社會與道德理性

　　若要再贅言幾句的話，我們可以說說「性」與「心」這兩個字眼。「性」的古訓是「生」，而「心」則指的是我們的感受、思維能力。由於宗法化、社會化、理性化的結果，就另外孳乳衍申出一個「性」字，「性」字就不再只是原來的「生」所指為自然之生的意思而已。「性」在長遠的宗法化、社會化、理性化的歷程裡，它含帶的道德意味日漸加重，到了皇權高張的宋代，終也有程朱理學「性即理」的說法。這是符應著專制皇朝的絕對性，而又要與之抗衡，而將之提到絕對之理的層次，提到一超越的形式之理的層次來立說的。至於「心」是就其具體的能動處說，並不是提到一超越而普遍的形式上立說，因此朱子只說「心是氣之靈」。至於將「心」提到「理」的層次說，認為所謂的道德之理並不是形式之理，而是道德實踐的根源性動力，這是當下的、內在的、具體的，這之於那時候的專制皇朝而言，是深深帶有一革命性意味的。陽明「心即理」、「致良知」之學雖遍天下，卻為專制皇朝所不喜，蓋以其具有革命性之突破故也。**20**

版社印行，一九八七年，台北。

20　關於陽明之學，請參見林安梧〈王陽明的本體詮釋學——以《大學問》為核心的展開〉《陽明學學術討論會論文集》，一九八八年十一月，行政院文建會暨師範大學人文教育中心，台北。

　　我們之所以附帶的說了這一段，是要闡明我們所使用的語言，其意義是與整個複雜的歷史社會總體、與整個豐富的生活世界關聯在一起的，要真講明儒家的道理，除了做純哲學體系的建構外，重要的是要關聯著整個歷史社會總體與生活世界來思考，釐清分際，儒學義理才能果真大明於世。否則，掛空、孤高之言，是又何用，抨擊、污蔑之言，於今何益！

第四章　血緣性縱貫軸的兩輔元：兄弟、朋友

提 要

　　本文主要著重在「血緣性縱貫軸的兩輔元：兄弟、朋友」，做出一哲學人類學式的闡釋與分析。筆者釐清了長幼有序之為同階而不同位，並通過姊妹與兄弟的對比闡分析，去彰顯宗法、符號、權力等的關係。此理既明，便可以清楚了解中國傳統「一統而多元」、「理一而分殊」的構造。再者，我們又對「悌道」做深入分析，指出彼有孝道化、忠君化的傾向。儒家原來對朋友一倫極為重視，但由於君臣化、父子化，便使得朋友之道的空間變狹，而且不得恰當之發展。正因如此，朋友之道流為江湖道義，此中雖含有一批判性在，但面對宰制性的帝皇專制，仍只疲軟無力。筆者以為此皆因為未恰當發展出一朋友式的、地緣式的關係所致，總在血緣性的縱貫軸支配下，強調人的熟悉、感通，自有這樣的限制。

關鍵詞：兄弟、朋友、一統而多元、理一分殊、江湖道義

一、

1. 血緣性縱貫軸的兩輔元：兄弟、朋友

　　在上一章中，我們對於血緣性縱貫軸的三個基元：君臣、父子、夫婦做了基本的闡釋與分析，而在本章中我們則將繼續對於原來的五倫的另外兩倫——「兄弟」、「朋友」做出分析。我們將「兄弟」與「朋友」稱爲血緣性縱貫軸的兩個輔助單元，簡稱兩輔元。就表層看來，兄弟、朋友應是橫拓面的，而不是縱貫軸的，但我們想再進一步的指出，由於血緣性縱貫軸已成爲一具有宰制性的絕對權威，即使這兩個原來是橫拓面的單元，仍然轉而成爲血緣性的縱貫軸下的單元，所不同的是相對於「父子」、「君臣」、「夫婦」而言，它們並不是最爲基本的構成單位，所以不適合說其爲基元，而只能說是輔元。

　　就「兄弟」而言，同隸屬於「父子」這血緣性的縱貫軸中「子」這個角色。如理而言，兄弟當然是平輩的關係，是左右的、互動的、感通的關係。在中國文化中，提及「兄弟」，便說「兄弟如手足」，用「手足」來形容兄弟關係，原是再恰當不過了。我們又常說「兄弟之情」、「朋友之義」。這告訴我們「兄弟」與「朋友」畢竟有別，兄弟重在親情，而朋友則重在道義。說「手足」是相對於人的整體來說，在家庭中的「兄弟」關係，正如一個人之做爲機體其手足的關係一般。台灣民間俗諺常說「搏虎掠賊親兄弟」。這些說法都清楚的告訴我們，「兄弟」是活生生的生命體之構成要素中，不可分的部分。

2. 宗法家庭與宗法次序

不錯，兄弟是如手足，但手是手，足是足，兩者分量還是不同，再說手也有右手左手，還是不同。在宗法家庭的理解裡，其位階與順序分的很清楚。它不只是簡單的出生順序而已。若只就簡單的出生順序，西方人也有分別。更重要的在於階位的異同，可能是同階但不同位，便扮演著不同的角色，便有不同的宗法義務與宗法權力。這光從一個最為基本的「兩代家庭」是看不出所以然的，「宗法家庭」之所以為宗法家庭是因為涉及到三代，這是最基本的，有的甚至到四代、五代。我們且舉例來說說吧！在英文中，用一個「UNCLE」就了事的，在中文裡可就複雜多了。大伯父、二伯父、三叔、四叔，姑丈、姨丈、舅父，這麼複雜的宗法關係，然而，一個大約六、七歲的小孩卻能嫻熟於此而不會弄錯。從這裡的確可以看出在我們生活世界中宗法家庭的網絡佔多麼重要的地位，所謂的「禮俗社會」正是由此而建立起來的。姑丈、姨丈、舅父，他們與父親的關係都不是親兄弟，只是姻兄弟，以男性為中心來討論的話，他們並不是來自於同一個血緣根源，因此，儘管或許他們也被分出次序來，但類名的稱呼卻是只有一個。這就不像和父親出於同一血緣根源一樣的，其類名就區別為「伯父」、「叔父」。我之所以特別做出這樣的分析，是要清楚的指出「兄弟」雖如手足，但可不要忘了在宗法家庭中強調的是「長幼有序」，這有序就不只是「出生的順序」，而且是「宗法的

次序」。[1]

中國帝皇專制下的皇權繼承也是受此宗法影響的，所謂的「太子」便是皇權繼承上居最優先者，這當然與出生的順序有密切的關係，但也可能所立的太子不是第一個出生順序的。這可見「宗法次序」雖與「出生次序」息息相關，但並不只是由出生次序即可決定宗法次序，宗法次序有時是可以跨過出生次序，而具有其優越地位的。我這些說明是想旁證所謂的「長幼有序」固然其所說的必涉及到出生的先後次序，但它絕不只是如此而已，最重要的在於「宗法次序」。血緣原只是自然的，而宗法則是人之所造，是人文的，也可以說是文化的。這裡有著另一套人為構造出來的規矩，它雖取自於自然，但它不再只是一純粹的自然而已，而是一人文所潤化的自然。

1　關於此請參見林耀華著《金翼──中國家族制度的社會學研究》，三聯書店出版，一九九○年，香港。林耀華說「這部書包含著我的親身經驗，我的家鄉、我的家族的歷史。它是真實的，是東方鄉村社會與家族體系的縮影」又說「我本人出於這同一社會，以其參與者的身分，『自觀』地對其進行研究（這裡可以借用當代文化人類學中的術語"emic"，也就是說，既有直接的，從該社會內部進行的觀察，又運用了科學的方法，透過大大小小的事件敘述，從微觀到宏觀，超越一個家族，一個地區的範疇，賦予其社會學上的普遍意義。我希望，這樣做，能夠得出更為客觀、中肯，更加深刻，更切實際的結論。」（以上所引見著者序）實者，筆者此處所做之闡釋與分析，亦如林耀華之方法，只不過筆者並未將之寫成像《金翼》這樣的小說，而是關聯著整個中國文化傳統，置於宗法社會之中來加以省察，並進一步展開哲學的詮釋與分析。

3. 長幼有序：同階不同位

　　兄弟之長幼有序，既然不只是自然出生的順序，而是宗法的次序，這便不只是「左、右」的關係，而必涉及到「上、下」的關係。因「宗法」之為宗法，其所重者必在於「血緣的縱貫軸」這一概念也，而這一概念必是上下的、縱貫的、隸屬的關係。兄弟就其宗法的次序而言，便帶有這一層意義。或者，我們可以說，就兄弟而言，其階應是平等的，但其位卻是不平等的。「階」是就同出於「父母」而言，「位」則是就其宗法次序之不同而言。「階」和「位」的平等與不平等有著極麻煩的矛盾關係，其權利、義務的關係也又極複雜而矛盾，因此，中國宗法家庭中的「兄弟鬩牆」是常見的事。但就「兄弟」之同出於一源，若臨到最苦難與危急時，消解了此中的矛盾，自也就「手足情深」。清楚了兄弟之長幼有序，不只是自然出生的次序，而是一種宗法的次序，我們就能清楚的瞭解到為何老是「父兄」連在一起說，甚至說「長兄如父」。

4. 姊妹與兄弟

　　對比的來說「姊妹」，姊妹當然仍有「長幼有序」，但因為其長幼有序只是自然的出生次序，而不是宗法次序。他們雖然與兄弟一樣都來自於共同的血緣性根源，但因為「父子血緣性縱貫軸」是以男性為中心的，因此，排入宗法次序的只是男性，女性則是附屬於男性而排列的。也因為姊妹的次序只是自然的出生順序，而不是宗法的次序，因而他們既不是宗法家庭的主軸基元，也不是主軸輔元，他們只是輔助軸而已，這從子女稱呼媽媽的「姊妹」

只有「姨母」，而不像稱呼爸爸的「兄弟」有著「伯父」、「叔父」等不同的稱呼區分便可以看出來何者爲輕、何者爲重。在宗法家庭中，「兄弟」儘管仍然不是平等的，但畢竟還是自家人，但兄弟之於姊妹而言，不只是不平等而已，而且不是自家人。兄弟總以爲姊妹是別人家的人，父母當然也以爲女兒是別人家的人。[2]至於招贅夫婿的姊妹則不同，她便被視同兄弟來看待，她則成爲宗法主軸的一員，當然是主軸之輔元下的一員。這以皇宮內院的公主爲例是再清楚不過了，公主在國境內很少是下嫁的，都是招贅的，而其贅婿則稱呼爲「駙馬」。駙馬是附屬於公主的，公主與皇帝是自家人，但駙馬則頂多是附屬的自家人，而很難眞成爲自家人。皇親如此，民間亦是如此，因爲這都在同一個宗法的結構所決定之下而形成的。

5. 宗法與符號系統、權力關係

有趣的是「姊妹」的關係可以說只是「自然的」，而不涉及於「宗法的主軸」，頂多是輔軸而已。但有一個關係，值得我們在此一談，那便是「兄妹」或「姊弟」的關係，他們不同於「姊妹」的關係。就兩代的家庭而言，或者說就一血緣的自然構成而說的家庭來說，兄弟姊妹都是自家人，但就涉及三代以上的宗法家庭來說，則不然。姊妹的關係反而不如兄妹或姊弟的關係。因爲姊妹嫁人之後，各隸屬於不同姓氏，成爲不同的別人家的人，她們從

2　台灣民間習俗嫁女時必須潑灑一槃水於地，意謂嫁出去的女孩如同潑出去的水。又認爲自己的女兒乃是「外頭家臣」，這都在在可見如上之現象。

原來自家的血緣縱貫軸跨到別人家的血緣縱貫軸裡，她們貫了夫姓，原來的姓只是次姓而已，這時候再審視原先的姊妹關係，在宗法家庭來說，她們的主姓已不相同，而所同的只是次姓。至於就兄妹或姊弟而言，嫁人之後的姊妹，其次姓仍與兄弟的本姓相同，這時，她們的次姓仍然與某一父子血緣性縱貫軸發生關聯，因此仍有其宗法的親密程度在。相較而言，兄妹或姊弟的宗法親密程度是超過於姊妹的。這從一三代的宗法家庭就可以看得極為清楚，我們似乎被教導說姑母、舅父是比姨母還親的。也因為姨母的主姓、次姓皆與我的姓氏不相干，所以就同一輩的姨表兄妹（或姊弟），雖然有自然的血緣關係，但就宗法社會來說，並不認為彼等有何宗法的血緣關係，因此以前大體是可以聯姻的。至於姑表（或舅表）兄妹（或姊弟），則因姑的次姓即父姓，在宗法家庭來說，便有較深的宗法親密程度，因此，大體上是不被允許聯姻的。就此而言，須附帶一提的是，可見在中國文化中所謂的「血緣」絕不只是自然的，而是「宗法」的，而「宗法」是文化的一種產物，是人文的，是經由人的符號系統構造，權力關係所締造成的。

6. 一統而多元與理一分殊

「兄弟」本為平輩，因此他們並不如「父子」這血緣性的縱貫軸的關係，儘管在中國的宗法家庭裡，他們仍然被置入這血緣性的縱貫軸之中來理解與詮釋，但兄弟畢竟是兄弟，與父子之為父子，仍然有所不同。父子兄弟都是在血緣性的自然連結下而生的角色，是一個宗法家庭構成的基本角色，父子是縱貫一線的角

色，是最基本的綱維。在中國傳統裡，把這最基本的綱維類比到夫婦、君臣上面，而將這三者叫做三綱，已如上章所述。兄弟雖亦是主要構成的角色，但不是基元，而是輔元。輔元使得父子這血緣性的縱貫軸得以撐開來，形成一個像「粽掛」一樣，主軸分明，而支軸成為撐開此「粽掛」的張力。就整體來說是一統的，但就分立來說則是多元的。「一統而多元」的結構是由血緣性縱貫軸為主線而撐開來的一個結構，這結構小至一個宗法家庭可以看到，而大至一個宗法封建國家，也可以被看得很清楚。常云「殊途而同歸，百慮而一致」，乃至宋明時代所常提「理一分殊」的道理，其實都是這宗法家庭原有的基本原型結構。*3*

7. 悌：孝道化與忠君化

我們常說「父慈子孝」、「兄友弟恭」，或者我們就直用「弟」（悌）這字眼來說兄弟相處之道。孝者，事親也，弟者，敬長也*4*。不論是事親與敬長，都是著重在階等或位分比較低的角色上說的，即使兄、弟本是平輩，該是橫拓面的、左右的、互動的關

3　「一統而多元」的結構為筆者近年來所常用的提法，蓋有取於費孝通所謂「中華民族的多元一体格局」，而衍申其義，或有異同。又「殊途而同歸，百慮而一致」語出《易傳》，至於「理一分殊」的道理，則朱熹最所倡議，近年來劉述先於此多所暢發。筆者於此著重於社會哲學的省察，正與此相應。

4　孟子曰：「仁之實，事親是也。義之實，從兄是也。智之實，知斯二者弗去是也。禮之實，節文斯二者是也。樂之實，樂斯二者，樂則生矣。生則惡可已也？惡可已，則不知足之蹈之，手之舞之。」《孟子》〈離婁〉，由是可知事親、從兄是一切。

係，但長幼有序，階同階，但位份畢竟不同，甚或由於位份不同，而可能回過頭來導致階等不同的情形，像俗語所說「長兄如父」就是一個明顯的例子。「孝」是回到自己生命的根源，是對自己生命根源的疏清與崇敬，而「弟」則是由那同一血緣的生命根源所展布出來，而轉向橫拓面的開展，甚至跨出了原來基本的單位，而與其他人們有了交往的關係。這時候的「弟」就不只是限在「兄友弟恭」上說，而是「入則孝，出則弟」，「弟」指的是恭敬長上。這時候的「弟」不只是宗法家庭裡的重要德行，更是宗法社會裡重要的德行。以家庭而言，「孝」的德行是比起「弟」分量還重的，但若就社會而言，「弟」的德行應比「孝」的德行還重。原始儒家的理想較接近於此，但後來被帝皇專制化的儒家則「孝」成為最重要的德行，「弟」也被「孝道化」了，當然這裡說的「孝道化」就是在帝皇專制絕對統治下說的，與其說是被「孝道化」，毋寧說被「忠君化」了。

8. 儒家的朋友理想：以文會友、以友輔仁

「長幼有序」、「朋友有信」，朋友之為朋友，本不論其血緣關係，而純是性情相與，志同道合，如此而已。在先秦儒家的典籍中談論到「朋友」的非常多，《論語》一開首就說及「學而時習之，不亦說乎，有朋自遠方來，不亦樂乎……」，這「有朋自遠方來，不亦樂乎」寫的真是簡易直截，透入肺腑。每個人的生命都何等寄望瞭解與相知啊！朋友的結契根本是建立在兩個人的心志相通上。當然，他們又有著許多不同的層次，「可與共學，未可與適

道，可與適道，未可與立，可與立，未可與權」[5]，儒家的理想是「君子以文會友，以友輔仁」。[6]

9. 君臣化、父子化使得朋友空間變狹

平情而論，我們可以發現五倫中，除了「父子」是一不可改易的「血緣性縱貫軸」以外，其餘，若要論其關係都可以廣義的說成是「朋友」。「兄弟」是朋友，所以講「友于兄弟」[7]，「君臣」亦是朋友，「夫婦」本亦是朋友。但在中國傳統帝皇專制的獨大狀況下，血緣性的縱貫軸的父子關係被一再的擴大誤用，「兄弟」論的是次第，而「君臣」論的是絕對的、單面的忠誠，「夫婦」亦然，即如可貴的「朋友」這一倫，也被「兄弟化」，而「兄弟」又被「君臣化」、「父子化」，朋友原可以擴大開來的空間被大幅的縮小。值得留意與一提的是，在中國的宗法社會裡，朋友當然不只是一般的「有緣」而已，因為若只是「有緣」而已，則這只是「緣聚則合，緣離則散」，它應是極有彈性的；但其實不然，在中國文化中的朋友，除了原先講的志同道合外，更重要的是它的結構是類血緣化的，而且最後是回到「父子」這血緣性的縱貫軸上而穩定住的。朋友雖爲朋友，但卻有著類似父子兄弟般的親情。尤其在宗法社會中，原先的父子兄弟極可能在多方的壓縮與限制下，所謂禮

教束縛，彼此的情感都有所壓抑，這時朋友則提供了一個源泉不絕
的補償。

10.道義的特質

　　一般我們說「朋友有信」[8]，朋友是以道義相交，但何者爲道
義，「道義」之義的性質爲何？這倒是一個值得檢討的問題。「道
義」就字面上看來，指的是「由義而進乎道」，「義」指的是盡其
在我，求其爲善，這指的是經由一內省的功夫，要求自己能符合
自己內在的道德根源之善，而盡其本心，並以此推己及人。「義」
當然是在自家身心內求，並不是在外求其符合，亦不是用來要求
別人符合於什麼。最初所說的朋友之義，指的是「與朋友交，言
而有信」[9]，這指的是彼此的溝通有一確地的標準，有其確定性
在，是可以落實而實現的。「信」是通於人，而有所確定，其立跟
點則與「忠」，結合爲一。所謂「言忠信，行篤敬」，「忠、信」
二字常聯言使用，曾子說其三省吾身，前頭兩個亦是將「忠、信」
連言，彼云「爲人謀而不忠乎？與朋友交而不信乎？傳不習乎？」[10]
「忠」指的是「問之於己，盡己之心否？」，「信」指的是「契之
於人，信實無欺否？」，「忠」以內其根源，「信」則外交於人。
以「忠信」連言，而來說朋友之間的「道義」，此道義當是極爲可
貴的。但果眞就可以這樣來看待朋友之義，做爲歷史事實而了解

8　語出《孟子》〈滕文公〉「聖人有憂之，使契爲司徒，教以人倫，父子有
　　親，君臣有義，夫婦有別，長幼有序，朋友有信」。

9　語出《論語》「與朋友交，言而有信」。

10　語出《論語》〈學而〉。

嗎？此則未必，因為「道義」一詞並不即以如上所說的理想類型而展開，再說，就此理想類型其所含概之現實，亦有多種不同的可能。例如：在「道義」一詞前頭可以再加上不同的詞，而形成一更複雜的詞組，則其概念亦就越為明確清晰，茲以最常聽到的「江湖道義」與「社會道義」兩詞進一步加以闡析詮釋。

11.江湖道義：生命聲息的同於大通

　　我們一用到「江湖」這樣的字眼，在腦海裡最常顯現的是梁山泊的好漢，而所謂的「江湖道義」更是用來形容這群好漢彼此「肝膽相交」的情況。《水滸傳》下所描述的梁山泊，是所謂的「江湖」最好的寫照，這些好漢打家劫舍，與富人及官方作對，他們是反體制的，但卻被歌頌為有「道義」的。這時候的「義」顯然不是官方的公義，不是一般所以為的理性下的公義，反而是要對於以上所舉這些體制化的義要產生一瓦解的作用。江湖在自然山水間，原來那天地間就有一天理人情在焉，有一自然之道在焉。朝廷無義，江湖有義，江湖之義高過了國法，高過了君令，朋友兄弟這時從原來的宗法社會裡解放出來，進入到一原始的、渾淪的、自然的、真實的江湖性情之中，即此性情而江湖，即此江湖而性情，歃血為盟，披肝瀝膽，進入到一無分別相中，同於大通，即此便是天理、便是人情、便是道義。江湖居於大地，肝膽在我身，只此江湖而言道義，只此肝膽而論朋友之道，這絲毫不論及理性、法律，純只是生命之氣息的交感互動，便同於大通，與天地萬有同而為一。

12.江湖道義的批判性與軟弱乏力

　　這麼說來，江湖道義似是從原來「父子」血緣性的縱貫軸所成的宗法家庭與宗法社會中解放出來了，它對於現實的不合理提出批判，或者從諸多以理殺人的僵化教條中解放出來。但我們若是深入「江湖」去看此江湖之結構，即可發現彼雖反宗法的血緣性縱貫軸之結構，而彼實依於如此之結構方式，甚至彼所成之結構，其血緣性縱貫軸比起原先宗法社會所成之結構下的血緣性縱貫軸，還來得教條化、僵化。江湖幫派的結構方式，其階位的區化，雖與其戰功有關，但很快的就將這些權力的區劃與宗法結合在一起，仍然歸到那「父子」的血緣性縱貫軸之中。早在先秦，我們從墨家之反儒家，就其強調兼愛，而反對儒家的仁愛，看起來似乎要打破原來宗法的格局，要打破「父子」這血緣性縱貫軸的格局，其實，《墨子》書中，即以「兼愛」、「天志」等篇為例，仍是以此「父子」這血緣性的縱貫軸做為其立論基礎的。[11]墨子之自認為是仲尼之徒，與水滸傳最後所述的梁山泊兄弟還是要被朝廷招安的，若合符節，都要回到「父子」這血緣性的縱貫軸的指導之下，因為他們本來就以這血緣性的縱貫軸做為理論基礎的，會有這樣的結局也就順理成章了。

11　即如《墨子》〈兼愛〉之所論，彼曰「聖人以治天下為事者也，不可不察亂之所自起，當察亂何自起，起不相愛。臣子之不孝君父，所謂亂也。子自愛不愛父，故虧父而自利，弟自愛不愛兄，故虧兄而自利，臣自愛而不愛君，故虧君而自利，此所謂亂也」，這裡仍可見彼之以「君臣、父子、兄弟」三者為尚，仍不脫血緣性縱貫軸之為主軸。

13.地緣只是血緣的投影而已

　　我們以上這些論述，是想呈現一個重要的論題，說中國傳統的「兄弟」一倫沒有恰如其分的發展，它只是做爲「父子」血緣性縱貫軸的輔元而已，即如「朋友」一倫亦然。照理來說，「朋友」一倫實不應該會全爲血緣性的縱貫軸所吸收融攝，它無論如何當該有其獨立之地位，因彼全不與「血緣性的自然連結」相涉也。但事實不然，它雖有可能有一別於「父子」血緣性的縱貫軸之發展，但卻沒發展出來，最後還收攝到血緣性的縱貫軸裡。就此來講適巧與中國人之以血緣爲主導，而即使所謂的地緣也是被血緣所籠罩著的，或者說地緣亦只不過血緣的投影而已。朋友原較接近於地緣的，而不是血緣的，但卻沒有眞發生一地緣的團體組織，傳統的中國宗法社會裡，一旦有了什麼樣的組織，便很快被類化爲「父子」這血緣性縱貫軸的關係。

14.血緣性與人的熟悉

　　「血緣」和「地緣」的最大不同在於「血緣」是自然的，是天生的，由天生、自然而有其必然性的連結，至於「地緣」原只是偶然的，人爲的，它原來並非必然性的連結，若要成爲一必然性的連結，就要經由媒介，而這媒介要成爲兩造雙方都信任的第三者才成爲可能。血緣之爲血緣就在生命根源是同一的，既是同一的，他們就有其根源的內在同一性。以血緣性的方式所展開的生活世界，其內在的根源既是同一的，他們也就可以不須要一第三者來連結，即使有第三者以爲連結，那仍只是一功能作用，而非

一實體，因為他們兩造之間本來就不是對立的兩端，他們是關聯成一個整體的。當然做為一個組織結構而言，它仍然有其層級區劃，但若是以血緣性的自然連結為主軸的話，它便不是以「權力」與「理性」為首出的，而是以「角色」與「情份」為首出的，它便不是以「法律」為首出的，而是以「道義」為首出的。因為角色、情份、道義這些概念根本上是建立在人與人之間的熟悉上，而這熟悉是不用言說的，是在情境中本來就關連成一根源性的整體的。如上所說，由「父子」這血緣性的縱貫軸所開啟的生活世界，也就最為自然不過了。

15.血緣性縱貫軸與地緣性橫拓面其宗教迥異

血緣性的縱貫軸所開啟的生活世界，是一具有內在根源同一性的世界，因而它的價值判準也就往內求，而不必安排在一最高的絕對者上頭。這也是為什麼中國這樣的宗法社會連帶著會有儒教、道教，而不是一絕對的至上的人格神的一神論宗教。以地緣性的橫拓面為主導而開啟的生活世界，在兩造雙方須有一客觀的第三者以為連結，才能保證其必然性，如此往上推，究其極而言，當然就須有一絕對的第三者，而此絕對的第三者，即是「上帝」。祂是至高的、無上的、唯一的絕對者。由於是由第三者來連結，因此這樣的構造方式是經由權力、理性、法律所構造起來的社會。或許，我們可以將那「血緣性的縱貫軸」所開啟的社會叫做

「宗法社會」，或者「身份社會」；而將那「地緣性的橫拓面」所主導的社會叫做「法律社會」，或者「契約社會」。*12*

12　關於此，請參見本書第六章〈血緣性縱貫軸下「宗法國家」的宗教與理性〉。

第五章 論血緣性縱貫軸所成之「宗法國家」

提 要

　　本文所論旨在「血緣性縱貫軸所成之宗法國家」，筆者首先闡釋解析了小農經濟與氏族農莊，而指出此是一血緣性縱貫軸所成的共同體。在這樣的血緣共同體下，其自我的身份、所有物的觀念、乃至物與物之間的交換方式，都有其獨特處，當然其使用貨幣的觀念亦不相同。凡此種種皆與中國傳統政治觀念不是權力的統合而是禮之象徵的統合有密切關係，而此亦可以清楚的說明中國文化之為一恥感的文化，相對而言基督宗教文化為罪感文化，印度佛教文化則為一業感文化。此與中國之為一符號式的統治，而不是實力式的統治密切相關。以其如此，故中國傳統符號式的統治自有其獨特的名實觀，此與西方傳統實力統治下的名實觀相異。中國傳統宗法國家與其氣的感通傳統相應，而此皆依於血緣性縱貫軸以為核心而展開。

關鍵詞：宗法國家、禮之象徵、恥感、符號式統治、理一分殊

一、

1. 宗法國家是由宗法家庭、宗法社會所決定的

　　前所述之第二、三、四章，大體是在說一血緣性縱貫軸所成之「宗法家庭」，乃至「宗法社會」之構造，而接下去這一章，我們將要繼續談由此血緣性縱貫軸所成之「宗法國家」。

　　我們之稱傳統的中國爲一宗法國家，是說這樣的一個國家是由原先的「宗法家庭」、「宗法社會」的結構所決定成的，是由血緣性的縱貫軸所決定的。一個國家的組成涉及到經濟、社會、政治、宗教等層次，它是一個構造，這個構造使得大家有一種團體感、歸屬感，一方面它有著共同的普遍意志，爲大家所信守，亦因之大家有著利害與共、休戚相關的感受。它一方面形成一股力量，使得組成的人民因之而說明其自己，並有一共同的符號象徵做爲統合，人們亦以此來說明其身份，就在這樣的一個共同體裡，人們享受其權利，並且盡其義務。如果，我們要細分的話，或許可以發現此中有著許多不同的層次，一是符號的層次，一是權力的層次，一是構造的層次，一是溝通的層次，一是生養的層次。在《論語》書中，孔老夫子說「足食、足兵、民信之矣！」[1]，「足食」是生養的層次，「足兵」則是權力的層次，而「民信」則

----

[1]　相關之全文爲「子貢問政。子曰：『足食，足兵，民信之矣。』子貢曰：『必不得已而去，於斯三者何先？』曰：『去兵。』子貢曰：『必不得已而去，於斯二者何先？』曰：『去食，自古皆有死，民無信不立。』」《論語》〈顏淵〉

是符號的層次，而這層次，更徹底的說則包括了溝通與構造的層次。

2. 小農經濟與氏族式農莊

這「足食」是生養的層次，我們亦可以說它涉及到經濟的生產方式，不只是經濟的生產方式，而且還牽涉到交換與互動的方式。傳統的中國是以農立國，這是眾所周知的。中國傳統的小農經濟，聚村而居，與血緣性的縱貫軸之展開緊密結合，成為一氏族性的農莊。由於是以血緣性的縱貫軸為主線來展開，是以人與人之間的熟悉為彼此的交往方式，因而柔化了彼此的權力關係，或者說彼此的權力關係帶著極強的血緣意味。但帶著血緣意味便無法真有一客觀的權力關係，而且權力關係無法成為第一優位的，它只能是第二優位而已。我們不難在記憶中找到「劉家莊」、「李家莊」、……等等，這都是帶著氏族色彩的莊園經濟，而不可能有一如西方中世紀的大莊園經濟。氏族式的莊園經濟是「血緣性的共同體」，而不是一「利益的共同體」。血緣性為主導的，背後所涉的是溝通與調和，這不像利益導向的，背後所涉的是權力與分配。[2]

3. 血緣性共同體下的身份認定方式

「血緣性的共同體」所強調的既是溝通與調和，因而其所形成

2　如費孝通即從「血緣的空間投影」來思考此問題，請參見《鄉土中國》，〈血緣和地緣〉，台灣影印版，時地不詳。

的共同體便是柔性的、散漫的，而且可以說是自然的。這不同於「利益性的共同體」所強調的是權力與分配，因而其所形成的共同體是硬性的、嚴密的，這便不是自然的，而是人為所加於其上而成的。[3]

再說，有什麼樣的「共同體構造」方式，也就有什麼樣的「個體身份認定」方式。在一血緣性、氏族性的共同體裡，人不是一獨立的個人，人是被安置於「家庭」、「家族」乃至「國族」而說的個人。換言之，個人並不是一單獨之單體，而是彼此交往互動，是在一「我與你」（I and Thou）的存在樣式下而成就的自己。[4]這是經由人與人之間的實存互動而成就的自己，儒家經由「仁」——人與人之間存在的道德真實感，來說「人」便是這個道理。

4. 所有物觀念的異同與自我觀念的異同

或者，我們可以由此血緣性的氏族式的共同體構造來瞭解其中每一分子其所有物的觀念為何。因為人是怎樣擁有的，他們對所有物的觀念之異同影響到其自我的觀念的異同；當然自我觀念的異同也影響到所有物的觀念之異同，他們彼此是互動的。在中國的傳統裡，「所有」與其說是去佔有，去用權力來支配，毋寧說是彼此的相與，是由生命的滋潤而成的。更重要的，平常不只是

3　關於此，請參看韋伯《中國的宗教：儒教與道教》一書，第一章，第二節有關「城市與行會」的論述，頁76-84，允晨文化公司印行，一九八九年，台北。

4　關於「我與你」之論點，乃受瑪丁・布伯（Martin Buber）之啟發，見氏著《I and Thou》一書，筆者於此著重的是「主體的互動與交融為一個整體」這樣的意思，取義於原著有所異同。

經由「所有」來說明其自己，更是經由如何將自己之所有拿出來，置於總體中，來說明其自己。更哲學的說法，我們可以這樣來表達，它不是經由一「執著性」的方式來說明其自我，而是通過一種「非執著性」的方式來說明其自我。它不是經由一種「言說的論定」的方式來說明其自我，而是經由一種「非言說」的方式來說明其自我，這種非言說的方式，其實就是我所謂的「氣的感通」的方式。[5]

在這樣的血緣性的氏族性團體裡，有一共同的內在根源，做為彼此之所依，而且大家相信這內在的根源人人具有，只要反躬自省，當下了知。這內在的根源並不是一絕對抽離於人自身的客觀存在，而是具體的內在於人自身互為主觀的存在，一切由此推擴出去，像投石入水，那樣的波紋式來展開。[6]

這就不像利益性的共同體講究的是權力分配的問題，講究的是客觀的權利與義務的問題。利益性的共同體講求的是每一個個人如何的就其所有的來說明其自己，並且以此來交換有無，形構成一團體。如費孝通所言，這樣的方式就像一綑材的方式，乃經

5　筆者以為「所有物觀念的異同」與「自我觀念的異同」有密切的關係，而此皆影響到人們對於宇宙萬有一切，乃至宗教上的異同，而東方之所以有「非分別說」或者「氣的感通」之傳統，與此實密切相關。就哲學層次立言，牟宗三於〈執相與無執相底對照〉論之甚詳（見《現象與物自身》第七章，頁369-469，台灣學生書局印行，一九九○年四刷，台北。），而若將此哲學層次置於文化傳統中來理解，則必得做此哲學人類學式的深層闡釋。

6　費孝通即做如此說「我們的格局不是一綑一綑扎清楚的材，而是好像把一塊石頭丟在水面上所發生的一圈圈推出去的波紋」，請參見《鄉土中國》，〈差序格局〉，台灣影印版，時地不詳。

由一外在的契約，將每一個個我構成一共同體（Association）。

二、

5. 功能性的、伴隨的、禮物般的饋贈與本質性的、實體的交換

　　人際交往方式與經濟之所有物的交換密切相關聯，這樣的人際交往方式、這樣的人的自我概念，這樣不同的團體格局，他們對於所有物的觀念不同，其交換方式也就不同。大體來說，中國傳統中，對於「所有物」而言很難有一「實體性」或「本質性」的概念，而多半是「功能性」或「伴隨性」的概念。因而，所有物的交換，自不能是拿一具有本質性的實體去交換，而是功能性的伴隨的禮物般的饋贈。[7]

　　還有須再附帶說明的是這本質性的實體的交換，並不就是直接交換而已，它亦必發展出其中介者的交換；功能性的伴隨的禮物般的餽贈也一樣，它亦必發展出其中介者的交換。此中介者即是「貨幣」。當然，由這種「功能性的伴隨的禮物般的饋贈」並不就永不會發展出那種「本質性的實體的交換」。因爲當交換領域的擴大，以及幾個不同的共同體產生了競爭的關係，就會使得權力的因素增大到一相當的地步。一旦，權力的因素大到一個地步，

7　關於此，請參看韋伯《中國的宗教：儒教與道教》一書，第一章，第一節有關「貨幣制度」的論述，頁 67-76，允晨文化公司印行，一九八九年，台北。

它就會去僵捆一功能性、伴隨性、近乎名目般的東西，而使得它形成一銅牆鐵壁般的實體，就此實體而有其本質。不過，在中國傳統大體來說並沒有完成這樣的歷程。歷史上有幾次重商的傾向，馬上被傳統主義抑制住了，回到重農的老路上。既回到這路上，整個社會一樣是「血緣性的縱貫軸」做主導，是一血緣性的氏族社會，是一血緣性的縱貫軸所成的宗法國家。

6.「貨幣」只是一功能性、伴隨性的中介者

在這樣的血緣性的氏族農業經濟裡，其所發展出來的貨幣觀念，自不會是一獨立的中介者，不會是具有實體性的中介者。「貨幣」只是一功能性、伴隨性的中介者。貨幣之於經濟而言，它當然不是「經」，而只是「濟」。「經」指的是一實體性的指標，而「濟」則是一濟助性、輔助性的作用。這也是為何在中國歷史上即使貴重金屬的大量增加，交易範圍的大量擴大，看起來貨幣經濟大大的發展了起來，但是它仍不足以動搖傳統的血緣氏族結構，甚至因之而強化了這血緣的氏族結構。人口在增加，而且不斷的在增加中，但就在血緣氏族的紐帶中而固化了其自我，並沒有造成社會結構的大幅改變，其交往方式還是以氣的感通，這樣的非言說方式為主導。不過，由於人口增長到一相當地步，而又仍限於這樣的交往方式，加上傳統君主為了要穩住這樣的一個龐大氏族性結構，非得加大其權力不可，於是人的交往情境有了大的變化，空間顯然地變得狹窄，因而彼此悶著氣，難以通徹，於是便悶出

病來，甚者，就因此而造成了「以理殺人」的後果。[8]

7. 中西古代城市的對比差異

　　關連著以上我們所做的分析，更進一步，便可以論定，中國古代的城市一直是一非原子式的存在，它是做爲諸多網絡的中介，它並沒有其自主性，它有的是一種流動性下所可產生的交融性。相對來說，西方文化傳統所伴隨而生的城市是一原子式的存在，其自主性較高，此因爲其共同體是一權力所成的實際共同体，不像中國傳統之由氏族血緣而生之共同體。[9]

　　西方之原子式的、契約式的構造所成的共同體，它是外向的，是擴張的；相對而言，中國傳統之爲非原子式的，氏族式的構造所成的共同體，它是內聚的，是固著的。就以商業來說，中國傳統便不可能產生行會的獨佔，行會大體其力量都不大，若能變得大些，極可能是與家族血緣結合在一起。但值得一提的是，這樣子的氏族性的紐帶所形成的獨佔，與其用獨佔這概念，毋寧用「固著」這概念會恰當些。其實，若進一步說，我們亦可說中國之政治擴張，乃是一種「固著」，而不是「獨佔」。「固著」所爭的是符號與象徵，而「獨佔」所爭的則是利益與實力。

三、

8　關於此，請參閱本書第十章。

9　關於此，請參看韋伯《中國的宗教：儒教與道教》一書，第一章，第二節、第三節、第四節相關論述，頁 76-96，允晨文化公司印行，一九八九年，台北。

8. 中國傳統政治觀念不是權力的統合而是禮之象徵的統合

　　中國傳統長久以來的政治觀念，其所重便不是權力的統合，而是禮的象徵的統合。孔老夫子的教言說「道之以政，齊之以刑，民免而無恥；道之以德，齊之以禮，有恥且格」，又說「爲政以德，譬如北辰，居其所而衆星拱之」。[10]這些話都是大家所耳熟能詳的。「道之以政」的「政」指的是「政令」，這是外在的約制，而「道之以德」的「德」指的是「德行」，這是內發的關懷。「齊之以刑」的「刑」，是負面的矯治，而「齊之以禮」的「禮」字，則是正面的體現。孔老夫子於此指出了兩個全然不同的政治型態，前者強調的是外在的約制，是負面的矯治；而後者強調的是內在的關懷，是正面的體現。外在的約制、負面的矯治，其所重在限制了個人的權力，而統合成一個整體，它較不涉及於個我內在的意向，其所採取的價值觀重在社會之構造上說。內發的關懷、正面的體現，其所重在開發每一個人的價值而此人之內在價值是與整體通而爲一的。孔老夫子所以爲的政治理想當然是後者，所以用了「有恥且格」來與前者的「民免而無恥」相對比。

9. 恥感：往內在根源去尋索的動力

　　在中國傳統文化中，其所強調的是人與人之間有一種存在的眞實感動，經由此感動而關聯成一個整體，而每一個人有一自發的要求，要求與此整體之根源有一冥契的關聯，若是一個人發覺自己與此根源有所不通暢時，它便有一種羞赧的感覺；要是這發

---

10 語出《論語》〈爲政〉。

生在與共同體之互動關係上，覺得自己之所行與此共同體有一不相應處，不能和合，此時，這共同體便會產生一奇特而不可自已的氣氛，它使得那當事者處在一不相契的窘境，因而生出一種往內在根源去尋索的動力，這樣的總的過程，我們可以叫它為「有恥」，或者說是「恥感」。恥感必預取此共同體之生命聲息通而為一，若此生命聲息未能通而為一，則此「恥感」便不能發生，亦不能產生一恰當的矯治作用。在中國傳統中，「知恥」可以說是道德實踐的一個重要起點，人生於共同體中，自被要求要知恥，要有恥，推而擴充之於國家民族亦然，要是一個國家民族於此有虧就叫「國恥」。有些心理學家說中國文化是一「恥感的文化」，與西方文化之為一「罪感的文化」有所不同，這樣的對比並不是沒有道理的。若要順帶一筆的話，我們可以說印度文化乃是一「業感的文化」。[11]不過，我們要說中國傳統文化之為恥感的文化當然是與其經濟活動的方式，人的組成，社會的構造，及政治理念的型態一致的。

10.符號式的統治與實力式的統治

由於政治理念的異同，便產生了不同的統治方式，大體說來，我們可以說中國傳統的統治方式是一「符號式的統治」，而不

11　關聯著此三者的異同，「恥感」強調的是反躬自省，「罪感」強調的是上帝救贖，而「業感」強調的是解脫輪迴。又「恥感的文化」之論法，請參見朱岑樓〈從社會、個人與文化的關係論中國人性格的恥感取向〉，收入李亦園、楊國樞編《中國人的性格》，中央研究院民族學研究所，一九七二年，台北。

是一「實力的統治」。符號式的統治是「天高皇帝遠」，其所重只在四方來朝，這來朝代表的是對於一共同體的根源象徵有其向心，並且為此共同體之根源所滋潤。「來朝」固然是一種征戰之後的約定，但重點則在於彼此有其相待之禮節。「禮」之為「禮」代表的是由那整體的根源之具體的體現，此體現當然是建立在人與人之間那存在的道德真實感上，若是沒有了這存在的道德真實感做為基礎，則「禮」只成了虛的、外在的典飾，甚至成了一僵化的東西。孔老夫子說「人而不仁，如禮何？人而不仁，如樂何？」所指便是這個道理。[12]實力的統治則不同，它重在將那約定落實，而彼此有權利、義務之分。實力的統治是將許多個原子式的個體整合成一整體，再由此整體聚合為一更大更高的整體，每一個層級的每一個單元都是一原子式的單元，它們因而亦有較高的自主性。符號式的統治是建立在血緣性的縱貫軸的再延長，而實力式的統治則建立在彼此利害的須求上；前者重在氣的感通，而後者重在言說的論定。前者在氏族血緣的調節下，取得融通與支持，而後者則在法律規約下，取得力量的決定。

四、

11.中國傳統符號式統治下的名實觀

在「符號的統治」下，「名」（符號）自必非常的重要，甚至

---

12 語見《論語》〈八佾〉。

凌駕於「實」。或者說是「一名」，而「多實」。當然，這裡所說的「名實」就不是我們一般所以為的「一名」必與「一實」相符這樣子的講法，因為「名」並不是做為一對象之符應之存在而已，「名」之為名乃是一主體的對象化活動所成之物，而此物又與「實」有所相和，成為「實」存在之調節性的基礎。其實，孔夫子所說的「正名」思想得放在這樣的脈絡來理解才為可能。孔夫子的「正名」思想，是要「正名以求實」，此不同於法家之流的「刑名以責實」。前者是禮治，而後者則為法治（或說刑治）。「正名」之所重在由名來求實，名是名份、名位，是身份地位，此不同於刑名之名所重在職位、職份，兩者並不相同。孔老夫子說「名不正，則言不順，言不順，則事不成，事不成，則禮樂不興，禮樂不興，則刑罰不中，刑罰不中，則民無所措手足」。[13] 這段話中的「名」是身份地位，是社會角色，而「言」指的是道德教言，「事」指的是禮俗教化事。「名」與「言」並不是抽象的概念思考，而是具體的生活感知，「事」不是存在之客觀事物，亦不是職位、職份之事，而是生活世界中禮樂教化事。因此，由「名」、「言」、「事」而往，其所重不是怎樣的一件實利之事，而是人間的生活，人即於此人間裡生活爾矣！禮樂不興，才有刑罰不中的問題，至若禮樂興則此問題不再是問題。禮樂是人生命情志的體現，而刑罰則是政治社會的約制。前者是調節性的原則，而後者則是決定性的原則。在中國文化傳統裡，調節性的原則一直是高於決定性原則的。

---

13 語見《論語》〈子路〉。

12.調節性原則體現的兩個方向

這也就是說在中國傳統的政治社會格局裡，「名」是做爲一種調節性的原則，它的體現乃是一調節性的體現，而調節之能調節乃建立在一存在的道德實感上，經由此存在的道德實感去體現，即是以「仁」與「禮」去體現，經由這樣的體現而體現了「實」。顯然的，這樣的體現方式必關聯到整個生活世界，及實踐的主體與主體兩者間的互動。因此，這樣的政治氣候下所重的不是「名」與「實」如何決定性的相符，而是「名」與「實」如何調節性的相融。正面來說，這樣的名實觀是由相容、而相融，通而爲一，殊途而同歸，百慮而一致；但負面來說，則此相容可能是和稀泥、拆爛污、差不多、鄉愿，它對於名實都會有極壞的毀損作用。[14]

13.理一分殊的確義

進一步，將這名實觀說清楚了，我們來了解諸如「理一分殊」、「體用合一」的觀念時，才能準確。「理一」的「一」並不是一共相的絕對，而是具體相容而成的整體，因此所謂的「理一分殊」並不是由一個別的事物逐漸往上抽象，而最後達到一絕對的共相，而是每一個別事物都是相容而相融，通而爲一，最後亦通極於一，所謂同於大通之謂也。朱熹所說的「物物一太極，統體一太

---

14 筆者於此特別標明調節性原則表現方式的兩面性，是要說明並不是調節性原則一定不好，而是由於調節性原則下委的表現方爲不好，這是值得注意的事。

極」亦當置於這樣的理解角度來理解，否則由共相、殊相來理解，差之毫釐，謬以千里矣！[15]

14.西方傳統實力統治下的名實觀

西方的政治傳統不同於中國所重爲一符號的、象徵的統治，而爲一實力的、利害的統治，其所影響的名實觀自與中國傳統文化下的名實觀不同。「名」之所對者在「實」，是經由此「名」來決定「實」，符號必得發出一實際的權力，而決定實際的存在。「名」是做爲一決定性的原理，且必與「實」緊密連結，因而任何一實際的存在都是一決定性的存在，它亦自有其權力與規定所在，權力是伸張，而規定是限制，限制是限制其爲一定在的單體，而伸張是伸張其可上升至一更高的共相，如此類推，最後則升到一最高的共相。我們若仔細推敲「符號」、「權力」、「存在」這三者的關係，看起來這三者是以「符號」爲主，但值得注意的是彼所重並不是符號之本身，而是此符號所可能展開的決定性力量，是由權力所決定的。顯然的，這樣的方式著重點便落在「權力」上頭，而這樣的文化傳統極易「以名控實」，正面來說，以名控實，而切實，負面來說，則以名控實，而使得實無法如其自如

---

15 關於「理一分殊」、「體用合一」最為恰當的比喻當可以「眾漚」與「大海水」做為比喻，熊十力於其《新唯識論》、《體用論》等書中，論之甚詳。筆者以為此當是中國文化所共享之智慧，其餘「存有」、「意識」以及「實踐」皆有決定性影響。請參見林安梧《存有、意識與實踐──熊十力體用哲學之詮釋與重建》一書，台灣東大圖書公司印行，一九九三年，台北。

的開顯，一旦形成名的獨佔，且必與權力結合，而造成了符號的、理性的專斷，甚至造成了暴力。*16*

五、

15.宗法國家與氣的感通傳統

這麼說來，我們可以說在中國政治文化的傳統來說，「名」，從一般社會身份的「名」，一直到最高階位的「名」，它所著重的是一價值的象徵，而不是事實的命定。再者，我們又習於將此價值的象徵擺在整體的根源之中，而不是置立在一超越的絕對者之上。由於是價值的象徵，只是做為理想的根源，頂多是人生命的歸趨罷了，這裡便沒有一強制性、決定性的作用。不過，雖理上無強制性、決定性的作用，但一政治共同體裡，它卻是用著「裹脅」的方式，而達到一強制的作用。這是宗法國家的特色，是由「氣的感通」傳統而來所必生的特色。在形態上，這樣的宗法國家人口雖眾，但治安人員並不多，因此它並不能說是一強控制的國家，但卻通過氏族血緣的管道，極可能達到了強控制的功能。*17*

---

16 儒家所強調的「正名以求實」與西方所強調的「名以控實」，有甚大之不同，於此可見一斑。前者是調節性原理為首出，而後者則是以決定性原理為首出。

17 金觀濤、劉青峰即以「維持脆性的平衡——強控制」論之，請參見金觀濤、劉青峰著《興盛與危機：論中國社會超穩定結構》，頁 50-61，（一九九二年增訂版），中文大學出版社印行，香港。筆者於其論點有所取擇，亦有所異同。

16.宗法國家依於血緣性縱貫軸

　　如上所述，我們可以說一「血緣性的縱貫軸」所成的「宗法國家」，明顯的是不同於「利益共同體」所成的「契約國家」。血緣性的縱貫軸所成的宗法國家，其著重點在於符號的層次，而這樣的符號放在血緣性的縱貫軸所成的社會來審視的話，我們將可發現它不是一決定性的原則，而只是一調節性的原則，彼是做為一切價值的歸依之所，但並不是事實的決定者。換言之，符號並不是經由權力而產生其效率，而是經由血緣性的縱貫軸所展布開來的脈絡，而產生一種力量，在這情況下，權力便無首出的地位，因而其政治共同體的構造，就不是一硬性的理性構造，而是一柔性的情感的構造，是依於血緣性的縱貫軸所成的家族社會，經由價值符號象徵所成的一種歸趨，在這種歸趨下所成的一種宗法國家。在這樣的宗法國家下，其溝通的方式自必以血緣性的縱貫軸為其主要的方式，從家庭，而家族，而宗族，而至整個天下，孔老夫子說「一日克己復禮，天下歸仁焉！」[18]，又說「人人親其親，長其長，而天下平」，都是在此「血緣性的縱貫軸」而成的「宗法國家」下立言的。[19]

18　相關之全文為「顏淵問仁。子曰：『克己復禮為仁。一日克己復禮，天下歸仁焉。為仁由己，而由人乎哉？』」《論語》〈顏淵〉。

19　孟子曰：「道在邇，而求諸遠；事在易，而求諸難。人人親其親、長其長，而天下平。」《孟子》〈離婁〉。

第六章　血緣性縱貫軸下「宗法國家」的宗教與理性

提　要

本文旨在經由一整體的概括，並經由類型學的對比方法，展開論述。筆者首先檢討了宗法國家涉及到的權力、符號與象徵諸層次，指出一政治社會共同體其權威的確認、權力的獨佔、神祇的安排與儀式的置定等息息相關。並經由一對比的方式指出在「言說的論定」下，其相應的是一絕對的一神論，是一「斷裂型的理性」，而這與征戰、權力、語言、命令、執著性、對象化、理性、約制、絕對、專制、共相等觀念有其內在的親近性。在「氣的感通」下，其相應的是一萬有在道論，是一「連續型的理性」，而這與和平、仁愛、情氣、感通、無執著性、互為主體化、道理、調節、和諧、根源、整體等觀念有其內在的親近性。經由以上這些了解，我們進一步對於儒學中常用的天、命、性、道、德、行諸字義，做出清楚而確定的詮釋。

關鍵詞：宗法國家、宗教、理性、連續、斷裂

一、

　　大體而言，我們可以說傳統的中國是一「宗法國家」，它經由一血緣性的縱貫軸爲核心，並以一符號式的統治方式展開。這與西方傳統社會之以一人際性的橫面軸爲主導，而以一實力式的統治方式頗有不同。連帶的，我們發現其所相涉的經濟生產方式、經濟交換方式、貨幣，對於所有物的觀念，及由此反照回來的自我觀念，人與人之間的交往與連結的方式，乃至中西名實觀皆有頗大差異。[1]

　　顯然地，這些論點主要是要闡明「宗法國家」並不是經由一實際的權力來統治，而是經由血緣性的縱貫軸所連結成的脈絡，經由符號、象徵及身份的方式來統治。我們這樣的論略方式主要是要先確立中國傳統的政治乃是一血緣性的縱貫軸所成的宗法國家，至於此宗法國家之如何穩立起來，則待我們更進一步來闡明它。

1. 宗法國家涉及到的權力、符號與象徵

　　談到如何穩立的問題，這便牽涉到政治社會共同體的最高權力、符號、象徵等問題，因爲當我們說一個政治社會共同體確立起來，它至少指的是此政治社會共同體有其大家所共同信守的符號、象徵，並且依於一至高的權力規約，這也就是孔老夫子所說

1　於此「血緣性縱貫軸」所成之「宗法國家」，請參看本書「第五章、論血緣性縱貫軸所成之『宗法國家』」。

的「足食、足兵、民信之矣！」、「民無信不立」所強調的「信」。
這「信」字便涉及到符號、象徵，以及因之而發之權力，及人們引
以為溝通之管道等等，而更重要的是，在這裡「信」指的是「政治
社會共同體的確立」。[2]

　　這「信」字，在一政治社會共同體下，若就其理想的層次而
言，則是「宗教」，若就其現實的層次而言，則是「政權」。就「宗
教」與「政權」兩者來說，不論現實上它們是合一，還是兩分，在
理論上總是極為密切的。它們一起長於同一個政治社會共同體，
相互影響，相互支持，甚至是相互抗衡。對於它們的深度理解將
可幫助我們對於整個政治社會共同體存在的確定性，做更深度的
詮釋，同時，也有助於我們對於人之為人其生命的確定性有一更
深度的認識。對於政治社會共同體存在的確定性深層的理解，則
可使得我們更透徹了解其禮俗、規約之為何物，了解其實踐的法
則或動力之為何。

2　《論語》〈顏淵〉「子貢問政，子曰：足食、足兵、民信之矣！」子貢曰：
　　必不得已而去，於斯三者何？曰：去兵。子貢曰：必不得已而去，於斯二
　　者何先？曰：去食。自古皆有死，民無信不立。」子夏亦言「君子信而後
　　勞其民；未信則以為厲己也」（《論語》〈子張〉），當可相互發明。中
　　國傳統國家之確立其基礎如何多半以儒家為主，請參見薩孟武《儒家政論
　　衍義：先秦儒家政治思想的體系及其演變》，東大圖書公司印行，一九八
　　二年，台北。近代西方國家之確立多半強調權力、權威、支配等問題，此
　　可參見 Alan C. Isaak 著、朱堅章主譯《政治學的範圍與方法》一書，第二
　　章第一節「何謂政治」，頁 14-23，幼獅譯叢，一九七八年，台北。

2. 權威的確認、權力的獨佔、神祇的安排、儀式的置定等息息相關

宗教可以說是人們心靈內在根源性的理想呼喚，亦可以說是根源性、終極性的關懷，這理想的呼喚與終極的關懷，經由一種寄情的方式，去體現其奧秘，並同時獲得此奧秘的權力，畏懼之、禮敬之，從而經由人最內在而深沉奧秘的方式，想像之，並經由一符號或象徵之方式表徵之。[3]起初，這自然是極為多元的，而且是以我們生活世界之任何相關的物象為符號、象徵以為表徵的。當然，這些符號、象徵經由一相關的儀式，自必能發出一相當的力量，因而人們便在這樣的歷程中有著一種確定感，此即我們一般所謂的「信」。隨著政治社會共同體的建立，人的交往，互通聲息到一地步，自也就有了所謂的共識（common sense），或者說是共信。共識與共信，一方面指的是理性的確認，另方面則是共同權威的建立，由此共同權威可以發出一為大家所信守之權力來。

3　「終極關懷」（the Ultimate Concern）一語乃保羅・狄利希（Paul Tillich）在 " Love, Power and Justice "一書中所提出者，見王秀谷譯《愛情、力量與正義》，第七章，頁 111-126，三民書局印行，一九七三年，台北。筆者此處所使用雖有所取於此，但又參酌了維科（G.Vico）、卡西勒（E.Cassirer）所做成之總結而成者。請參見維科著、朱光潛譯《新科學》第四卷第九部分第一章「神的理性與國家政權的理性」，頁 537，駱駝出版社印行，一九八七年，台北。又請參見卡西勒著、劉述先譯《論人》，第七章「神話與宗教」，頁 84-125，東海大學出版，一九五九年十一月，台灣台中。又筆者於此所運用之方法學，顯然的多受維科《新科學》之影響，併附記於此。

　　就宗教而言，這指向神祇的安排，與儀式的置定：就政治社會共同體而言，則指向共同權威的確認，以及權力的獨佔。此時，這政治社會共同體的人們有了對世界共同的理解與詮釋方式，以及其所信守不逾的指針、實踐的法則，我們便將此種種稱之為理性。[4]當然不同的政治社會共同體，也就有著不同的理性型態。它是與其共同權威的確認、權力的獨佔方式，還有神祇的安排、儀式的置定等息息相關的。

二、

3. 言說的論定下之權力、理性、結構樣態與宗教之神之確立

　　如前所說，中國文化傳統之基本建構乃是一血緣性之縱貫軸所開啟者，這樣所成的一政治社會共同體，是以氣的感通的方式而凝聚其共識的，它預取其為一不可分的整體，而這不可分的整體有其共同的生命根源，此生命根源又不外於此整體，而即在此整體之中。[5]或者說，在整個共同體凝固的過程裡，並沒有發展出

4　楊向奎論及絕地天之通的神話時，便以為這便是獨佔了交通上帝的大權，認為此是權力的獨佔，見氏著《中國古代社會與古代思想研究》上冊，頁164，上海人民出版社，一九六二年出版。又請參見馬伯樂著《尚書中的神話》一書，頁 49-52，一九三七年。

5　若落在民族學、人類學的角度而言，我們實可說中華民族乃是一統而多元型態或一體而多元的格局，費孝通即做此說，他以為它所包括的五十多個民族單位是多元，而中華民族則是一體。中華民族做為一個自覺的民族實

一客觀對象化的理性優位性，而一直是處在主體的情志之互動的優位性上；「言說的論定」一直未成為一優先性的原則，而是「氣的感通」這一原則一直是具有優位性的。[6]若是在一客觀的對象化的過程裡，理性又取得優位，則推極而致，則有一超乎世上之絕對的客觀對象。再者，這樣的一客觀對象，它並不會停留在做為一對象的身份為已足，因為人們經由自家生命內在理想的呼喚，以及來自於生命不可知的畏懼，轉而為一深度的虔敬，他們會發現此呼喚有一極高的權能，由此權能轉而使得他是至高無上的，能動的主體。那客觀的對象即是那絕對的能動的主體，兩者看似相反但卻相合為一。就理性上來說，它是一客觀的絕對者，是一對象化所成一客觀絕對者，是一至高至善至美的純粹形式，亦是亦無所遮蔽的實現。它看起來是一切理性與存在的基礎，然而若論其發生的歷程來說，則是經由理性化的過程，充極而盡所成就的。就政治社會共同體而言，它逐漸凝固聚結，就在這過程中，人類的理性伴隨著權力，而達到一穩定的狀態，至於其理性的狀

體是近百年來中國和西方列強對抗中出現的，但作為一個自在的民族實體則是幾千年的歷史過程所形成的。見氏著〈中華民族的多元一體格局〉，收入費孝通等著《中華民族多元一體格局》，中央民族學院出版社印行，一九八九年七月，北京。

6 關於「氣的感通」與「言說的論定」之對比，乃筆者近十年來對中西宗教、思想、文化之整體概括，見林安梧〈絕地天之通與巴別塔──中西宗教的一個對比切入點的展開〉，東方宗教討論會第四屆論文發表會，一九八九年八月。《鵝湖學誌》第四期，一九九○年六月，1-14。台北。又請參見林安梧《台灣、中國──邁向世界史》，第一章，唐山出版社印行，一九九二年，台北。

態則與其權力的狀態是相脗合的，而這將與整個共同體之凝固方式脗合。權力、理性、結構之確定，宗教之神亦因之而確定，它們彼此是相脗合的。

　　或者，我們亦可說，要是吾人經由一「言說的論定」這樣的方式來理解、詮釋這個世界，我們亦用這樣的方式來構造我們所處的生活世界，並因之而構造一政治社會共同體。這裡所說的理解、詮釋、構造，其實骨子裡一定要涉及到權力的問題，我們如何的理解、詮釋與構造，其實也就是指的我們是如何的將權力伸展出去，而取得一恰當的確定性。再者，我們一方面經由理解與詮釋的歷程而構作人間的政治社會共同體，同時，我們也在釐清我們與那冥冥中的神人關係。我們若用言說的論定這方式去理解、詮釋這個世界，那我們將發現上帝亦是經由「言說的論定」來創造整個世界。當然，我們用的若是「氣的感通」的方式，則整個都不一樣。

4. 絕對的一神論與征戰、權力、語言、命令、執著性、對象化、理性、約制、絕對、專制、共相等觀念是連在一起的

　　在西方基督宗教的傳統，上帝是由原先的希伯萊之戰神發展而來，配合著中東地區的集權官僚體制，而逐漸演變成一天上之王的最高神觀念，這位最高的神從空無中將人類與世界創造出來，並且成為一超俗世的倫理支配者，他要求每一個被造物都要來做他的工。這裡，我們可以瞭解到這樣的政治社會共同體所重在通過一種權力的約制而建立起來的，而且之所以能恰當的通過

權力而約制起來，這必得經由一主體的對象化的歷程，此即是言說的論定。即如現在所可見到的《舊約全書》〈創世紀〉一開頭便說「上帝說有光，就有了光，於是把它分成白晝和黑夜」。「言說」乃是一主體的對象化活動，而「分」亦是一主體對象化活動所衍申出來的主客對立的活動。在這裡，顯然地，我們發現「創造」與「支配」的觀念是連在一起的。若落在宗教倫理的立場，我們亦可發現「愛」與「權能」是合在一起的。主體的對象化充極而盡的發展，一方面擺定了這個世界，另方面則置立了一至高無上的上帝，這上帝便成了一切的起點，以及一切的歸依之所，而且它是在這個世界之上的，因為它若不在這個世界之上便不足以顯示其絕對的神聖性、絕對的威權性。再者，這樣的政治社會共同體是由一個個原子式的存在，經由一言說的論定、權力的約制而逐層的紮合在一起，最後則統於一。[7]在每一層階的紮合所成的單元都有其自主性、圓足性、以及獨立性。而他們之所以紮合在一起，則起於實際利害上的需要所致。這就好像逐層上升的共相一般，每一共相之統結紮合了許多的殊相，都起於彼此能統合為一具有自主性、圓足性、獨立性的單元，而且一旦成了一個單元，它就具有其本質性的定義。這樣的過程看起來只是理性在作用，其實其中

7　費孝通即謂此為一「綑材型格局」，而有別於中國之為一「波紋型格局」，見氏著《鄉土中國》〈差序格局〉，頁 22-30，上海觀察社出版，一九四八年，上海。又如此之「差序格局」不只行於中國內地，實亦行於漢人之移民社會。請參見陳其南《家族與社會——台灣和中國社會研究的基礎理念》，第二章〈台灣漢人移民社會的建立及其轉型〉，聯經出版公司印行，一九九〇年三月，台北。

自也包括了權力、欲求、利害等等的作用。用佛教的話來說，凡是執著的、必然也是染污的，由執生染，似乎是不可避免的。佛教立基於一「無執著性」，此與西方之立基於「執著性」，是迥然不同的。廣的來說，中國本土所生的儒、道兩家亦都具有此「無執著性」的特色在。*8*

　　如上所說，我們發現那絕對的一神論，與征戰、權力、語言、命令、執著性、對象化、理性、約制、絕對、專制、共相等觀念是連在一起的。

5. 萬有在道論與和平、仁愛、情氣、感通、無執著性、互為主體化、道理、調節、和諧、根源、整體等觀念是連在一起的

　　相反的，如果我們在另一個政治社會共同體中，發現到他們較為優先的概念是和平、仁愛、情氣、感通、無執著性、互為主體化、道理、調節、和諧、根源、整體等等，那我們可以斷定與他們相關的不是絕對的一神論，而是一種天地宇宙萬有一切和諧共生的根源動力，或者我們就將此稱之為「道」，而主張的是一「萬有在道論」（Panentaoism），不是「絕對一神論」（Absolute

---

8　筆者於此所論，顯然地是將哲學裡所謂的「共相」之形成與社會權力、人群之組構等相關聯來談，這一方面是受近現代以來知識社會學的啟發，而另方面則是由佛學之「執」與「無執」、「染」與「無染」諸問題所引發而來的思考。為人群組構、社會權力的型態等之異同，我們實可說中國並無西方古希臘哲學所謂的「共相」觀念。「太極」、「道」等辭與「共相」雖屬同位階之概念，但涵義卻頗為不同。

Monotheism）。[9]更值得注意的是，我們甚且就將此和諧而共生的根源動力徹底的倫理化了。像這樣的宗教，我們仍然可以歸到「血緣性的縱貫軸」這基礎性的概念來理解。

　　相對於西方的征戰與防禦，在中國來說，其政治社會共同體乃因治水、農耕等而建立起來，自然他們的構造方式就與西方原來的方式不同，因而其共同體之最高的精神象徵就不是絕對唯一的人格神。在中國傳統裡，最先由血緣性的縱貫軸所開啓的聚村而居，從事農業的生產，形成了氏族性的農莊村落，他們的宗教，或者說祭祀對象非常繁多，但大體離不開他們的生活世界所開啓之象徵、符號。[10]他們大體都從日常生活的感應中，發現到生命本身的奧秘，他們參與此奧秘，而希望能得其奧援，廣的來說，泛靈的信仰仍到處可見，當然與此泛靈信仰相關的巫術自也就不在話下了。就這個層次，看起來好像還很原始，但我想要說，原始是原始，但並非原始就是落後。更何況，他們亦不只是這個較爲原始的層次而已，他們還有許多更爲豐富與可貴的向

9　「萬有在道論」（Panentaoism）一詞乃筆者所擬構者，其義涵在強調「萬有一切」咸在於「道」，如老子《道德經》所謂「道生一，一生二，二生三，三生萬物」即可爲證。「絕對一神論」（Absolute Monotheism）所強調者在一超越的、唯一的人格神。就宇宙萬有造化而言，前者多主張「流出說」或「彰顯說」，而後者則強調「創造說」。此又與天人、物我、人己之爲「連續」與「斷裂」有密切的關聯，請參見林安梧《絕地天之通與巴別塔》一文，如前所述者。

10　請參見瑪克斯・韋伯著、簡惠美譯《中國的宗教》，第二章、第三章，新橋譯叢，一九八九年一月，台北。

度，值得我們注意。[11]

三、

6. 上帝的言說與天的氣運造化

　　如果我們說原先西方政治社會共同體的建立在於「權力的約制」與「理性的確定」，那我們可以說原先中國傳統政治社會共同體的建立在於「生命的感通」與「情志的相與」。前者，推極而盡必產生一至高的、理性的、絕對權能；而後者，推極而盡則產生一整體的、生命的、情志的根源。前者是外在的，而後者則指向內在，此又與前者之共同體是一「外向型的共同體」，而後者則是一「內聚型的共同體」密切應和。前者之為一「契約型的共同體」，相應的是一最後的契約或者言說的命令者與創造者，後者之為一「血緣型的共同體」，相應的是一最後的根源或者生命之氣的發動

---

[11]　「泛靈信仰」與相關的「巫祝傳統」一直是中國傳統中極重要的組成，它與後來儒、道、佛教等信仰有著不一不異的關係。甚至我們可以說，泛靈信仰與巫祝傳統形成了中國文化傳統中極為重要的調節性機制，以及一切宗教、道德實踐極為良好的生長土壤，而此即筆者所謂的「氣的感通」所構成之傳統。若以韋伯來瞭解便是所謂「宇宙非人格性的規範與和諧凌駕於眾神之上」。見前揭書，頁 95。又此仍見於台灣當今社會之中，請參見李亦園〈和諧與均衡──民間信仰中的宇宙詮釋〉，收入氏著《文化的圖像（下）：宗教與族群的文化觀察》，頁 64-94，允晨叢刊三八，一九九二年一月，台北。呂理政以為中國文化傳統有多重的宇宙認知，見氏著《天、人、社會──試論中國傳統的宇宙認知模型》，中央研究院民族學研究所印行，一九九○年三月，台北。

者與創生者。前者即一般所以為的 God（上帝），而後者即一般所以為的「天」。

上帝是通過「言說」的方式而創造這個世界的，但是「天」則不然，「天」是經由「非言說」的方式，是經由氣的運化的方式，是以默運造化的方式，而創造了天地萬物。《論語》書中，孔老夫子說「天何言哉！四時行焉，百物生焉，天何言哉！」，這與基督宗教的《舊約全書》〈創世紀〉開首所說「上帝說有光就有了光，於是把它分成白晝與黑夜」形成有趣而且鮮明的對比。*12*

7. 類型學之對比方法之恰當理解

再者，須要再補充說明的是，我們之用一對比的方式將兩者做一類型學的區分，這是為了彰顯兩方的特質，但並不是說凡屬於中國的特點，西方就沒有，凡屬於西方的特點，中國就沒有。其實，類型的區分重在怎樣的去區分何者真具有優先性，至於其它即使有共同處，亦因彼是被導生出來的，而沒有首出的地位。*13*

---

12 關於此對比，筆者於〈絕地天之通與巴別塔〉一文中論之頗詳，請參閱前揭此文。

13 所有類型學的對比，其所謂的「類型」乃如韋伯所謂的「理想類型」（Ideal Type），此並不是從經驗中綜和而來，而是經由一心智的先驗構作，而運用於經驗之中，當然在操作的過程，實必經由經驗的理解與體會，而促動吾人心智的先驗構作。請參看林安梧〈方法與理解——對韋伯方法論的認識〉，《鵝湖》110 期，頁 38-46，一九八四年八月，台北。又請參見 Max Weber "Objectivity" in Social Science and Social Policy 一文，收入 *The Methodology of the Social Sciences*" 一書中，台灣虹橋書店影印發行，一九八三年七月，台北。又請參見蔡錦昌著《韋伯社會科學方法論釋義》，頁

比如，如前所說的「征戰、權力、語言、命令、執著性、對象化、理性、約制、絕對、專制、共相」等觀念，在中國文化傳統中仍然是有的，而且亦有其一定的重要性，但它們不是首出的，而是被導生出來的。相反的，在西方文化的傳統中我們一樣可以看到諸如：「和平、仁愛、情氣、感通、無執著性、互為主體化、道理、調節、和諧、根源、整體」等觀念，當然，它們亦不是首出的，而是被導生出來的。

8. 中國的理性化是在氣的感通的格局下強調調節性原理、互為主體性

這麼說來，換言之，中國歷史傳統亦自有其理性化的過程，然而此理性化的過程確有其獨特處，它不同於西方的理性化過程。西方的理性化過程是連著征戰、權力、語言、命令、執著性……等而說的，而中國的理性化則是在氣的感通的格局下，強調調節性原則，強調互為主體。[14]

理性化是伴隨著政治社會共同體的建立而起的。就人與宗教的關係來說，原始的人們以為可以通過一宗教的儀式或咒術，進

77-86，唐山出版社印行，一九九四年三月，台北。又請參見顧忠華〈韋伯的社會科學方法論——價值問題與理念型方法〉，收入《韋伯學說新探》一書，唐山出版社印行，一九九二年三月，台北。

[14] 韋伯以為「儒教」與「清教」（基督新教）同樣是理性主義者，只是前者強調理性的適應於世界，而後者則理性的支配世界。見韋伯著，前揭書，頁315。筆者以為韋伯所言雖亦齊整而可理解，但見解未透，且多有基督教中心主義的傾向，故所見之儒、道、佛等難免問題叢生，但因韋伯頗有洞察力，故於世界宗教之理解與詮釋多有「洞見」，但有時仍難免「洞」見。

入到忘我神迷的地步，而去觸動冥冥中的不可知，因而產生一對現實人間世的直接干預，顯然地，這樣的狀態是還沒有進到理性化的狀態的。理性化的特點在於人的心智起了一執著性的確定指向，自主的做出了決定，而擺脫了宗教儀式及諸如咒術等種種神秘的溝通管道。在理性化以後，即使還有宗教儀式，那儀式也果真是被儀式化了，並不是當真般的去要，而是當成一「禮儀」罷了。或者，我們可以說，所謂的「理性化」就是解咒，就是絕斷了（或絕限了）人原先與冥冥中不可知的神秘管道，而訴諸於人自家生命的力量。[15]由於政治社會共同體建立起來了，人們開始有其力量，足以確定其自家生命的存在，因而理性誕生了。

四、

9. 絕地天之通與理性的誕生

　　理性的誕生是與共同體之能發出一確定指向的權力有著密切的關係，而這當然就與整個政治社會共同體的組構方式、符號象徵有著密切的關係。一個具有教義，而且體制化了的宗教，定是在整個政治社會共同體建立起來，人們已走向了理性化之後的產物。而這最明顯的是告別其原始的巫術信仰，斷絕了（限絕了）一

15　筆者於此特地點出「絕」之有「絕斷義」與「絕限義」是要說明因為理性化的差異，也就有著兩個不同的「絕」的方式，此請參見〈絕地天之通與巴別塔〉，前揭文。又任何類型的「絕」又要求著另一「再連結」的可能性，其神秘管道雖絕而不絕，只不是原先之神祕管道而已。

般人上天下地的管道，甚至沒有任何條件的斷絕了來自人生命原鄉咒術般的權能。

在人類文化的發展史上看，起初，人們之與冥冥中不可知的神秘管道之「絕」（斷絕或限絕），在表面上好像是那政治社會共同体的統治者對於此管道的「獨佔」，但骨子裡，卻就在這獨佔的過程中轉化成另一非獨佔的型態。這也就是說由於統治者獨佔了此神秘的管道，而開啓了理性化，再由於此獨佔者喪失了其獨佔地位後，於是原先其推展的理性化便全面的展開了。理性之爲理性原是這些獨佔者用來軌持整個政治社會共同體而生之物，它是將原先的共同體從渾淪未分的狀態擘分開來，以主體的對象化活動，而將它分成兩個對立面，由某一對立面去宰控另一對立面，由主體去掌握對象，因而達到某一確定性，此即是所謂的理性。眞正的宗教，在人類政治社會共同體中大家所相信的宗教，不是原始的巫術信仰，而是經由此「絕」之後的「再連結」。Religion，「宗教」這個字在古希臘時代其本義就是「再連結」的意思。[16]

10.絕與再連結的不同型態：神人分隔與天人不二

一說到「再連結」就有不同的型態，而其型態之不同大體是隨

---

[16] 羅竹風、黃心川以爲「宗教」一詞，一說爲拉丁語中的 religare，意爲連結或再結，即「人與神的再結」，一說在拉丁語中爲 religio，意爲敬神。在漢字語源中，宗從「宀」、「示」，意爲「宇宙神祇所居」。宗也有「尊祀祖先」或祭祀「日月星辰，江河海岱」之意。宗教是奉祀神祇、祖先之教。」見氏著〈宗教〉一文，收入羅竹風等編《中華大百科全書（宗教卷）》，頁 1，中華大百科全書出版社印行，一九八八年一月，上海。

著原先「絕」的型態之不同而來，亦即看是什麼樣的「絕」，就是什麼樣的「再連結」。大體說來，若是整個文化走向一神論格局的，其「絕」的方式便是「斷絕」的「絕」；若是整個文化走向一非一神論格局的，其「絕」的方式便是「限絕」的「絕」。若是「斷絕之絕」，則此連結非人內在之力所能完成，因而須得有一外在之力，做為中介者，方有可能連結。若是「絕限之絕」，則此連結則多強調人內在之力可以完成，因此不須有一外在的第三者以為中介，即可完成。前者，可以西方的基督宗教為代表；而後者則可以東方的儒道佛三教為代表。前者，最重要之觀念在於「上帝救贖」，而後者最重要的是在於「自力成就」。但不管怎麼說，一個政治社會共同體之由一個個原子式的存在逐層上升而統於一絕對的法則（或權威、或……），此自與一個政治社會共同體的每一分子，在生命的歸依上皆統屬於一至高無上的「上帝」（God），此是同一結構，是在同樣的歷史情境與過程中發生的。一個政治社會共同體之由彼此生命聲息的互動感通交融為一個整體，並就在此血緣性的縱貫軸的構組之下，而尋其生命的根源，在人間則由於權力的軌持而有一至高的象徵，至於宗教層面則以為有一根源乃從屬於整個政治社會共同體的，就名之為「天」。天是一共同體之至高象徵，但並非是一超越的絕對者，而是人間的根源嚮往，人與天是關聯成一個不可分的整體。或者，我們可以說，前者採取的是「神人分隔」，而後者則採取「天人不二」。

11.斷裂型的理性與連續型的理性

如上所說可知，天人或神人的關係是和人與人的關係相應

的，而這又與人之對待天地事物的關係相應。簡單的說，天人、物我、人己這三個面向是相應的。「天人不二」顯示的是一連續觀，其表現出來的理性，則姑名之曰「連續型的理性」，至於那「神人分隔」所顯示的則是一斷裂觀，其表現出來的理性，則姑名之曰「斷裂型的理性」。*17*

所謂「連續型的理性」，這裡的「連續」指得是天人、物我、人己這三個面向中任何一個面向，其中兩端的連續。即天人連續，物我連續，人己連續，由連續而形成一連續體，或者說形成一合一體，因而亦有名之曰：「合一」的，亦有名之為「不二的」，其義並無不同。

理性乃是人們經由長久的歷史摸索，逐漸形成一個社會總體，就此歷史社會總體之構成而有此歷史社會總體下的理性。換言之，理性不是一個懸空的東西，而是一歷史社會總體的現實產物。即如我們所謂的「先驗的理性」亦宜置於歷史社會總體之中來加以審視，才能確立其所謂的先驗究竟是什麼意思。其實所謂的先驗乃是就方法論上而說的，若就存有論的層次，則無所謂的先驗可言。

12.與連續型理性相應的是天人、物我、人己連續為一體

連續型的理性指的是以天人、物我、人己連續為一體這樣所

---

17 杜維明於所著〈試談中國哲學中的三個基調〉中曾清楚的指出「這種可以用奔流不息的長江大河來譬喻的「存有的連續」的本體觀，和以「上帝創造萬物」的信仰把存有界割裂為神凡二分的形而上學絕然不同。」（見〈中國哲學史研究〉，一九八一年，第一期，一九八一年三月，頁20。

構成的理性狀態，因爲它是在一所謂的「連續而爲一體」的情況之下而形成的理性，所以它在天人、物我、人己這三個面向的兩端之間，沒有斷裂，也因此，它不必有一個異質的東西做爲兩者的連結。甚至，我們可以說所謂的「天人」、「物我」、「人己」這三大面向的兩端是不能是眞正的兩端，它們的兩端只是方法上的訂定而已，並不是存有上的論定就有這兩端。[18]換言之，當我們一再的強調天人合一、物我合一、人己合一，其實在所謂的「合一」之前，已先預取了一「不二」的立場。就理論的構築來說，「不二說」是先於「合一說」的。不二說是就理想的本原狀態而說的，合一說則是就現實的實踐與修養之要求而說的。不二說乃是就因位上說，而合一說乃是就果位上說。

13.與斷裂型理性相應的是天人、物我、人己裂而爲二

　　所謂「斷裂型的理性」指的是就「天人」、「物我」、「人己」這三個面向下的兩端不是連續爲一體的，天人裂而爲二，物我裂而爲二，人己裂而爲二。值得注意的是，雖然，它們裂而爲二，但是必然的要有一合而爲一的要求。就此從裂而爲二，到合而爲一，便必須有一個獨立於兩端之外的第三者以爲中介，通過這樣的中介才能將這兩端連結起來。

18　如此之兩端實可以如王船山所謂的「兩端而一致」，此可參見林安梧《中國近現代思想史論》第三章王船山的歷史詮釋學，第四節「兩端而一致」對比辯證的思維模式，頁 84-92，台灣學生書局印行，一九九五年九月，台北。

　　無疑的，斷裂型的理性乃是以這個第三者為核心的一種理性，它具有統合兩端為一個總體的作用。起先這個第三者是做為兩端溝通及連結的一個中介而已，就理論的層次來說，它應只有方法上的意義，而沒有本體上的意義。就好像只是一個轉運站而已，它並沒有自家的貨品。換言之，起先它只是暫時的「假」而已，不是恆常的「真」。問題就在於，它「弄假成真」，「以假控真」。其實，就這「斷裂型的理性」之理性其最大的功能便是撐成一總體的功能，就這撐成便不免有所謂的「異化」與「宰制」的情形。[19] 當然，前面，我們所提及的「連續型的理性」亦有「異化」與「宰制」的情形，只不過兩者的類型及內涵有天大的差別。

　　就此連續型的理性而言，它預取的是一萬有在道論（Panentaoism）的傳統，它所強調的便是一天人、物我、人己三者皆通統而為一，萬有一切皆為道之流布，而且萬有一切皆一統於道。若就其文化的基底而言，雖不再停留在原先的巫術信仰的層次，但它並不與之「斷絕」，而是與之「限絕」，就在這限絕的過程中發展出其實踐的理性。這樣的理性可以說即是一「連續型的理性」，或是說為「合一型的理性」。這樣的理性並沒有一個所謂的「理體」做為核心，因而它也沒有來自這理體核心所造成的宰制，

---

19 筆者以為西方現代化的總體機制，若溯其源頭，當可追溯至此，此問題之處理當可有助於西方後現代之種種問題。韋伯在《基督新教倫理與資本主義精神》一書中以隱然發其端倪，頗值注意。又費爾巴哈在《基督宗教本質講演錄》對於上帝的理解亦與此可關聯合參。而尼采之「反基督」更可視為來自生命內在深沉的呼喚，可以視為對「弄假成真」、「以假空真」的顛覆性省思。

同時也就沒有一種理的偏至型的表現，及一徹底對象化而客觀的法。連續型的理性乃是一相容而互攝的理性，這理性並不形成一總體的核心狀態，而是一連續的、氣之感通的合和爲一的理性狀態。這樣的理性狀態，是情、理、法三者互動而互涵的。[20]

五、

14.因道而立教與立教以宣道

對於政治社會共同體構造的方式、權力的控制方式、理性的生長方式，以及神人（或天人）的問題，做了一番對比的分解之後，我們可以更清楚的瞭解到爲何中國的宗教是一種即倫理即宗教、即宗教即道德的方式，而且傳統的中國對於宗教一直是採取極大的包容，甚至被一些一神論的宗教徒誤認爲中國沒有較高的宗教意識，所以信仰歸屬極爲隨便。[21]

---

[20] 就此而言，我們可以清楚的分別出儒家所謂的「道德實踐理性」並不同於康德的「實踐理性」。牟宗三先生雖力言康德哲學與儒家哲學之共通性，但彼於此亦有深切的揀別，彼於所譯註之《康德的道德哲學》（台灣學生書局印行，一九八二年九月），小字註處多有揀別。又其所著《圓善論》（台灣學生書局印行，一九八五年七月）第六章「圓教與圓善」對此論之甚詳。

[21] 關於此，梁漱溟即以爲中國是「以道德代宗教」，見氏著《中國文化要義》第六章，頁96-124，問學出版社印行，一九七七年十一月，台北。又牟宗三《中國哲學的特質》一書亦於此列有專章處理，而唐君毅於所著《文化意識與道德理性》（台灣學生書局印行，一九七五年再版，台北。）第七章「人類宗教意識之本性及其諸形態」於此亦有所論，請參看。

其實不然，中國民族與其說是歸屬於某一言說層次的「教」，毋寧說是歸屬於另一較高層次，非言說層次的「道」。依中國傳統來說，「道」是一，而「教」則可爲多，是「因道而立教」，並不是「立教以宣道」，其實周代所形成的政治社會共同體即便是這種「一統而多元」的狀況。後來，中國走向了帝皇專制，政治社會共同體看似大統一了，但骨子裡仍然是這種一統而多元的狀況，特別在宗教這個層面爲一統而多元。中國歷史上幾乎沒有什麼大的宗教戰爭，充分的體現了宗教的寬容度，這是其它民族所少見的。這牽涉到的因素當然很多，但卻與其爲「因道以立教」的格局，與其「一統而多元」的格局有著極爲密切關係。

15.天、命、性、道、德、行諸字義

再者，「道」是不離生活世界的，它所指即是此生活世界之根源性的總體，人即生活於此中，而且每一個人的生命都通極於此，其內在根源有其同一性。若要顯示其至高無上，廣袤無邊則用「天」這個字去稱謂它。就此根源性之整體之流行不已，則吾人說其天命流行，此即所謂的「命」，「命」有命令義，有其流行義，再而引申之則有其流行所成之定形，以其爲定形而說其命限義。命令義、流行義、命限義，這三者是通而爲一的。落在人之所以爲人上說，則說其爲「性」，「性」原指的是「生」，通泛平鋪而言，當爲「自然義」，而落實於人而言，則特顯其「自覺義」，以其自覺義，則說其爲「創生」，落在人間實踐之道德之根據上說其爲「本性」。再者，就「道」之開顯於人，落實於人來說，則亦有以「德」字去說它的。此「德」字連著其所開顯之根底的「道」，

則合稱「道德」。若將此「德」字連著落實於人間實踐之本「性」而說的，則合稱爲「德性」，若強調其必在一實踐之行動中，則稱之爲「德行」。經由這些詞彙的簡易疏解，我們可以更進一步指出中國文化傳統中，凡涉及於道德實踐，必然由倫常日用，調適而通極於道，此正可見即道德即宗教的義涵。

16.連續型理性是在「我與您」這存在樣式下而展開的理性

凡上所論，皆可歸之於「血緣性的縱貫軸」這基本架構來理解，因爲是一血緣性的縱貫軸所以是以「氣的感通」爲基本的模態，而不是以「言說的論定」爲基本的模態。再者，其政治社會共同體之構成則是以符號式的統治方式展開，宗教上則成就了一天人不二（或天人合一）這樣的格局，強調「因道以立教」，一統而多元，在理性上則是一連續型的理性，是在一「我與您」（I and Thou）這樣的存在樣式下而展開的理性。

第七章　血緣性縱貫軸下
「宗法國家」的皇權與孝道

提　要

　　本章所論乃順上章所論政治社會共同體之建立與宗教、理性之誕生相伴而起，進而指出此與皇權與孝道相應，當然此皆與血緣性的縱貫軸密切相關。於是，我們順著歷史與哲學兩層面而展開分析。周公之制禮作樂代表由部落王權走向普遍王權，此隱含一王權的虛化與孝道之落實。就政治文化史、思想觀念史而言，此即是由「帝之令」轉而為「天之命」，是由畏懼生仁敬，由威權轉道德，血緣性縱貫軸亦由是得以確立。值得注意的是儒家原先的政治理想——王權虛化、孝道落實，並未真正成功。隨著帝皇專制、絕對皇權的建立，孝道亦因之而被異化了，因而專制性的縱貫軸與血緣性縱貫軸極奇詭的合為一體。

關鍵辭：普遍王權、絕對皇權、孝道、血緣性縱貫軸、專制性縱貫
　　　　軸

一、

1. 政治社會共同體之建立與宗教、理性之誕生相伴而起

　　在第六章裡，我們對於血緣性縱貫軸下宗法國家的宗教與理性做了一番論述。我們試圖指出，一個政治社會共同體的建立與其宗教有密切的關聯，同時理性也在這個過程中形成。理性不但是一軌持性的力量，同時也是一帶有執著性而指向對象的確定性力量，這些力量之穩定與建立是伴隨著政治社會共同體之凝成與建立而來的。政治社會共同體之建立意味著人們開啓了自家生命的嶄新方式，人們經由自己的溝通方式，達到一定的共識，對世界及一切萬有存在開啓一共同的理解與詮釋方式，當然這樣的理解與詮釋方式必然含著一實踐的指向。在政治社會共同體之建立之現實面是伴隨著人們理性的誕生，但就其理想面來說，則伴隨著人們的宗教之誕生。宗教乃是人們的終極關懷與永恆歸依，而人們之能轉化而達到此層次的自覺並非容易，它得在人們已經對自己有了相當程度的自主性，掙脫了原來對於自然環境所帶來的恐懼與驚疑不安，走出了巫術的控制，斷絕了冥冥中不可知的咒術之力，進而有一再連結、求再結契的要求。[1]人們自覺的對於永

1　「終極關懷」（the Ultimate Concern）一語乃保羅‧狄利希（Paul Tillich）
　　在 " Love, Power and Justice "一書中所提出者，見王秀谷譯《愛情、力量
　　與正義》，第七章，頁 111-126，三民書局印行，一九七三年十月，台北。
　　筆者此處所使用雖有所取於此，但其切確之意義則以〈論儒家的宗教觀及
　　其成聖之道──不離於生活世界的終極關懷〉一文之使用為主，請參看本
　　書附錄一。

恆與終極發出自己的問題，並且凝成一超乎理性以及一切的根源性存在，普遍地涵蓋四方，成為一切的起點與終點。

顯然地，我們想要指出政治社會共同體之建立與宗教及理性之誕生是相伴而起的，不能個自割裂開來看待。再者，我們經由對比的方式，指出中國與西方傳統的異同。就政治社會共同體的構造而言，西方所重在「人際性橫拓面」為主的構造，東方所重在「血緣性縱貫軸」為中心的構造。一者是權力的、利害的統治，另者是象徵性、符號式的統治。就其天人之再連結而言，西方所重是外在第三者之連結，中國所重是內在主體性的連結。就其理性方式而言，西方是指向一對象的執著性的理性，中國是迴到生命自身的無執著性的理性，一者是以言說的論定為主導的斷裂型的理性，另者是以氣的感通為主導的連續型的理性。[2]我們以為中國社會之種種特點皆可歸因於「血緣性的縱貫軸」這總綱下來理解。在本章中，我們將繼續以血緣性的縱貫軸為主導，指出「宗法國家」的「皇權」之為何物，而在皇權底下有一極為根深蒂固的「孝道」必須加以闡明，這樣才能對於中國帝皇專制的特質有一恰當的論定。

2. 父權是經由血緣性的縱貫軸而滋生的一種權力

一說起中國古代的皇權專制，大家批頭就會想起，那是以父

2　請參看本書第六章〈血緣性縱貫軸下「宗法國家」的宗教與理性〉，及〈「絕地天之通」與「巴別塔」——中西宗教的一個對比切入點之展開〉一文，請參見《鵝湖學誌》第四期，一九九〇年六月，1-14。台北。收入本書附錄二。

權制與世襲制爲核心而開啓的，甚至許多人就拿它與其它西方的父權制相提並論，甚至以爲兩者並無不同。其實，這樣的論點是值得檢討的，因爲光「父權」這樣的字眼並不足以看出中國傳統帝皇專制的特質來。我們勢必得對於「父權」背後的底蘊做一深層的理解與詮釋，才可能眞正彰顯父權之爲何物。這便得牽涉到我們是怎樣去看待「血緣性的縱貫軸」，唯有我們對此血緣性的縱貫軸有一恰當的詮釋，我們才能清楚把握中國傳統帝皇專制之爲何物。

　　且就「父權」這個詞的表義來說，它固然都涉及到「父」、「權」這兩個字眼，它涉及到「經由一血緣性的縱貫軸」而滋生的一種權力。然而，問題就在於你是如何的看待這裡所謂的「血緣性的縱貫軸」，又如何看待所謂的「權力」。這「血緣性的縱貫軸」它只是事實的連結，還是不只是這個層次，它有著另一更高的層次，它是否又涉及到一價值的連結。再者，「權力」之爲權力，其特質爲何，又其可能有的是些什麼樣不同的類型。

二、

3.黃帝堯舜垂衣裳而天下治——符號式的統治

　　中國人一談起政治社會共同體如何運作時，必會提到其天下爲公的理想，追溯到古早，便說「黃帝堯舜垂衣裳而天下治」[3]，

3　見《周易》〈繫辭下〉第二章「黃帝堯舜垂衣裳而天下治，蓋取諸乾坤」。

要不就說「舜恭己正南面而已。」[4]或者也會將《論語》書所提到的「為政以德，譬如北辰，居其所而眾星拱之」[5]，又會說「人人親其親，長其長，而天下平」。[6]在《老子》書中也有「太上，下知有之」的論點。[7]《禮記》〈禮運篇〉所說世界大同、天下為公，更是大家所耳熟能詳的。首先，我們要說這些論點都充分的體現和平主義的氣氛。我們實無法從這些文獻中尋到任何征戰的氣息，這些事實，正告訴我們我們要瞭解所謂的「權力」，就中國傳統的理想來說該當從非征戰，該當從和平主義的角度來理解其權力的特質。這正相應於上一章，我們論及中國傳統的政治社會共同體是依於一符號式的方式來統治的，並不是依於一實際的權力來統治的。當然，中國傳統關於帝皇權位的取得，仍然不免爭戰，所謂「逐鹿中原」[8]、「問鼎中原」[9]，都是帶著征戰氣質的，

4　見《論語》〈衛靈公〉第四，子曰：「無為而治者，其舜也與。夫何為哉，恭己正南面而已矣。」

5　見《論語》〈為政〉。

6　見《孟子》〈離婁上〉孟子曰：「道在邇，而求諸遠；事在易，而求諸難。人人親其親、長其長，而天下平。」

7　見老子《道德經》第十七章「太上，下知有之，其次親知譽之，其次畏之，其次侮之，信不足焉，有不信焉，猶兮其貴言，功成事遂，百姓皆謂我自然」。此處所引用的是王卡校正的《老子道德經河上公章句》。依河上公之註「太上謂太古無名之君也，下知有之者，下知上有君，而不臣事，質樸也」。

8　《漢書蒯通傳》「秦失其鹿，天下共逐之」。程大昌《續演繁露》「秦失其鹿，天下共逐；以天下喻鹿，語雖出於漢世，然春秋有其語矣。襄十四年『戎子駒支曰：殽之師，秦師不復，我諸戎實然，譬如捕鹿，晉人角之，

而且成者為王、敗者為寇的情形極為普遍，但這並不意味其皇權的本質就是以征戰為類型的，它是一實際權力式的統治。因為，一事物的起源並不就是此事物的本質，一事物的本質之為何牽涉到人們的理解與詮釋，而這牽涉到人們是怎樣展開其意義的追尋活動的。不同的意義追尋方式有著不同的確定性，有著不同的理性規約性，同時也就有著不同的權力表現方式。

「黃帝堯舜垂衣裳而天下治」這話出自於《易經》〈繫辭傳〉下第二章，這說法可以是後人附會的，但他卻代表的是中國傳統政治的理想，就此而言，它顯然是一符號式的統治。黃帝堯舜代表的是中國文明的典型象徵，而這裡所說的「文明」，是「因文而明」，而所謂的「因文而明」是經由符號的點化而使得天地之道向人開顯，並不是經由符號而去把捉整個外在的世界，使得外在的世界有其對象性的確定。

4. 經由法象去彰顯，不是經由符號去把捉

就《易傳》的作者去回想這段歷史，是從「庖犧氏之王天下」開始說起的。他說「庖犧氏之王天下也，仰則觀象於天，俯則觀法於地，觀鳥獸之文與地之宜，近取諸身，遠取諸物，於是始作八

諸戎掎之，與晉踣之』，則其語尚矣，不獨是也。《六韜》太公謂文王曰『取天下若逐野鹿，而天下共分其肉』則逐鹿之說久矣，不在漢世也」。

9　《左傳》〈宣公〉「楚子伐陸渾之戎，遂至於雒，觀兵于周疆。定王使王孫滿勞楚子。楚子問鼎之大小、輕重焉。對曰：尯在德不在鼎。」楚王之問鼎，顯然可見其有圖周之意。

卦，以通神明之德，以類萬物之情」。[10]我之所以特別把這段話引出來，是想藉此來闡明中國自古以來就有著一套不同的意義追求方式，對於世界有著一套不同的理解、詮釋方式。簡單的說，這方式是不同於那真理的符應說的方式的，它並不是認為有一客觀的對象在吾人自家生命之外，我們所謂的認識就是能用一符號準確的去說那客觀的對象；它採取的是一種「觀」的方式，而此「觀」是觀其「法」、觀其「象」，是觀其「文」之理，並求其「宜」，而此方式乃是一「通神明之德，類萬物之情」的辦法。這樣的方式正是所以成為此政治社會共同體的首腦人物之理由。

　　姑且不論庖犧氏是否因為這樣而成為政治社會共同體的首腦，但是可以相信的是至少這是《易傳》作者的理想，而此理想之為理想是可以做為中國傳統政治之理念類型來理解的。再者，這裡所說的「觀法象」、「觀文宜」、「通神明之德、類萬物之情」，顯然地是整個政治社會共同體的理性表現方式，亦是整個政治社會共同體的構造方式，其統治的權力的特質亦於此可見。如上所述，庖犧所作之「八卦」可以視為整個政治社會共同體的「文」（符號），他是經由此「文」（符號）去「明」（彰顯）天地之道與萬物之德的，這便是「由八卦而文之明」，這是中國「文明」之典型。這樣的文明之典型，是經由「類萬物之情」的方式，去說萬物的。這樣的「說」，顯然地就不是一種對象化的說，而是一種經由情意之感通，通統為一，而識其統類，這樣的「說」。這樣的「說」是

10　請參見丁山〈觀象制物的文化史觀〉，收入氏著《中國古代宗教與神話考》，頁 438-445，上海文藝出版社印行，一九八八年三月影印發行。

情意相感的說，是彼此交融互攝的說，是在一「我與您」（I and Thou）這樣的關係下的說，是立基於默識心通、超乎言說，不用言說而開啓的說。[11]正因其「說」，並不指向一對象化之物，因而才能「通神明之德」。蓋神者，氣之申也，明者，道之顯也，德者，氣申、道顯而凝之於人也，正因彼之「說」非一對象化之說，而是要依其所觀之法象文宜，去彰顯道，人之欲以其文彰顯道，而此即謂之「人文」[12]，而此人文唯在其「觀」，所謂「觀乎人文以化成天下」，便可以合此而做一深度的闡明。[13]

三、

5. 檢討血緣性縱貫軸的兩個面向：歷史的、哲學的

如將以上這段話連著前面所說的一起來看，自可以清楚的看到「黃帝堯舜垂衣裳而天下治」是一什麼樣的情況，我們所謂符號

11　關於「I and Thou」之說，請參見保羅・狄利希（Paul Tillich）於所著「系統神學」（*Systematic theology*）中強調一創造的關連的上帝（God as Creating and Related），見氏著第一冊，第十一章、又馬丁・布伯（Martin Buber）於所著「*I and Thou*」之中盛發此義。又此處所用之義已有所變遷，其詳請參見本書附錄二。

12　以上筆者所做之詮釋，大體取自於王船山哲學之說，請參見《周易內傳》〈繫辭下〉第二章，見《船山易學》（上）頁535，廣文書局印行，一九七一年五月，台北。

13　又此取自於《易經》〈觀卦〉之文，謂「觀乎天文以察時變，觀乎人文以化成天下」。關於此，亦請參見《周易內傳》〈繫辭下傳第二章〉，見《船山易學》（上）頁535，廣文書局印行，一九七一年五月，台北。

式的統治、象徵式的統治，也就不難見出到底為何了！當然，我們無意以為《易傳》所記載這段話就可據為史實來看待，而是說若以此做為中國傳統政治的理想類型之一，我們可以看出它是與後來的帝皇專制有其一定的關聯。他們在骨子裡都是符號式的統治、象徵式的統治。在這裡似乎《易傳》只是指出中國「文明」的特異方式並由之而說整個政治社會共同體的特異點，至於這樣的符號式統治、象徵式統治，是經由什麼展開呢？我以為此即依所謂「血緣性縱貫軸」的方式而展開。此依血緣性縱貫軸而展開，可以有多層次的探討，吾人現就兩個最為關鍵性的脈絡加以疏清。其一、就歷史的發展上看此血緣性的縱貫軸如何過度到周公，而徹底樹立起來，其二、就深度的哲學義涵來說，血緣性的縱貫軸隱含一套對世界認知與理解的方式，它與整個中國傳統文化有著密切的關係。

6. 父子：「根源──生長」下的孝慈關係

就社會學切面來看，所謂「血緣性的縱貫軸」他所強調的是以家庭裡的「父子」關係做為一切人類構造的基礎性原則，以及由此衍申一套對世界固定的理解與詮釋方式，它視自己的生命通於父母，乃至祖先，甚至歸到整個天地，而自己的生命之未來則及於後來之子孫，乃至所有之人類；它是經由「父子」這一縱貫的關係，使其生命通死生幽冥，通往古來今。這我們在第二、三、四等章裡曾做過相當多篇幅的分析，於此不再贅言。這套論典可以說到了周公時已非常完備，若往前推想的話，可以相信它絕對早於周代，因就目前所留下的殷商甲骨片，已經證明血緣性的縱貫

軸幾乎在商代已確立起來了，甚至出土的一些考古學資料就告訴我們，夏朝時代的祭祀活動就很發達，而其儀則與當前漢人祭祀之儀則頗為相似。或者，我們可以大略的說血緣性的縱貫軸是經由夏、商、周而逐漸確立起來的。[14]

值得注意的是，這裡標舉出來的「血緣性縱貫軸」並不即是西方所謂的「父權」，問題的關鍵點在於西方的父權政治其「父子關係」是建立在「養育——依賴」這樣的權力關係上，而中國的血緣性縱貫軸的「父子關係」則建立在「根源——生長」這樣的非權力關係。[15]這非權力關係似乎可以就拿「父慈子孝」來說其為一「孝慈關係」。當然，這並不意味中國的父子關係不涉及到權力關係，而是說孝慈關係是優位的，權力關係則為其次。「養育——依賴」這樣的權力關係乃屬於一外在的關係，而且一涉及到權力之為優先考量時，則必須把自己當成一可以著力的實體點。在這情形下，儘管他們是「父子關係」，但每一個人卻必須是一權力的實體點，就此權力的實體點而言，他們的生命應是彼此相互獨立的。由這樣的權力關係要發展出一恰當的理性的契約關係是較為順當的。

---

14 請參見張光直〈從夏商周三代考古論三代關係與中國古代國家的形成〉，見氏著《中國青銅時代》，頁 17-33，中文大學出版社，一九八二年出版，香港。又請參看許倬雲〈周人的興起與周文化的基礎〉，見氏著《求古編》，頁 51-81，聯經出版公司印行，一九八二年，台北。

15 大體來說，西方的契約論者，如洛克（John Locke）所論的父子關係便是由此「養育」與「依賴」的關係，而轉為「權利」與「義務」的關係，請參見林安梧〈從自然狀態到政治社會的締造——對洛克政治哲學兩個基礎性問題之理解〉《思與言》第 25 卷 3 期，一九八七年九月，台北。

7. 中國人在彼此連續、生命感通互動中，取得一自然之次序與位分

若是以「根源──生長」這樣為主導的「父子關係」，以孝慈或教化為優位，這自然不是一種外在的權力關係，而是一種內在的生命關係。父子天性，母子連心，生命既是祖宗父母生命之延長，而且勢又傳至後代，古往來今、死生幽明通統為一，「父子關係」只有生命的相與，而沒有權力的實體點足以立足，只有依生命之接近於根源之程度來說明其自然次序的關係，並由是而再經由一儀式化的制定而說明權力是如何被導生的。[16]我們常將「年高」與「德劭」連著使用，而要說明的正是年高、德劭所佔的位份，所擁有權力。換言之，中國人的權力並不像西方人，西方人是在彼此斷裂獨立中，尋求如何連結縫合的過程裡，取得了一契約原則因而得以構組此政治社會共同體，集眾多之權力，而為一客觀的權力；中國人則是在彼此連續、生命感通互動中，取得一自然之次序與位分，或在教化的過程中取得應有之身份，自然成為整個共同體之信守，或者就在這樣的過程中，以其為彼此感通而連續，遂有一裹脅之作用，而取得了權力。更簡單的說，西方原先這樣的「父子關係」其所發展出來的政治社會共同體之權力，要不是由「議定」，便是由「征服」來；至於中國傳統那血緣性的縱貫

---

16 關於「母子連心」、「父子天性」，請參見本書第三章、〈血緣性縱貫軸之三基元：父子、君臣、夫婦〉，14.母子連心與父子天性之對比。

軸下的「父子關係」，其所發展出來的政治社會共同體之權力，要不是由「尊卑」，便是由「裏脅」來。[17]

8. 民主議定與征服、長幼尊卑與裏脅

　　這裡所說的中西雙方的父子關係是可以做為理想類型來加以區分的，它甚至可以做為理解中西雙方直到當前為止的政治社會共同體的基本問題。[18]即如當前西方的民主政治，我們一方面可以看到經由「民主」而來的「議定」，而另方面則又可以看到此民主之不當使用而產生的多數暴力，這多數暴力正是另一類型的「征服」。在華人地區則仍是老人政治當道，極重「尊卑」，而各種意識型態的鬥爭所展開的運動，則充滿著「裏脅」的特質在。在台灣雖已分化為多元的社會組織，但任一組織間，長幼尊卑，仍極為

17　關於此，請參見本書第五章、〈論血緣性縱貫軸所成之「宗法國家」〉15. 宗法國家與氣的感通傳統。

18　此所謂「理想類型」所取乃韋伯之義，即所謂的「Ideal Type」，此並不是從經驗中綜和而來，而是經由一心智的先驗構作，而運用於經驗之中，當然在操作的過程，實必經由經驗的理解與體會，而促動吾人心智的先驗構作。請參看林安梧〈方法與理解──對韋伯方法論的認識〉，《鵝湖》110　期，頁 38-46，一九八四年八月，台北。又 請參見 Max Weber "Objectivity" in Social Science and Social Policy 一文，收入 *"The Methodology of the Social Sciences"* 一書中，台灣虹橋書店影印發行，一九八三年七月，台北。又請參見蔡錦昌著《韋伯社會科學方法論釋義》，頁 77-86，唐山出版社印行，一九九四年三月，台北。又請參見顧忠華〈韋伯的社會科學方法論──價值問題與理念型方法〉，收入《韋伯學說新探》一書，唐山出版社印行，一九九二年三月，台北。

重要，至於民主選舉下的「集體出遊」，正是我這裡所說的「裏脅」。

再者，值得我們注意的是，中國傳統血緣性縱貫軸的政治並沒有順當的發展，因而其權力的表現方式也有著一個大的轉折。再者，關於這血緣性縱貫軸所成之宗法國家（後來發展為皇帝專制），其權力的根源一直沒有恰當的被處理，因而原先傳統所懷抱的血緣性縱貫軸的政治理想，不但大打折扣，甚至完全扭曲異化，漆黑一團。

四、

9. 周易是在宗法、封建、井田已經十足完備之下的產物

前面我們經由《易傳》中「黃帝堯舜垂衣裳而天下治」、「庖犧氏之畫八卦」來展開說中國政治社會共同體乃是一符號式、象徵式的統治，又說此符號式、象徵式的統治是經由血緣性的縱貫軸而展開的。根據考古資料顯示易經中的八卦，早在夏代已相當完備，甚至可以推說在夏以前就有了「八卦」，但我想說，像前面所說的《易傳》的〈繫辭〉，傳聞是孔老夫子所作，但一般說最快也得到戰國晚周時期，是在孔子之後了。但不管怎麼說，現在所說的《易經》與《易傳》（或省稱《易經傳》），都指的是「周易」，它當然不會是商代的「歸藏」易，也不會是夏代的「連山」易。[19]

---

[19] 關於「連山」、「歸藏」、「周易」三易之說頗有紛歧，筆者此處所採乃以鄭玄〈易贊〉、〈易論〉之說為主。

周易下的《易經》是在宗法、封建、井田已經十足完備之下的產物，是在「血緣性縱貫軸」這原型已然確立之後的產物，是在血緣性縱貫軸確立下展開的符號式、象徵式的政治社會。「黃帝堯舜垂衣裳而天下治」、「庖犧氏之畫八卦」正是在這樣的政治社會共同體下所做的理想追求，正是立足於晚周，心想著夏、商、周三代，而嚮往著堯舜天下爲公的理想。這是藉著神聖化、理想化古代，而來建立整個族群的歷史理想，建立自己族群的烏托邦（理想國）。這成系統的表現在《春秋公羊傳》上，有著「據亂世、昇平世、太平世」等階段的提法，至於《禮記》〈禮運〉篇所說「大道之行也，天下爲公」更是大家所耳熟能詳的。

其實，以血緣性的縱貫軸爲主導而開啓的符號式、象徵式統治，推極而致，即是孔老夫子稱贊舜是「躬己正南面而已」，又說「孝乎惟孝，友于兄弟，施于有政，是亦爲政，奚其爲爲政」，「人人親其親，長其長，而天下平」。像這樣的政治自然是「爲政以德，譬如北辰，居其所而衆星拱之」，而其權力明顯的是徹底的虛化了，或者說無爲化了，這該當是符號式統治、象徵式統治的最高理想吧！[20]

10.王權的虛化、部落王權走向普遍王權、孝道份量逐漸加重

這裡有一個極爲重要的論點須得提出來，「王權」虛化，而「孝道」落實，這是先秦孔孟儒家的本義。王權的虛化是從「部落王權」

---

[20] 以上所徵引，請見同上註4、5、6。

走向「普遍王權」的一個過程，當然部落王權、或普遍王權，就歷史分期來說，頗為不易，或者根本不能說有一切確的斷代，說何時起即為普遍王權，而在何時以前仍是部落王權。不過，大體說來，到了周代可以說是進到了普遍王權的階段，商雖已向普遍王權推進，但仍然不免部落王權的意味！大體我們可以說在「部落王權」之初期是以血緣氏族親情為主的，但到了部落王權的中期以後則是以權力高下為度的，到了部落王權之末期再轉而到普遍王權，這便由「情」與「力」的範圍超昇到「理」的層次。這樣的理解剛好可以對於一般說的「夏尚忠，殷尚質，周尚文」做一注腳。[21]夏可以視之為是部落王權的初、中期，而商則可以視之為部落王權的晚期，至於周則可以視之為轉化到普遍王權這階段。當然，就中國整個歷史來說，並不停駐於此，而到秦漢大帝國之建立，則又轉進到一「絕對皇權」這階段，這又是另一個型態。[22]在這過程中，我們可以發現「血緣性縱貫軸」一直是主導，只不過由於不同的時代，不同的階段，因而就有不同的理解詮釋方式。

11. 由「帝之令」到「天之命」：普遍王權之合理化的建立

由商到周，此是由「部落王權」走向了「普遍王權」，是由「質」

21　依《白虎通義》〈三教〉謂「三正之有失，故立三教以相指受，夏人之王教以忠，其失野，救野之失莫如敬；殷人之王教以敬，其失鬼，救鬼之失莫如文；周人之王教以文，其失薄，救薄之失莫如忠」。

22　關於「部落王權」、「普遍王權」、「專制皇權」的分期，乃筆者對於夏、商、周、秦、漢的政權之總的理解。此亦請參看徐復觀《周秦漢政治社會結構之研究》，台灣學生書局印行，一九七五年三月三版，台北。

走向了「文」。原先由氏族之源的「帝」逐漸上昇爲一更抽象更普遍的生命之源，它具有主宰義、創生義等，進而由「天」這字眼取代了「帝」字。原先的「帝」之「令」，到了周代則一轉而爲「天」之「命」。[23]「帝之令」其所相應的是部落王權下的政治社會共同體，而「天之命」其所相應的是普遍王權下的政治社會共同體。關聯著血緣性縱貫軸之發展來說，相應於部落王權時代，可以說血緣親情逐漸走向權力化，再由此部落王權漸轉而爲普遍王權，則與之相應的是，血緣親情經由權力化，再轉而理性化，血緣性的縱貫軸是到此階段才徹底穩立。這正是中國古代之由商到周的發展。周公之制禮作樂，依宗法、行封建、置井田，這正標誌著這個階段的完成。

12.情理之性下的普遍性

「帝」若論其來源當是由宗神進一步的發展，而「天」則由原來不相干的群神進一步而總結成的。[24]前者是血緣親情之權力擴張而成的，後者則不只是權力之擴張，而必須再進一步之爲理性之穩立。因爲前者仍只是部落王權，而後者則進到普遍王權，此普遍王權須得有一更高的理性以爲軌持才能成立。此理性非西方式之斷裂型之理性，非指向一對象，而執著之的理性；而是一連續型的理性，是主體與對象交融爲一，通神明之德、類萬物之情

23　關於此，請參見傅斯年《性命詁訓辨證》，見《傅斯年全集》，第二冊，一九八〇年，台北。

24　此請參見傅佩榮《儒道天論發微》，頁 1-10，台灣學生書局印行，一九八五年十月，台北。

的理性。此理性不是論理之性，而是情理之性。論理之性所達到的普遍性是邏輯的普遍性，是抽象的普遍性；而情理之性所達到的普遍性是生命的普遍性，是具體的普遍性，兩者並不相同。

13.畏懼生仁敬、威權轉道德——血緣性縱貫軸的確立

周初時，人們敬畏「帝」、「天」，而且是「帝天」連在一起看待，他們以為這帝天，這上帝即是人間的絕對統治者，他有時喜悅、有時暴怒、或者眷顧你，但卻也可能遺棄你，所謂「天命靡常」即指此。但在這敬畏的過程中，他們一方面感受到天命靡常，要保此天命之為艱難，就在此艱難中愈生敬畏，這敬畏之情轉成了另一個倫理與道德的向度出來。敬畏原是對著一外在的超越對象而發，原是對其絕對之權力有所畏懼而禮敬之，但極為獨特的是我們並不往一更高的、絕對的、外在的、權力的這一面去走，而是把它收歸到內在的、根源的、道德的這一面去走。一轉到這層次上，天命便不再是帝之威令，而是轉成一自然之氣的流行，進而再一轉而成道德之情的灌注。我們可以從《詩經》〈周頌〉所說「維天之命，於穆不已，於戲丕顯，文王之德之純」看到這訊息。這時候的「天」已經不再是「天命靡常」，而是由此「天命」（自然之氣，即此自然之氣便含有一天地之德）下貫而為「性」，《中庸》所謂「天命之謂性」，即指此而為言。從「天命靡常」過轉到「天命之謂性」，這標誌著由「部落王權」過轉到「普遍王權」，也標誌著「權力的邏輯」過轉到「道德的邏輯」，也標誌著人生命由「畏懼」而轉生「仁敬」，也標誌著帝天由「威權」轉而為「道德」，所謂「血緣性的縱貫軸」便在這樣的過轉中全盤穩立起

來。[25]普遍王權的最高階位則稱之爲「天子」，這是道德與仁敬最高的象徵，亦是一切禮文教化之根源，所謂符號式的統治、象徵式的統治皆於此可有一確解。

14.主客渾一、境識俱泯、道德實踐與美學融會

再者，就深度的哲學義涵來說，血緣性的縱貫軸隱含一套對世界認知與理解的方式，它與整個中國傳統文化有著密切的關係，我們當該進一步的闡釋出來。顯然地，我們可以明確指出「血緣性縱貫軸」之確立，其所重在「縱貫意識」，而不是「橫列意識」。它之認知世界的方式著重在經由一種象徵的方式，而這種象徵的方式是經由一種主客渾而爲一、境識俱泯的虛靈明覺方式而開啓的。這樣的象徵便隱含著一實踐的道德指向，而且具有一美學的融會指向。象徵之爲象徵並不是對象化爲一符號而成爲有所指的象徵，而是關聯到生命之自身，渾而爲一，隨著生命之參與，而灌注之以爲象徵。以山水畫爲例，彼非取一定點透視，而用的是散點透視，是隨著觀畫者生命之參與而轉移其視點的。[26]如此說來，這樣的象徵方式自然就發展出一套非執著性、非對象化的言說方式。好的來說，彼之可貴在於周浹流行、圓融無礙；負面來說，彼之缺失則在於渾成一片，缺乏客觀意識。

25　筆者以爲這裡隱含著一「懼以生仁」的傳統，此與西方基督宗教文化傳統之爲一「懼以生知」的傳統有著極大的差異。前者是一「氣的感通」之傳統，而後者則是一「言說的論定」之傳統。

26　關於此，請參看 Michael Sullivan "*The Arts of China*"，P.155，University of California Press，1984。

五、

15.儒家政治理想：王權虛化、孝道落實

前面曾提及「王權虛化」、「孝道落實」，這是儒家的理想，並且又縷述了由部落王權轉到普遍王權，正是一虛化的過程，而此虛化的過程即為周公所建立的周代禮樂制度。孔老夫子便是繼承此禮樂風教，而指點必以「仁」——人與人之間存在的道德真實感為基底，而其實踐展開的方式則是「孝悌之道」，所謂「孝悌也者，其為仁之本歟！」[27]依儒家孔孟之教的理想只是「人人親其親、長其長，而天下平」，只是「老者安之，朋友信之，少者懷之」，只是「孝乎惟孝，友于兄弟」，一個普遍王權的理想是「為政以德，譬如北辰，居其所而眾星拱之」，是「無為而治，其舜也與！」，是「恭己正南面而已」。如果更進一步發揚孔老夫子的論點，強調「人人皆有士君子之行」，由「首出庶物，萬國咸寧」這樣的普遍王權到「群龍無首」、天下為公、世界大同這樣的境地，則連普遍王權亦徹底的虛化了。[28]這時候不再是說「王權」，因王權之虛化、孝道之落實，此即所謂的「王道之治」。這是孔孟儒家的理想。

---

27 見《論語》〈學而〉，以下所徵引，上已注其出處，此不贅敘。

28 以上所引俱見《易經》〈乾卦〉，前者取自「象傳」、後者乃是「用九爻辭」。

16.孝道異化與絕對皇權

　　儒家的理想歸理想，周代的普遍王權並沒有發展成一所謂的「王道之治」，而是諸侯相互攻伐，霸權爲用，經春秋、到戰國，最後則由秦之吞併而走向了專制統一之路，「普遍王權」再轉而爲一「絕對皇權」，所謂血緣性的縱貫軸又起了另一個向度的發展。普遍王權是王權的虛化，而絕對皇權則是王權的實化。王權實化，孝道虛化，它使得原先的孝道一轉而爲父權的高壓，此時之「孝」已非原來的「孝道」，而是一異化了的「孝道」，是「父要子亡，子不能不亡」下的順服的倫理，或言之爲「孝順」可也。

17.從血緣性縱貫軸到專制性縱貫軸

　　王權的實化，這便不再是因其爲「王」而「權」，因其爲「王」之象徵而有禮樂教化之「權」，而是因其有「權」而「王」，因其有實力足以統治，擁有此「權力」，以此權力而爲「王」。王權的實化必然與「孝道」相牴觸，歷史上儒、法的鬥爭正標誌著「王權」與「孝道」的牴牾。《韓非子》說「父之孝子，君之暴臣」，言簡意賅，清清楚楚。[29]然而關於此問題，實有其可再論者。其實，我們未始不能說韓非是清楚的知道一實化的王權所構作成的政治社會共同體，是不能以血緣性的縱貫軸做爲其構造原則的。當然，我們亦可以說韓非雖然已對一客觀的「法」之軌約性有了認知，但我們卻仍可發現他這客觀的法是歸之於那絕對皇權上頭

29　《韓非子》〈五蠹〉有謂「君之直臣，父之暴子」、「父之孝子，君之背臣」。

的，他以「專制性的縱貫軸」取代了原先整個歷史發展的大走向——「血緣性的縱貫軸」。結果是失敗了，仍回到「血緣性的縱貫軸」為主導，只不過專制性的縱貫軸亦已成型，儒法調和的結果，在理想上是「儒家」領導「法家」，而現實上其實是「儒家」受到「法家」的裹脅；理想上是「聖人為王」的「聖王」，現實上卻是「勝者為王」，「凡王必聖」的「王聖」。[30]在廣大的民間仍以「血緣性的縱貫軸」為主導，但政治現實上，顯然地是以「專制性的縱貫軸」為主導。只要不涉政治現實，民間仍然是天高皇帝遠；但一涉及到政治現實，便無所逃於天地之間。在生活的層面是弱控制，只要納稅繳粱，依於倫常教化便可；但在符號與象徵層次則是強控制，只要對於國君的符號與象徵提出異議則可能罪誅九族。

18.絕對皇權：以權力邏輯統治情理邏輯

原先普遍王權時代的符號與象徵經由絕對皇權的強控制一變而使得符號與象徵成為一強而有力的實體之物，它變成一僵固之物，使得原先的血緣性縱貫軸成為徹底的宰制機制，此時的「孝

---

30 關於此，請參看余英時〈反智論與中國政治傳統——論儒、道、法三家政治思想的分野與匯流〉、〈「君尊臣卑」下的君權與相權——「反智論與中國政治傳統」餘論〉，收入氏著《歷史與思想》一書，聯經出版公司印行，一九七六年，台北。又請參見林安梧〈論「道之錯置」——對比於西方文化下中國文化宰制類型的一個分析〉，國際東西哲學比較研討會，一九八九年八月，中國文化大學哲學研究所，台北，刊於鵝湖月刊第十八卷第六期，一九九二年十二月，台北。

道」轉爲只是「孝順」而已。原來「父之孝子，君之暴臣」，而現在則一轉而爲「忠臣必出於孝子之門」。假使「忠」與「孝」兩者衝突時，原先強調的是「大親不滅義」（如舜之負父而逃）就得「移孝作忠」，甚至要「大義滅親」，顯然地，到了「絕對皇權」又由原來的「情理邏輯」轉至「權力邏輯」，而且是用權力邏輯統治著情理邏輯，構成一權力的情理邏輯。中國帝皇專制之壞在此權力之情理邏輯所產生之裹脅惡業，造成民族力的日漸衰頹，封閉而保守，至爲可悲！

第八章　論「道的錯置」——論血緣性縱貫軸之基本限制

提　要

本章乃依前面諸章所論，再經由中國傳統政治社會與西方政治社會型態之對比指出其異同，並環繞「道的錯置」一問題，提出省察。筆者指出儒家一直陷在血緣性的縱貫軸之中，其所主張之政治社會共同體之規範及秩序（禮）之最後的軌持者仍然是「天子」，而這便隱含著一個難以處理的困結。再者，直以道統與政統對比，「道統」是以聖賢、君子為主導，此有別於天子君相為主導的「政統」。原先，儒家所強調「血緣性的自然連結」與「人格性的道德連結」合而為一乃是「血緣性縱貫軸」之調適而上遂的發展。這裡原隱含一道德理想的實踐，它是超乎政治之上，而且足以抗衡現實政治的。然而，秦漢之後，「宰制性的政治連結」成為一切的管控核心，這使得「人格性的道德連結」及「血緣性的自然連結」異化為一切宰制之合理化及合法化的基礎。如此一來，君成為「聖君」，君成為「君父」，「君」成了一切管控的核心，「道之錯置」於焉構成。

　　經由這樣的分析，我們發現「宰制性政治連結」與「道德思想之意圖」有密切的關聯。此時，儒家人格性道德連結所構成的「道統」與帝王家宰制性政治連結所構成的「政統」儘管形成了一個內在對比的抗衡結構，但仍不免將其「自律型之慎獨倫理」異化而成為一「他律型的順服倫理」，「良知型的理性」異化為「宰制型的理性」，所謂「阿Ｑ式的精神勝利法」亦於此脈絡可明白了解。再者，筆者闡明西方近代理性的解咒與牢籠，指出契約性社會連結與委託性政治連結的重要，冀其能免除道德思想意圖的謬誤，讓政治社會之道有重新開啟之可能。

關鍵詞：道德思想之意圖、宰制性政治連結、契約性社會連結、委託性政治連結、政統、道統

一、

1. 中國傳統政治社會與西方政治社會型態之對比

如以上諸章所述，我們可以清楚知道，整個中國傳統政治社會共同體之建立可以說皆依於一血緣性縱貫軸之原則而建立，此與西方社會做一對比顯然有極大差異，此大底皆已隨文點說，如說血緣性之縱貫軸其所重是一符號式之統治，是一象徵式之統治，是一身份式之統治；而西方之為一人際性之橫拓面，其所重是一命令式、權力式、支配式之統治；血緣性縱貫軸所重在一氣的感通，強調經由一種「我與您」的樣式來理解詮釋這個世界；人際性之橫拓面則重在一言說的論定，強調經由一「我與它」的樣式來理解詮釋這個世界；前者重在道德的、感通的相與，而後者重在權力的、理性的規約；前者重在內聚於一鄉土的存在，而後者則重在外向於一人的規約所成之社會之建立；前者是一宗法社會、禮俗社會、鄉土社會，而後者則是一市民社會、契約社會、工商社會；血緣性縱貫軸所成的是一宗法國家，而人際性橫拓面所成的則是一法律國家。凡此對比，皆在顯示兩者的特性，特別是要點示出「血緣性縱貫軸」之基本特性，行文中或已隨此特性而點出其限制，但並未做統整之處理，本文之目的即在於此。本文將集中於「血緣性縱貫軸之基本限制」的闡述，並且特別著重於「道的錯置」一概念之釐析。

2. 道指的是整個存在、價值、知識的根源

　　依中國傳統文化的型態來說，「道」指的是整個存在、價值、知識的根源，此根源並非超絕而外於人的生活世界者，此根源是內在於人的整個生活世界者，人即於其生活世界中，在彼此的感通與互動中，而使其內在於生命深處之根源顯現通達於外，周浹流行，圓融無礙。「道」之為道，以其為整個歷史社會總體所分享，以其充彌於人的生活世界之中，以其根源的內存於吾人心中，成為吾人實現之指標，道瀰布於萬有，萬有咸歸於道，「道」可以說是整個政治社會共同體的依準與歸趨。*1*

　　道之開顯，必經由一主客交融、境識不二，由無分別相進而走向分別相，由未決定的虛靈明覺，走向已決定的實際擘分，由無執著性、未對象化的存有走向一執著性、對象化的存有，這必得經由一存有開展的轉折與認知概念的執取；當然此轉折執取所成之對象相，只是一執相所成之權相，並不是存在之真實，它必化解消弭於一無分別相、無執著相中，亦唯如此之消弭圓融，一切執定之分別相始能如其自身之成為一分別相，一切執定之對象相始能如其對象之成為一對象。如上所說，一切道之開顯必皆能有此往復，有此來回，有此執定，有此去執，如此之有是為妙有，如此之無，是為真空，如此之開顯是一時明白，如此之歸本

1　此處關於「道」的詮釋，乃筆者對於中國哲學傳統做一總的理解所成者。筆者以為《莊子》〈天下〉所論及之學術流派以及歷史之變遷等，一切都歸返到「道」做為判準，此方法是筆者所贊同者，並有取於此。又請參看唐君毅〈道之名義及其類比〉，見氏著《中國哲學原論——原道篇一：中國哲學中之「道」之建立及其發展》，頁 27-45，台灣學生書局印行，一九七六年五月修訂再版，台北。

是為俱寂，如此寂然不動，感而遂通天下之故，如此自有一恰當的釐定，而使吾人之道之果為如何也。[2]

3. 道有其開顯，亦有其阻隔，因之異化而為道之錯置

道之開顯有所阻隔，則必歧曲而往，必往而不能復，必執而不能化，必僵固封閉而日離於本，此病也。苟不除之，則道阻滯而不通矣！道既阻滯，人間所當成之政治社會共同體亦已病矣！請問何病，吾則名之曰：「道之錯置」，錯置者，其置不得其宅，是以不得其安，其開不得其路，是以不得由此道途；不得其安而強其所安，不得其路而強為其路，是為錯置。我以為依中國傳統之血緣性的縱貫軸而開展所成之政治社會共同體，便隱含著諸多扭曲異化的問題在，此即皆可名之為「道之錯置」。[3]

---

2 此處關於「道」的開顯種種理解，其詳細論理，乃本之於近年來筆者對於存有、意識及實踐的理解，此大體有得於熊十力哲學的啟發，請參見林安梧《存有、意識與實踐──熊十力體用哲學之詮釋與重建》，東大圖書公司印行，一九九三年，台北。

3 關於「道的錯置」之問題，筆者於一九七六年首發之於〈船山對傳統史觀的批判〉一文，請參見《王船山人性史哲學之研究》一書附錄 二，頁155，東大圖書公司印行，一九八六年，台北。後又於東海大學文學院所舉辦之第一屆中國思想史研討會《先秦儒法道思想之交融及其影響》，提出〈道的錯置（一）：先秦儒家政治思想的困結──以孔子及孟子為核心的展開〉一文，該文又經修訂刊於《孔子誕辰二五三九年國際學術研討會論文集》第一冊，一九九二年，北京。又於中國文化大學所舉辦之《東西哲學比較國際學術研討會》，提出〈論「道之錯置──對比於西方文化下中國文化宰制類型的一個分析〉，收於該會議論文集，一九九二年，台北。關於「道的錯置」一語，實對比於懷海德（A.N.Whitehead）於《科學與現代世界》

　　以「血緣性縱貫軸」而開啟之中國政治社會共同體之構造，其最大之問題可以說是「權力根源未得其恰當解決」之問題。中國自古以來即有「禪讓」、「民本」之論，但終不得其解，而陷溺於「世襲」之中，道成為一家一姓之所獨占，顯然違反了以民為本、天下為公之論點。由於道之本體被獨占封閉，終而使得整個政治社會共同體成了一僵固而封閉之物，日漸衰頹老化，不復生機。

二、

4. 權力優位與情份優位之異同

　　如上數章所論，血緣性縱貫軸之展開，原不是以「權力」做為優位的考慮因素，而是以「情分」做為優先的連結方式。權力指向擴張，而情分指向交融，因為是擴張，所以明顯的要有所限制，因為是交融，所以只要圓通則無礙。以「權力」為優位，則一政治社會共同體必因權力的相互折衝，而走向彼此的限定，因此政治社會共同體的分子是彼此在限定中而確定其自己。以「情分」為優位，則一政治社會共同體必因情分的交融互動，而走向彼此無礙，依自然之身份、角色自有其確定，此確定是在脈絡中、無形中而確定，非限定之確定也。我們亦可說以血緣性縱貫軸之展開方式，本不及於權力，而又有邁越權力的傾向，然一旦成了一政

（*Science and Modern World*）一書中所提出「具體性的錯置」（Misplaced concreteness）（見該書第三章論及十八世紀處，台灣虹橋影印版，頁58）而提出者。

治社會共同體則不免衍生此權力之問題，是不能逃，也不應逃此問題的。傳說中堯欲讓位給許由，彼等不受而逃之，我總以為此「逃」字正指的是對於權力之逃避也，因彼等實不能於權力有所正視也。[4]

5. 儒家一直陷在血緣性的縱貫軸之中

如前所述，由殷商而至周代，此是由部落王權而走向普遍王權，血緣性的縱貫軸至此全然確立，整個周代的禮文教化即在此血緣性的縱貫軸下展開，而歷史上的儒家開創者孔子即以此做為其思維問題的張本，而欲建立一理想的道德教化政治。這套道德教化政治無疑的是經由血緣性的縱貫軸而展開，而且在彼之理想裡，是想經由此血緣性縱貫軸的展開而推恩於天下，達到人人親其親、長其長，終而天下歸乎太平的境地。這些想法，於孔老夫子而言，當可以視之僅發其端而已，至於調適而上遂之，進而開啟之、擴大之，此當可以孟子王道仁政之說為繼，進而提出「民貴君輕」之論，而於禪讓之說有所傳述，並有所定位。然而若縱觀儒家這些理想，我們似可發現彼等於權力之問題皆未能有一恰當而合理之解決，仍然陷在血緣性縱貫軸原先的泥淖中，難以自拔。[5]

4　堯讓天下於許由事，可參見《莊子》〈逍遙遊〉一文。又中國傳統政治限於「血緣性縱貫軸」之中，而於「權力」難有所正視也。法家雖曾正面看待此問題，但一入漢代又為儒道影響，雖為「儒學的法家化」，其實亦是「法家的儒家化」，這時候面對的政治權力的方式，又與秦時的法家不同。

5　關於孔子、孟子之政治思想，請參見同註2，前揭文。

6. 政治社會共同體之規範及秩序（禮）之最後的軌持者仍 然是「天子」便隱含著一個難以處理的困結

大體說來，孔老夫子理想的政治社會總體是以周代之禮文教化做為規模的，儘管他所重的是德禮，而輕政刑，強調人與人之間的道德存在真實感，遠超過那些虛文禮飾。即如正名，雖說是「德位所稱，當禮而行」，但畢竟這是放在君臣上下的關係上說的，而且他將一切禮樂征伐歸之於天子。[6]所謂「天下有道，則禮樂征伐自天子出」，他將政治社會共同體的最後軌持者委之於天子。[7]換言之，孔子雖然一方面強調了人與人之間那種存在的道德真實感（仁），但相應於此存在的道德真實感（仁），而政治社會共同體之規範及秩序（禮）之最後的軌持者仍然是「天子」。這麼一來，便隱含著一個難以處理的困結在，因為做為政治社會共同體之規範及秩序（禮）的最後軌持者這樣的「天子」，在現實上，他不一定是具有道德真實感（仁）的。儘管儒家強調「大德者必得其位」，但這裡所說的「必」仍只是理想上實踐的必然，而不是現實上實際的必然。這樣的困結便隱含著倒反、翻轉、異化而反控的可能，此是中國政治社會傳統自孔子以來的本質上的悲劇！

---

6 關於孔子的正名思想，見於《論語》〈子路〉，有請參看蔡仁厚《孔孟荀哲學》，頁 55-61，台灣學生書局，一九八四年，台北。

7 孔子曰：「天下有道，則禮樂征伐自天子出，天下無道，則禮樂征伐自諸侯出。自諸侯出，蓋十世希不失矣；自大夫出，五世希不失矣；陪臣執國命，三世希不失矣。天下有道，則政不在大夫。天下有道，則庶人不議。」見《論語》〈季氏〉。

7. 道統是以聖賢、君子為主導，此有別於天子君相為主導的「政統」

值得注意的是孔子雖然仍認可整個政治社會共同體的最後軌持者是「天子」，這分明是擁護周代的封建制度；但在孔子的思想中，我們可以發現，他是想通過「仁、禮」對比得辯證模式來拓深人之所以為人的存在道德真實感，從而在既有的封建體制下建立了一套依循著宗法制度而成的人倫教化理想。[8]這是儒家繼續拓深血緣性的縱貫軸，而提到德化的政治的一個理想。就此人倫教化的理想來說，孔老夫子開啟了一個有別於現實政治的傳統，此即所謂的「道統」。這道統是以聖賢、君子為主導，此有別於天子君相為主導的「政統」。當然，道統與政統並不是截然分立的，而是以一對比辯證的方式統合為一體的。值得注意的是，道統與政統之為對比的辯證關連仍只是一內在的意義的對比辯證關連，而不是一外在的結構的對比辯證關連。[9]

8. 內在意義的對比辯證關連

內在意義的對比辯證關連，對比的兩端無斷裂性，而是一連續體，此之所以為連續，在實質上是血緣性縱貫軸所成之親情宗法的關連性，而意義上則經由孔老夫子對於人性的拓深而提升而

8　關於此，請參閱杜維明〈「仁」與「禮」之間的創造緊張性〉，見氏著《人性與自我修養》一書，頁 3-30，聯經出版公司印行，一九九二年六月，台北。

9　請參見同註 2，前揭文。

上躍至一文化傳統的道德實感的關連性。前者即是我們所常說的
父權制、家長制所發展出來一以血緣性縱貫軸爲主導的宗法社
會、或宗法國家。後者，雖仍不免於此血緣性的縱貫軸，但卻是
依於孔孟之教仁義之統下道德教化的人性社會。這是由原先的「血
緣性的自然連結」提昇到一「人格性的道德連結」而成的總體。或
者，我們可以說在儒家看來這兩者本就該合爲一個總體，而此便
是「孝悌」之道的極致開展，孔子所說「孝乎惟孝，友于兄弟，施
于有政，是亦爲政，奚其爲爲政」，亦皆在此格局下思考而成
的。*10*

　　我們實可以將此「血緣性的自然連結」與「人格性的道德連結」
之合而爲一視之爲所謂「血緣性縱貫軸」之調適而上遂的可貴發
展。*11*但顯然可見的，其問題的關鍵點即在於它忽略了在此血緣
性縱貫軸之發展的極致外，應有一獨立的政治社會共同體之可
能。長久以來，中國傳統的政治社會就只是血緣性的自然總體之
衍申，加上人格性的道德總體的滋潤，澆灌於其上的附屬存在而
已，它自來就未成爲一獨立的存在。這也是號稱中國政治寶典的
《大學》所說「格物、致知、誠意、正心、修身、齊家、治國、平

10　以上所引，請參見《論語》〈爲政〉。

11　孟子曰：「仁之實，事親是也。義之實，從兄是也。智之實，知斯二者弗
　　去是也。禮之實，節文斯二者是也。樂之實，樂斯二者，樂則生矣。生則
　　惡可已也？惡可已，則不知足之蹈之，手之舞之。」語見《孟子》〈離婁
　　篇上〉，此所說之「事親」、「從兄」即是「孝悌之道」，此乃「血緣性
　　的自然連結」，而「仁、義」乃至由此推而充之的「禮、樂」皆由此而上
　　提至一「人格性的道德連結」來立論。孔孟之道將此二者通而爲一。

天下」，從內往外推，個人的內在修爲可以直接順成爲治國平天下的理由。

9. 外在結構的對比辯證關連

如果是一外在結構的對比辯證關連，則此對比的兩端必非連續體，而是斷裂體，正因其爲斷裂體，故必須插入一「中介者」以爲連結，此中介者必須爲一獨立的客觀之物始能爲一中介者，否則不足以爲中介者。[12]所謂的斷裂指的是從血緣性的縱貫軸所成的總體中自覺的脫落下來，成爲一散開而獨立的個人這些散開而獨立的個人再通過一客觀的中介凝合爲一，此客觀之中介即所謂的「法」或「契約」。當然，此「法」或「契約」與人格性的道德總體當有一密切的關連性。此時之人格性的道德總體即依於此契約之法的中介而凝合以成的社會去展開其整體性的凝合之任務。如此一來，人格性的道德總體才不會爲血緣性的自然總體所侷限，而得邁越出來成爲一社會的普遍意志，儒學才可能因之由帶血緣性的「仁義之道」，轉成整個政治社會共同體的「公義」。

---

12 關於連續與斷裂之爲對比的問題，杜維明於所著〈試談中國哲學中的三個基調〉中曾清楚的指出「這種可以用奔流不息的長江大河來譬喻的「存有的連續」的本體觀，和以「上帝創造萬物」的信仰把存有界割裂爲神凡二分的形而上學絕然不同。」（見《中國哲學史研究》，一九八一年，第一期，一九八一年三月，頁 20，北京。又張光直亦由考古人類學的研究中證成此義，請參見氏著《考古學專題六講》，稻鄉出版社，一九八八年出版，台北。

三、

10.「血緣性的自然連結」與「人格性的道德連結」合而為一乃是「血緣性縱貫軸」之調適而上遂的發展

　　以「血緣性的縱貫軸」作為基本構造方式的中國社會，它的倫理當然是從家庭開展出去的。所謂「君子務本，本立而道生，孝悌也者，其為仁之本與！」[13]，所謂「仁之實，事親是也；義之實，從兄是也；智之實，知斯二者弗去是也；禮之實，節文斯二者是也；樂之實，樂斯二者，樂則生矣！」[14]「事親」及「從兄」即是所謂的「孝悌之道」，儒家將它深化為「仁義之道」，這一方面意味著儒家所強調的「人格性的道德連結」是建立在「血緣性的自然連結」之上，另方面則意味著儒家所強調的「人格性的道德連結」，在實際上原是另一個層次意義的「血緣性的連結」之倒影，它們之連結仍可完全歸於「血緣性的縱貫軸」這總綱之下，只不過儒家不只停留在生物學及社會學的層次；它將之提到了心性論及存有論的層次，所謂「惻隱之心，仁之端也；羞惡之心，義知端也；辭讓之心，禮之端也；是非之心，知之端也。」即指此而言。[15]

13　見《論語》〈學而〉。
14　同註11。
15　見《孟子》〈公孫丑〉上。

11.先秦孔孟儒學即強調「血緣性縱貫軸」理想的實踐，這是超乎政治之上，而且足以抗衡現實政治

先秦時期的孔孟儒學所強調的即是以此「血緣性的自然連結」及「人格性的道德連結」合而為一的「血緣性縱貫軸」之理想的實踐，並認為這樣的實踐是超乎政治之上，而且是足以抗衡現實政治的。孟子就說：「君子有三樂而王天下不與存焉！父母俱存，兄弟無故，一樂也；仰不愧於天，俯不怍於人，二樂也；得天下英才而教育之，三樂也。君子有三樂而王天下不與存焉！」[16]這裡可見「父母俱存」指得是「孝」，「兄弟無故」指得是「悌」，這強調的是孝悌人倫；「仰不愧於天，俯不怍於人」指得是「天理良心」，這強調的是人實存所對的人格性總體；「得天下英才而教育之」指得是「文化教養」，這強調的是人之所生所長的歷史長流所給人的陶養。這個陶養，其經驗上的基礎是孝悌所及的家庭，其存有論上的基礎則是人格性的總體。血緣性的自然連結及人格性的道德連結合而為一，為得是去抗衡君國霸權，以是之故，孟子三復其言「君子有三樂而王天下不與存焉」蓋如是者也！

12.秦漢之後，「宰制性的政治連結」成為一切的管控核心，這使得「人格性的道德連結」異化為一切宰制之合理化及合法化的基礎

如孟子之所言，儒家所強調的是經由血緣性的自然連結之網絡，推而擴充之，讓人格性的道德連結得以養成，真正形成一良

---

16 見《孟子》〈盡心〉上。

性的「血緣性縱貫軸」的理想。這樣說來，應是從自己推而擴充之以達於大公之際，當不致公私不分或大私無公；但我們又發現公私不分或大私無公確是中國人常犯的毛病，在理上這又如何說呢？問題的癥結在於這種以「血緣性的自然連結」為最基本的樣式，並沒有一獨立個性的個人，而且一切的存有亦無一徹底而孤離開來的客觀性；一切都在主體的互動與銷融之下，連結為一體，無可分，亦不必分。

儘管儒家所強調的是「人格性的道德連結」，但真能與於此者本屬有限，更何況從秦漢之後，「宰制性的政治連結」成為一切的管控核心，這使得「人格性的道德連結」異化為一切宰制之合理化及合法化的基礎。因此之故，人格性的道德連結竟成了以理殺人的禮教[17]；在這種情形之下，人格性的道德連結既已成僵化的教條，甚至是一有害之物，這便使得原本立基於個人之上推而擴充之的波紋狀連結，無法依大公無私之心推擴之以達於四海。[18]如此一來，由「一體之仁」所推極而成的人格性總體既屬不可能；但個人還是一切的核心，只不過其方向作了徹底的翻轉。原本是個

17　關於「以理殺人」，請參見林安梧《中國近現代思想觀念史論》第四章〈「以理殺人」與「道德教化」〉，頁95-121，台灣學生書局，一九九五年，台北。

18　費孝通即謂此為一「細材型格局」，而有別於中國之為一「波紋型格局」，見氏著《鄉土中國》〈差序格局〉，頁 22-30，上海觀察社出版，一九四八年，上海。又如此之「差序格局」不只行於中國內地，實亦行於漢人之移民社會。請參見陳其南《家族與社會——台灣和中國社會研究的基礎理念》，第二章〈台灣漢人移民社會的建立及其轉型〉，聯經出版公司印行，一九九〇年三月，台北。

人通過「一體之仁」的實踐而銷融於整體之中，讓自己眞切的進入到人格性的總體之中；而異化之後則流落於感性的功利之境，個人成爲此感性功利之境的核心。更可怕的是，這樣的個人它常夾雜著堂皇而偉大的道德仁義之名，去行感性功利之實。[19]

四、

13.君、父、聖三者的分析與詮釋

通過上述的分析，我們可以清楚的發現到這裡隱含了一個「道的錯置」的問題，這是值得注意的。爲了更清楚豁顯這個問題，筆者擬從「父」「君」「聖」這三個最重要的象徵，再做一番分析。大體來說：

「父」這個字眼代表的是：通過「血緣性的自然連結」而結成的人際網絡之中，那最高階位的倫理象徵。

「君」這個字眼代表的是：通過「宰制性的政治連結」而結成的人際網絡之中，那最高階位的精神象徵。

「聖」這個字眼代表的是：通過「人格性的道德連結」而結成的人際網絡之中，那最高階位的文化象徵。

---

[19] 此「一體之仁」取自於陽明的《大學問》，又其思想之討論，請參見林安梧〈王陽明的本體詮釋學——以《大學問》爲核心的展開〉《陽明學學術討論會論文集》，一九八八年十一月，台北，行政院文建會暨台灣師範大學人文教育中心。

　　值得注意的是，秦漢帝制之後，這三者是以「君」為中心的，它可以橫跨到其它兩個面向裡，並且與之結合為一體，像我們平常所聽到的「君父」或者「聖君」這兩個詞便是一明顯的例子。「君父」一詞顯然的是將那宰制性的政治連結作為主導力量而將血緣性的自然連結吸收內化成為一穩固政權之後所凝鑄而成的，它意味著原本作為中國人最基本的自然連結網絡已被政治化了，它已喪失了獨立性。當然作為血緣性的自然連結之中最重要的倫理——孝道，這時也被異化成統治者宰制的工具。[20]至於「聖君」一詞從字面上看來似乎是「聖」高過於「君」，是將那「人格性的道德連結」擺在優位，而將那「宰制性的政治連結」作為從屬，其實不然。因為骨子裡具有決定性力量的不是道德理想的聖人，而是現實上具有威權的國君；因而使得所謂的「聖君」異化轉變成「君聖」。「聖君」要求的是：讓那有德、有才者始能為君；「君聖」則異變成只要在現實上當了國君的人都既是有德者、又是有才者。在這種情況之下，人格性的道德連結不但未能成為主導性的優位地位，而且成了宰制性政治連結的階下囚。

14.道之錯置之構成

　　做了這樣的概括分析之後，我們可以籠統的說，中國歷史傳

20　從《論語》、《孟子》以及的諸多篇章裡，我們可以發現「孝道」是與當時的軍國政策相反的，做為法家代表的《韓非子》更是對「孝道」嚴加批評；然而從秦漢之後，「孝道」卻成了最重要的統治工具，漢皇帝之謚號且多加上一「孝」字，而事實上於漢代結集編纂而成的《孝經》更是多有篡竊之言，它已是一帝制式儒學下的產物，對於帝皇專制，多所迴護。

統中，其政治社會共同體是以「宰制性的政治連結」爲核心，以「血緣性的自然連結」爲背景，以「人格性的道德連結」爲工具而形成了一個龐大的總體。「君」成了「聖君」，又成了「君父」，「君」成了中國民族心靈的金字塔頂尖，是一切匯歸之所，是一切創造的源頭，是一切價值的根源，及一切判斷的最後依準。顯然地，正因爲這樣的情況才使得中國文化落入一極嚴重的「道之錯置」的境域之中。

由於「君」不只是政治連結所構成的「君」，而且是「君父」之「君」，它不只是宰制性的政治連結的最高精神象徵，更而代表的是血緣性自然連結的最高倫理象徵。也因如此，使得血緣性的自然連結充滿了宰制的氣息，原本所注重的倫理親情，此時便空洞而一無所有，只剩下一宰制性的迫壓形式。

由於「君」不只是政治連結所構成的「君」，而且是「聖君」之「君」，它不只是宰制性的政治連結的最高精神象徵，更而代表的是人格性道德連結的最高文化象徵。也因如此，使得人格性的道德連結充滿了宰制的氣息，原本所注重的一體之仁道德真實感的互動感通，此時便異化而成爲宰制者的工具，而且道德仁義亦因之而滑轉成所謂「吃人的禮教」。

經由以上的疏釋，我們可以清楚的指出所謂「道的錯置」原指的是這種以宰制性的政治連結的「君」爲核心，並因而侵擾了「父」與「聖」的情形。在這樣的情況之下，父無一獨立的「父道」，聖無一獨立的「聖道」，它們都只是「君道」底下的附庸，甚至階下囚而已。

15.宰制性政治連結與道德思想之意圖

再者，以「血緣性縱貫軸」為根本背景的中國社會，它當然是一家長制，是一父權制，此無所疑。但當「宰制性的政治連結」成為一切管控的核心時，更使得中國的文化趨向於以「心性」為核心（或者說是以「道德思想意圖」為核心）。這一方面，因為中國的社會是一波紋型的結構，是一差序格局所形成的結構；如前所述，中國文化最為強調的是一連續體的觀念，天人，物我，人己，他們都是合而為一的，只要通過一道德的真實感，自然能怵惕惻隱的與之關連成一體，（或是經由一藝術境界的修養，亦可以與之關連成一體），所謂「親親而仁民，仁民而愛物」即此之謂也。[21]不過「親親而仁民，仁民而愛物」原強調的是將那「血緣性的自然連結」與「人格性的道德連結」合而為一，想經由一種推擴的工夫而達於四海天下，如前所述，這原是與「宰制性的政治連結」相互背反的。

16.儒家人格性道德連結所構成的「道統」與帝王家宰制性政治連結所構成的「政統」形成了一個內在對比的抗衡結構

就另一方面來說，中國的歷史從秦漢以來，就陷入一嚴重的宰制性困局之中，作為宰制性政治連結的最高象徵的「君」成了最高的絕對管控者，它將儒家所強調的「人格性道德連結」及中國傳統社會的「血緣性自然連結」吸收成統治之一體。如此一來，「宰

21　見《孟子》〈盡心〉上。

制性的政治連結」、「血緣性的自然連結」、「人格性的道德連結」形成了一個極爲奇特而怪異的總體。相互依倚而相互抗持，尤其儒家所強調的人格性的道德連結所構成的「道統」與帝王家所強調的宰制性政治連結所構成的「政統」形成了一個內在對比的抗衡結構。相應於這內在對比的抗衡結構之一端，另一端亦因之而有所跟進；當宰制性的政治連結愈爲絕對化，那麼連帶的人格性的道德連結也必須更爲強調，甚至徹底的絕對化才可能與之相抗相持，那個內在對比的抗衡結構才能保持穩定狀態。在政治上以「君」爲核心，在社會上以「父」爲總樞，在教化上以「聖」爲理想，這樣的歷史文化走向陶鑄了數千年，自然的成爲中國人的基本思維模式。一元化或道德思想之意圖的思維方式於焉構成。

　　再者，我們可以更進一步的說「道德思想的意圖」雖然與中國文化「天人之際」的強調其一體連續觀有密切的關連；但更爲重要的是由於中國長久以來的帝皇專制所造成的「道的錯置」更使之極端化了。[22]

五、

17.「自律型之慎獨倫理」異化而成爲一「他律型的順服倫理」

---

[22]　「道德思想的意圖」乃林毓生所提出的，其詳請參見氏著《中國意識的危機》（*The Crisis of Chinese Consciousness*），筆者於此處則重在給出一哲學的理解與詮釋。

　　這樣的情形產生一極爲奇特的「宰制型的縱貫軸理性」，它一方面仍然守著中國文化那種「連續型理性」的傳統，但由於「宰制性的政治連結」之國君成爲獨大的管控者，這便使得原先那種發自生命內部深處的「一體之仁」這樣的道德眞實感所開顯的「自律型之愼獨倫理」異化而成爲一「他律型的順服倫理」。[23]更值得我們去注意的是這樣的「他律型的順服倫理」，因爲它不是以一超越的位格神作爲最高的管控者，而是以一現實世界的國君皇上爲最高的管控者，所以它並沒有一恆定性，沒有一普遍性。它有的是繫屬於帝皇專制下的奴隸性及暫時的規約性而已。只有當那國君皇上被提到超越界的地位，這時他律型的順服倫理才可能具有恆定性及普遍性，而所謂宰制型的理性亦才能眞正的建立起來。

18.「宰制型的理性」與「良知型的理性」

　　然而，國君皇上畢竟不是上帝，他只是一個專制政治上最高階位的存在而已，將國君皇上視之爲一超越的絕對者，這無疑的是一種嚴重的錯置情形，因此所謂「他律型的倫理」並未眞正建立起來，而只是一類似於他律下的「順服倫理」。如上所說，我們知道相應於「他律型的順服倫理」，其理性是一「宰制型的理性」；而相應於「自律型的愼獨倫理」，其理性是一「良知型的理性」。值得注意的是，這裡所謂的理性是就其爲連續觀及一體觀的情況

23　關於此，請參見同（註 17）前揭文，第三節「道德超越形式性原理與絕對宰制性原理之關係」，第四節「從根源性的愼獨倫理到宰制性的順服倫理」，頁 104-115，台灣學生書局印行，一九九五年，台北。

下的理性；這不同於就其爲斷裂觀及二分觀的情況下的理性。連續觀及一體觀的情況下的理性不是一「決定性的理性」而是一「調節性之理性」，不是一主體的對象化而成的「概念型之理性」而是一互爲主體化而成的「體驗型理性」，不是一外在超越界與經驗世界相對執的理性，而是內在的將那超越的世界內化而交融爲一體所成的理性。

19. 中西專制之異同

事實上，中國文化的一體觀及連續觀之所產下的帝皇專制和西方二分觀及斷裂觀下的君主專制，在表面上儘管有些相似，但骨子裡卻有甚大的不同。中國的皇帝儘管也要強調自己的神聖性，但卻不同於所謂的「君權神授」；皇權一方面是「天授」，但所謂的「天授」又是依準於「人民」的，是依準於道德的。或者我們可以說：那宰制性的政治連結這樣的最高管控者，它一方面滲入到血緣性的自然連結之中，另方面又滲入到人格性的道德連結裡頭，它使得血緣性的自然連結之孝悌倫理異化成宰制的工具，使得人格性的道德連結之仁義禮智異化成控制的技倆；但另一方面又使得它由於孝悌倫理及仁義禮智的薰習而受到限制。

20. 阿Q式的精神勝利法之構成

換言之，儘管在中國的帝皇專制體制下應指向一絕對的宰制，但顯然地，因爲那調節性理性的調節作用，使得它仍然保持到一相當的和諧狀態。再者，在宰制型理性的管控下，使得那體驗型的理性轉變成一境界型態的嚮往；而且因爲宰制型理性的特

別凸出而使得此境界型態的嚮往隨之而日趨強烈，甚至有病態的傾向。原初儒家所最強調的是通過這體驗型的理性而達到一真切的社會實踐，但由於帝皇專制的宰制及其造成的異化，而使得社會實踐沒得開展，因此它只能滑轉成一往內追求的修養意識，隨著宰制及其異化的程度，它再度滑轉成日常的修飾意識，甚而成爲日常的休閒意識；伴隨此，道德實踐既已開拓不出，境界型態的修養，進而異變成精神上的自我蒙欺，阿Ｑ式的精神勝利法爲構成[24]；此亦可證明前面所述，由於「道的錯置」使得道德思想意圖的傾向日趨於極端化及空洞化的表現。

21.西方近代理性的解咒與牢籠

近代以來，西方學者對於所謂「理性」的詮釋與批判，真是汗牛充棟，不勝枚舉，但令人深覺遺憾的是這些批判儘管有頗深刻者，卻都不能免除西方中心論的世界圖象。正因如此，我們先聖先賢流傳下來的偉大智慧仍鮮爲人知。事實上，以中國爲首的東方文化乃是構造一嶄新世界文化的重要因素之一，因爲相對於西方文化而言，它不是一天人疏隔的「斷裂型」文化系統，它不是一以抽象性的概念性思維去把握外在的事物，它更不會以此概念性的思維直接執著之而以之爲具體之真實事物，它不執著於言說系統，它不必徬徨於天人之隔，不必以一種無可奈何的禁制方式去祈求上蒼，它也不是早已被決定的，它不是在這種悲劇氣氛底下

24　此「阿Ｑ之精神勝利法」，蓋有取於魯迅《阿Ｑ正傳》的用法，筆者於此是將之置放於整個中國文化傳統中，加以審視，並做一哲學的理論闡釋。

才無可奈何的轉出一滅絕型及禁制型的理性，它不會如韋伯（Max. Weber）所述的西方資本主義社會，看似已解除了世界的魔魅（Disenchantment），而事實上則陷入更嚴重的牢籠（Iron Cage）裡頭。[25]

　　在天人兩橛觀的格局下，似乎不可能真正地解除魔魅，整個近代西方理性化所帶來的不正是更大的魔魅嗎？當韋伯譏斥中國文化沒有如西方近代文化一樣的徹底解除魔魅，因而沒能發展出近代的資本主義精神，也因此而未達合理性、現代化的地步。這個論法是否恰當，不無疑問；但它卻明顯的是以西方為整個世界圖象的核心來立論的。若我們能不受它所提供之世界圖象的限制，我們當可以發現韋伯的論調充滿著對世界的悲感，從他的悲感之中，我們若能加上中國文化的資源，那是可以看到新希望的。[26]

六、

22.契約性社會連結與委託性政治連結

25　請參見林安梧〈理性的弔詭——對《基督新教倫理與資本主義精神》一書的理解與感想〉（《鵝湖》一〇六期，一九八四年四月），頁 24-30，台北。

26　此處大關節處頗多得自於牟宗三先生，而關於中西文化之比較與匯通，牟先生之貢獻頗多，請參見牟宗三《現象與物自身》第四章〈由知體明覺開知性〉，第一節「科學知識之必要：在中國是無而能有，有而能無；在西方是無者不能有，有者不能無」，頗有洞見，頁 121-122，台灣學生書局印行，一九九〇年三月初版四刷，台北。

當然我們這樣去論它，未免太一廂情願，因爲擺在眼前的問題有更甚於此者。當前我們最切要的問題是如何免除如上所述之「道的錯置」的困結，而邁向一嶄新的構造，締結一新型的理性。明顯地，台灣海峽兩岸的中國仍然處在這個關卡上，不過總的來說，台灣有一嶄新的機會，它將成爲邁向世界史的一個嶄新角色。[27]工商業的發達使得台灣已不再是傳統的大陸型的思維模式，它不再爲血緣性的自然連結及連帶而來的土地的固著性所限制。就社會構造方面，它已被歷史的理勢逼向非往一「契約性的社會連結」建立之路走不可的地步。唯有順此大流而趨，才可能瓦解長久以來作爲整個中國人心靈的金字塔頂那個宰制性的政治連結體的最高權力的管控者，才可能建立起一「委託性的政治連結」爲核心的全民政治。

23.免除道德思想意圖的謬誤

相應於這裡所謂的「契約性社會連結」及「委託性的政治連結」，我們可以再回過頭去檢討前面所述的中國文化的總體性結構。我們勢將發現原先的那三種連結，所謂「以宰制性的政治連結爲核心，以血緣性的自然連結爲背景，以人格性的道德連結爲工具」而形成的龐大政治社會總體，如今必然的面臨瓦解及重建的命運。若就這三者而言，我們勢將發現只有「人格性的道德連結」足堪作爲接榫的過渡，而且適巧長久以來它又作爲中國文化之總體

27　請參見林安梧《台灣・中國——邁向世界史》一書，第一章及第四章，唐山出版社印行，一九九二年，台北。

表現的心源動力之核心，這是值得我們去關注的。如前所說那樣的中國文化傳統所造就的「道德思想的意圖」它本就不可以簡單的從另外的立場說它是一種謬誤就能了事的；事實上，它是作為傳統邁向現代必要的過渡關鍵，在這關鍵上，它提供了我們來自自家文化傳統內部的動源。或者更扼要的說，它提供了一個「定向性原則」。須知，在一個要由傳統邁向現代，要由開發中邁向已開發的國度裡，定向性原則無疑是極為重要的，定向性原則不能清楚地被把握住，必然會產生整個民族心靈意識的危機。更為弔詭的是；當這個危機嚴重到一個相當的地步時，那些勇於去為中國找尋出路的知識分子，卻以為此定向性原則是不需要，甚至是有害的，須得剷除；如此一來，使得中國陷入一無定向的迷思（迷失）之中。長久以來，有多少的知識分子在此頭出頭沒，聲嘶力竭，卻是浮沉度日。當然光靠一個定向性原則亦不能有所為，它必得依尋著時代的聲息脈動，方得落實。定向性原則的要求絕不是守舊，也不是所謂的「中體西用」，它是作為「接榫的過渡」而不是作為「甚麼甚麼的基礎」，這一點的辨明是極為重要的，亦唯如此，才能免除所謂的「道德思想意圖的謬誤」。[28]

24.政治社會之道的重新開啟

如上所述，我們可以更清楚的發現，依循「契約性的社會連結」而構造成的社會，以及依循「委託性的政治連結」而構成的政

---

[28]　請參看林安梧〈儒家現代化的反思片段──解開所謂「道德思想意圖的謬誤」〉，《國文天地》，五卷四期（總號52），一九八九年九月，台北。

治，這並不意味說作爲中國族群最根本的「血緣性的自然連結」就已不再需要，而是說原先那血緣性的自然連結的方式，今日必然要被限制於個我的家庭之內，如此方爲合理。至於「宰制性的政治連結」則原屬不合理，它與「委託性的政治連結」適爲相反，它必然的要瓦解。

值得注意的是，無論瓦解也好，限制也好，足以作爲其內在心源的動力者，唯此「人格性的道德連結體」所發之「道德思想的意圖」始足以當之。不過筆者仍得再強調它只是作爲「接榫的過渡」，過渡之後，勢必再由一嶄新的社會構造，政治組織及經濟體系等等來型構另外一個心源動力。心源動力並不是百世不遷的，它是「日生日成」的。它是「未成可成，已成可革」的。[29]

總而言之，唯有我們通過一文化結構的總體性之疏清，才能諦知「血緣性縱貫軸」之限制何在，而「道的錯置」究何所以。顯然地，我們不是要去打垮這血緣性的縱貫軸，而是要去批判這血緣性的縱貫軸，蓋經由批判始能重建也。所謂的重建是落實於家庭之中，而且限制於家庭及家庭的連結之中，至於政治社會共同體的建立則須由此血緣性的縱貫軸中所含之人格性的道德連結開啓一新的格局，而解脫出原先血緣性自然連結的陷溺，開啓新的契約性的社會連結，從而建立一委託性的政治連結。我們以爲對於「道的錯置」做了這番新的釐清，將有助於道的重新開啓。

29　關於「日生日成」、「未成可成，已成可革」乃取自於王船山，請參閱林安梧《王船山人性史哲學之研究》第三章〈人性史哲學的人性概念〉，頁58-65，東大圖書公司印行，一九九一年二版，台北。

第九章 從「血緣性縱貫軸」到 「人際性的互動軸」

提　要

筆者總結如前數章所論，指出血緣性的縱貫軸包含有「宰制性的政治連結」、「人格性的道德連結」、「血緣性的自然連結」，此即「政統」、「道統」與「鄉土血統」三者。這樣的「血緣性縱貫軸」是不同於「人際性互動軸」的。可貴的是血緣性的縱貫軸隱含著一縱貫的創生力量，此有別於原先那網絡性的縱貫連結，而有著一股新生的力量。此力量一方面根於原先內在超越的敬德宗教傳統，一方面則由於使命感之向上向內而發出的根源性追溯力量，再者，就倫常日用中，血緣性的縱貫軸本即含有此根源性的縱貫創生力量。然而，我們仍須正視的是中國傳統政治的最大限制──結構與權力無客觀獨立性。就此而言，我們須經由縱貫的創生一轉而為人際的互動，這即是由「我與您」（I and Thou）這樣的格局，轉而為「我與它」（I and It）這樣的格局。唯有如此，經由對象的兩分，一限定性的存在方能確定，客觀的第三者才得以建立，公共空間，社會公義方得以建立，人際性的互動軸才能真實的確立起來。

關鍵詞：我與你、我與它、血緣性縱貫軸、人際性互動軸、孔子、
　　　　儒家

一、

1. 正視人格性道德連結的根源性與優先性

　　總體而言，中國傳統社會之結構可以「血緣性的縱貫軸」一語表之，而此一語可包含由「血緣性的自然連結」、「人格性的道德連結」及「宰制性的政治連結」三個面向。就此三面向中又以「宰制性的政治連結」做爲一切主導與管控的核心，因而血緣性的自然連結成了土壤與背景，至於人格性的道德連結竟異化成工具與手段。[1]這麼一來，便窒塞了整個民族的生機，甚至衰頹難復！我們曾指出須瓦解此絕對獨大的宰制性政治連結，須限制此無所不覆的血緣性自然連結，開啓一新的契約性的社會連結，重建一委託性的政治連結。而更值得注意的是，我們以爲如此的「開啓」與「重建」，固然是時移勢易，理勢所趨，但彼之所以可能則因爲我們文化傳統所謂「血緣性縱貫軸」即含一極爲重要的構成因子──人格性的道德連結，依此人格性的道德連結而發，其精神不但與契約性的社會連結、委託性的政治連結無所隔，而且是一調適而上遂的發展。

1　關於此，本書第八章、〈論「道的錯置」──論血緣性縱貫軸之基本限制〉已多有敍述，又參見林安梧〈論「道之錯置」──對比於西方文化下中國文化宰制類型的一個分析〉，國際東西哲學比較研討會，一九八九年八月，中國文化大學哲學研究所，台北，刊於鵝湖月刊第十八卷第六期，一九九二年十二月，台北。

　　再者，吾人若回顧整個中國歷史文化傳統，勢將清楚知之，此人格性的道德連結雖爲那宰制性的政治連結所管控，在此帝皇專制底下，甚至異化成手段與工具，但它仍然發揮著一定的牽制與批評作用。在時移勢易、理勢所趨下，它將可對此宰制性的政治連結發出一瓦解性的效用，而指向一委託性政治連結的建立，它亦可能對於原先的血緣性自然連結起一恰當的限定作用，而另開一契約性的社會連結。我們之所以特別強調此，是要說儒學之於昔時，本含有一些極爲可貴的因子在，即於今日亦可以發揚之，調適而上遂之；若總括的說，此即當於原先的「血緣性縱貫軸」再轉而爲一「人際性的互動軸」。

2. 血緣性縱貫軸與人際性互動軸之對比

　　茲就「血緣性的縱貫軸」與「人際性的互動軸」兩語對看，顯然地，他們是極不相同的，血緣性是自然而生的，人際性則是因緣而起的，縱貫軸指的多是上下的、隸屬的關係，而互動軸則是左右的、對等的關係。如此一來，第一個在我們腦子裡會出現的問題是，如果他們是相反，如何由血緣性的縱貫軸轉爲人際性的互動軸，這樣的轉化是硬性的轉化，是全由外力而來的曲折，還是一具有韌性的轉化，是經由內在本有的力量即可轉化。或者說，它是一創造性的轉化，還是一轉化的創造。*2*

2　林毓生先生主張「創造性的轉化」說，請參見氏著《政治秩序與多元社會》
　　〈什麼是創造性的轉化〉一文，頁 387-394，一九八九年五月，聯經出版
　　社，台北。相對於此創造性的轉化，當代新儒家則強調「轉化的創造」，
　　請參見林安梧〈當代新儒家在中國思想史上的意義之檢討——對一九五八

3. 政統、道統與鄉土血統

　　就傳統的帝皇專制來說，果真這「血緣性的縱貫軸」便是以那宰制性的政治連結做為管控核心的，它純然是一縱貫的關係，是一上下的、隸屬的關係。但值得注意的是，傳統上除了有如此之「政統」，而還有另一與之相對的「道統」，「道統」與「政統」可以說是兩相對執、相抗而相持存在所構成的一個總體。就血緣性縱貫軸所含之三個面向，就血緣一面，是長幼的順序；就政治社會共同體一面，則是尊卑的順序；就德行才智一面，則是賢愚智不肖的順序。這三個次序，大體說來，都是一縱貫的、上下的、隸屬的次序，而不是橫面的、左右的、對列的次序。[3]這樣三個面向的闡析，這只是一個理論上的分析方式，至於在歷史的進程中則是三者合一，雖或有倚輕倚重，但彼此卻不可分。不過，若要強說，我們可以說執政一方所站立之位是「政統」、是宰制性的政治連結，知識分子一方所站立之位是「道統」、是人格性的道德連結，蒼生百姓一方所站立之位是「鄉土血統」、是血緣性的自然連結。這樣所構成的血緣性縱貫軸雖或因其重點不同，但畢竟

　　年《文化宣言》的一個省察〉，文收入《紀念張君勱先生百齡冥誕學術研討會論文集》，文中並附有與林毓生先生之討論，見頁 203-267，一九八七年十月，台北。

3　關於此「縱貫的、上下的、隸屬的次序」與「橫面的、左右的、對列的次序」之對比，牟宗三先生於《政道與治道》一書中論之甚詳，請參見該書第三章〈理性的運用表現與架構表現〉，頁 44-62，廣文書局，一九六一年二月初版，台北。

他們都是以縱貫意識為重點的，他們生命中都流著天道性命相貫通的血液，這是值得我們注意的。

二、

4. 孔子開啟了仁，照亮了整個族群的生命

當然，天道性命相貫通的理念並不是中國民族生來即朗現無遮，我們或者可以說它生而本具，但朗現當得經過一歷程始能朗現之。大體說來，此是經由夏、商之「部落王權」、「母系社會」，過渡到周初之「普遍王權」、「父系社會」，經由周公制禮作樂，穩立了整個周王朝，直到春秋時代，孔老夫子心念「郁郁乎文哉！吾從周」（語見《論語》），卻眼見禮壞樂崩，欲挽其頹勢不得，終而刪詩書、訂禮樂、贊周易、修春秋，祖述堯舜、憲彰文武，而開啟人內在生命的道德實踐感通力——「仁」，照亮了整個族群的生命，語云「天不生仲尼，萬古如長夜」，良有以也。這也就是說，到了周代的普遍王權，開啟了一個穩固的政治社會共同體，並且有一依於血緣性縱貫軸所成之連續型的理性為主導，而此連續型之理性其根底究竟為何，則經孔子之點化始明，人與人之間存在的道德真實感——「仁」成了整個民族最重要的實踐理念，亦成了整個民族生命的源頭活水。

5. 良知天理的絕對性與帝皇專制絕對王權相抗而相持

或者，我們可以說孔老夫子所開啟的儒家其所冀望的普遍王

權乃是一道德王權。等到普遍王權又轉化爲帝皇專制下的絕對王
權，相對而言，儒家的道德王權之想法雖亦有之，但不能明而表
之，但就心性論、倫理學的層次，則又再轉而特別強調良知天理
的絕對性。良知天理的絕對性是與帝皇專制絕對王權相抗而相持
的。大體說來，這時候的儒家知識分子，一方面極爲強調天理良
知的絕對性，一方面則極力高揚道統之高於政統，這可以宋代的
朱熹做爲典型。

　　孔老夫子「以仁發明斯道」，而孟子則十字架開，講明其爲惻
隱、羞惡、辭讓、是非四端，更無隱遁。[4]但我們知道孔子是一
「述而不作」之人，或者說是「以述爲作」之人，他之「以仁發明
斯道」並不是憑空而啓，而是「集大成」，是熟悉整個歷史的發展，
文化的變遷，集夏、商、周三代之大成，而其集大成又以此而爲
創造也，固彼不限於夏商周三代之家天下，而更上而探其源，直
追堯舜，願其天下爲公矣！這是說孔子對於夏商周之由部落王權
轉而爲普遍王權，發現此普遍之爲普遍，須得有一根據，此即人
與人之間存在的道德眞實感——仁；既發現此，則更進一步，推
而上之，尋一根源以爲理想。此根源之理想落在政治社會共同體
上則說其爲堯舜禪讓，若落在人間倫常則說孝悌仁義，若落於人
之心性本身則說其性本善，本善者，非有一本質之善性也，非本

4　陸象山云「夫子以仁發明斯道，其言渾無罅隙；孟子十字打開，更無隱遁」，
　　語見《陸象山全集》，卷三十四，〈語錄〉上，頁396，一九七九年四月，
　　台灣商務印書館印行，台北。

質論義下之善也，而是說其根源本爲善也，是就根源之善端而言
其爲善也。[5]

6. 道德王權、民本與天命

　　隨著部落王權而普遍王權，進而爲道德王權，道德王權其本
何在，其本在民，以是而孟子說「民爲貴，君爲輕」，此即儒家的
民本之論。伴隨乎此，由「帝之令」，而轉爲「天之命」，如「天
之命」，而言「生」，即於此「生」而言其爲「性」，即此「性」，
而依以爲「道」，原是一種向外畏懼的宗教觀一轉而爲向內敬虔的
道德觀，原來所懼的是無上的權威，而一轉則所敬的是內在自家
生命的根源。因而權威的「帝」，轉成萬物始生之義，並進而爲
「天」字所替代，「天」原是集結諸宗神而成者，進而轉爲一「普
遍而氣化義」之天，再轉而爲「道德義理」之天，故而原是諸神之
威，轉而爲氣化流行，再轉而爲道德創化。如此進而言「生」，則
此「生」非事實義之生，亦爲價值義之生，此生非僅實然層次之
生，亦是應然層次之生，以是而提此「生」，而言其爲「性」，此
「性」則不再只是原來生之本義，而轉有道德創化義，故「性」是
「道德本性」，以是孟子而有性善之論。

　　民本性善之論是孔孟繼周公所建立之普遍王權下禮樂制度而
開啓者，就此而言，於字面視之，「民本」與「天命」似成兩造，

5　關於孔孟人性論之問題，請參見林安梧與傅佩榮之論辯，請參見《「人性
　　向善論」與「人性善向論」──關於先秦儒家人性論的論辯》，見《哲學
　　雜誌》季刊，第五期，頁 78-107，一九九三年六月，台北。

但儒家又將之融而爲一，說「天與民歸」，說「天視自我民視，天聽自我民聽」，這一方面是儒家是紹繼過去，集大成之所爲，一方面是因爲天與民本爲連續之一體，故可以做如此之詮釋，若爲斷裂，則不能如此順當言之，它必得另尋一崎嶇之路。

7. 民本與性善、君本與性惡、君主專制

再者，儒家非此「民本、性善」之論而已，荀子所論顯然與此大相逕庭，彼所論爲「君本、性惡」之論，此亦是反省周公所建立之普遍王朝下禮樂制度而開啓者，就此而言，其性爲惡，故所重在治，故談「以心治性」，「化性起僞」、「僞起而生禮義」。[6]這是將禮義往外推出去說，是就權力的連結、理性的凝固上去說，而其根本則在君、師，君師以其智慮清明、知通統類，能展開禮義之教、師法之化，所以能完成此政治社會共同體之凝成。此雖非法家，但一轉而可爲法家，或者與法家相接也，荀子學生李斯、韓非正是法家，非無由也。以理而論，荀子果是儒學法家化之重要接榫，而董仲舒則是法家儒學化，儒學亦不能全化，故濟之以陰陽家，此可以說是儒家法家陰陽家化。道家本乎自然，亦與於陰陽家中，墨家流於江湖，成就民間俠義，名家則應時而解，然其論辯之術早爲各家所汲取。先秦諸子雖有各家，但以此六家爲重，司馬談以是而論六家要旨，非無由也。

6　關於荀子之理論，請參見牟宗三《名家與荀子》一書，又請參見蔡仁厚《孔孟荀哲學》一書，又請參見林安梧〈從「天生人成」到「化性起僞」〉，收入《現代儒學論衡》，頁251-270，業強出版社印行，一九八七年五月，台北。

三、

8. 民本的限制

「民本」，以民爲本，而民是相待而立的，是衆生平等的，基於此而說人人皆有貴於己者，人人皆有怵惕惻隱之心，這看起來該是平鋪的、左右的、對列之局，不再是一縱貫的、上下的、隸屬之局，但並非果眞如此。問題的關鍵點在於「民本」所說的是施政之對象或施政之目的，但並非權力的根源。換言之，是民本而非民權。若以「民有」、「民治」、「民享」三層次言之，頂多及於「民有」或「民享」之層次，「民治」一層次則未及也。如實而論，中國古代儒家所論之民本之論絕非近世民權之說也。但以其理論視之，民本並不礙於民權也，昔時之未能開啓民權，此時代之限制使然，非本質上民本與民權相悖也。就根本而論，或就理論之根據而論，民本與民權本爲相通，他們都相信施政之目的、對象乃至根據皆當屬之於人，再者，他們都將價值的評斷立基於人的自由選擇上，此是相通的。所不同的是，中國傳統儒家所講之民本性善之論，是在文化的層次、價值的層次上說，而於權力的層次、構造的層次，則有所不及也。再者，依於中國傳統的血緣性縱貫軸而言，即如民本性善之論仍不免爲其所限，因此仍停留於縱貫的、上下的、隸屬的關係下，不得其暢達條理也。

9. 性善說隱含一根源性的縱貫義

追溯其源而論之，《詩經》〈大雅〉有云「天生烝民，有物有

則,民之秉彝,好是懿德」,此詩後來為儒家學者所發揮,強調天生眾民,有物有則,民之所秉賦於天之常者,即此嘉善之德也。孟子引此來說明其性善之說,這亦與後來之《中庸》所強調「天命之謂性,率性之謂道」的傳統相合。這「民之秉彝,好是懿德」指的是人們皆秉受天常之性,而此天常之性即是好善惡惡之德,是內在具有知善知惡之能力,並且能好惡之、實踐之。這與我們前面所論之天人不二、天人合德可合看,亦可與所謂的「連續觀下的理性」合看,此皆可見彼之所重不在一絕對的創生者身上,而是在每一個圓滿具足的人身上,亦可說人即於此歷史社會總體而表現之、參贊之,即於此生活世界而表現之、參贊之也。這也可以說是在原先血緣性的自然連結所成之縱貫軸上,做一深沉的開拓,而點示出此中有一更深、更高,但又更為普遍、更為平常、更為簡易的縱貫義,此縱貫義非直在縱貫所成之網絡中,而是直契於天地乾坤,是根源性的縱貫的直契,是根源性的縱貫之創生,而非網絡性的縱貫連結。

10.根源性的縱貫創生有別於網絡性的縱貫連結

孔子所說之「禮」相應於這裡所說的「網絡性的縱貫連結」,而彼所說之「仁」相應於這裡所說的「根源性的縱貫創生」。「網絡性的縱貫連結」是時間性、空間性、結構的脈絡連結,而「根源性的縱貫創生」以其為根源性的,故非時間性、非空間性,而是於其當下之時、當下之地,即從生命之根源性湧出,故「素乎富貴、行乎富貴,素乎貧賤,行乎貧賤」,是「聖之時者也」(語見《孟子》)。這樣的「根源性的縱貫創生」有別於「網絡性的縱貫連結」,

而於理而言，當先於網絡性的縱貫連結，而又作用於此網絡性的縱貫連結之上。若不恰當作用於其上，則此網絡性的縱貫連結，其連結頓成虛文，虛文者，人文之異化也，異化而離其自己，終而僵固其自己，自毀其自己，孔老夫子所見之禮壞樂崩，蓋見及此也，彼云「人而不仁，如禮何？人而不仁，如樂何？」（語見《論語》）慨嘆者此也。

若論此「根源性之縱貫創生」緣何而來，則吾人可以就原先「血緣性的縱貫軸」之所含此可能而說，亦可以就血緣性縱貫軸之型態所顯之宗教而說，亦可以連著孔老夫子之使命感而說，請以後者為先論之。

11.孔子使命感之自覺：內在超越與敬德傳統

如《論語》〈子罕〉篇所載「子畏於匡。曰：文王既沒，文不在茲乎？天之將喪斯文也，後死者不得與於斯文也；天之未喪斯文也，匡人其如予何？」。孔老夫子於匡地遭圍困，而彼從內在生命根源發出一強烈的使命感，他將自己的生命往上頂，直契周文王，進而默契於天命，相信此天命所在，必不亡斯文，故匡人亦莫奈吾人何？這樣的表現方式乃是一強度的表現方式，是立體的、縱貫的、當下直契於根源的表現方式，此非一量的、廣度的、平鋪的、分別相的表現方式，此使命感之發是一自覺的發，是一由下而上，由內在而超越的發，非沾個人之情氣之發，乃純是德慧生命之發。彼之所以能做如此之自覺則在於中國傳統血緣性縱貫軸本有一敬德之傳統所致也。以是之故，孔老夫子亦云「天生德於予，桓魋其如予何？」《論語》〈述而〉此是「天生德於予」，

而非「天降神力於予」，「神力之降」，是情氣的、是任天的，是由上而下的，是純任自然之氣力而生的，「德之生」則是自覺的，是內在的，是由下而上的，是純由德性之敬意所凝聚而成者。這樣之純由德性之敬意所凝聚而成，其必深契於上天而不疑，故雖於現實不得其知，但仍能「不怨天，不尤人」，此則由於有一德行之入路所在，所謂「下學而上達」是也，故孔子以此說「知我者其天乎！」（以上所引見《論語》〈憲問〉）。蓋學者，覺也，經由文化教養，而進入到深廣的文化生命之中，以探其源，溯其本，而由源泉滾滾之生命根源以自發自現者也。換言之，孔老夫子之能自覺的直探其本源，並非其為一宗教之天才，而得神之啟示，亦非是一道德之天才，拔地而起，而是於文化教養中，深邃陶冶，久涵其中，一旦豁然貫通自有一不可自已之根源性動力，源泉滾滾、沛然莫之能禦也。此亦可見中國文化本亦涵一上下通貫，圓融周浹的歷史文化傳統，此與吾人之生命是連續為一體的，是融洽無間的。

12.敬德之宗教傳統：絕限、封住、畏懼、敬德

茲再以血緣性縱貫軸之型態所顯之宗教而說，則亦可見此敬德之傳統，其本甚早，據《尚書》〈呂刑〉，及《國語》〈楚語〉之記載可知彼之「絕地天之通」，此「絕」非「斷絕之絕」，而是「絕限之絕」，蓋「絕地天通，罔有降格」，因而能「德威惟畏，德明惟明」；如此「民神異業，敬而不瀆」，「民是以能有忠信」、「神是以能有明德」。這是封住了原先的自然巫術信仰之傳統，是由原先的「畏懼」一轉而為「敬德」，這樣所構成傳統，即是我們

前面所說的根源性的縱貫創生的傳統。[7]換言之，「絕限」、「封住」並不是權力的獨佔，而是權力的限制，由此權力的限制而開啓一新的自由確定性之可能，開啓一新的道德理性之可能。此是天人連續觀的特性，若爲天人斷裂觀則與此頗爲不同。此則以其爲權力的獨佔而轉向人的限定性，進而突顯神的絕對性，由此而開啓一無可奈何之命運感，並由此再轉爲命定之道成肉身以救贖此天下之罪惡。這裡所述中國古宗教所具有的敬德傳統，實乃孔老夫子所紹繼之傳統也。

四、

13.從血緣性縱貫軸顯發根源性縱貫創生義

再者，若論此「根源性之縱貫創生」緣何而來，則其根底最深者當是原先之「血緣性的縱貫軸」，亦即此先所論之「網絡性的縱貫連結」。蓋網絡性的縱貫連結最先之所依在於父子親情，在於一血緣性的自然連結，依此所開展之網絡是也。這裡本就含一縱貫的意識，而此縱貫之意識是以無分別相、根源性之氣的感通做爲原型的。這樣的網絡所成之原型，自有其倫常者在，依此倫常風習教化，自有一「根源性之縱貫創生」意識的培養，此正如《論語》〈學而〉所載子夏曰：「賢賢易色，事父母能竭其力，事君能致其

7　請參見林安梧〈絕地天之通與巴別塔——中西宗教的一個對比切入點的展開〉，東方宗教討論會第四界論文發表會，一九八九年八月。《鵝湖學誌》第四期，一九九〇年六月，頁 1-14。台北。

身，與朋友交言而有信；雖曰未學，吾必謂之學矣。」。此義到了宋明理學，更進一步發揮之，益見其平民精神，象山謂「某雖不識一字，亦需堂堂正正做人」，一切只在倫常日用間，只在匹夫匹婦之常理常則間，此中自有一根源性之縱貫的創生義在。陽明學所說之「滿街是聖人」，「人人心中有仲尼」亦可於此而有一恰當之解釋。蓋原先之網絡性的縱貫連結本自有其嘉德善行存於倫常教化之間，再者此網絡性的縱貫連結即與其聚村而居之農業型態完全結合，此農業耕種生之理也，自然薰習，與於其中，正與血緣性的自然連結所成之網絡性的縱貫連結，其精神底蘊相合，大地母土即含一不可自已之根源性的縱貫創生力在焉！我還記起吾父老農所說耕作之理如何與生命之理相合，又曾讀及《王鳳儀言行錄》，彼以一介農夫，竟能參究大道，此皆可見此根源性的縱貫意識於中國文化之母土是瀰天蓋地的。明乎此，再細論如《大學》所說之「格物、致知」，自亦有其可以豁然貫通處也。

14.中國政治傳統的最大限制 —— 結構與權力無客觀獨立性

　　如上所論，此根源性的縱貫創生當為中國族群之所共有，聖賢秉其生命之精誠通透其歷史文化而可以有，宗教家依其敬德契於天地之道而可以有，即如一般匹夫匹婦依原先之脈絡型的縱貫網絡，居於天地之間亦可以一念而覺之。但值得注意的是，這根源性的縱貫創生之為根源性的，但仍是縱貫的，如何開啟一人際性的互動網絡，此問題著實不易解決。這問題的關鍵點在於吾人實已習於在此一念警側中，便覺與天地相似，而忽略了自家總在

一人際的關係網絡中，或者說往常之人際網絡，亦只要一念警惻，便覺與天地相似，在這情形下，一切也就順順當當，就在倫常日用間、孝悌仁義，何事而不成哉！這問題在於吾人之說自己具有一根源性的縱貫創生力時，總在一意義的、價值的層次上說，而不在權力的、結構的層次上說，有密切的關係。或者說，中國傳統是經由意義與價值的詮釋來安立其結構的，來開啟其權力的，結構與權力是由意義與價值導生出來的，結構與權力並無一獨立性在。但值得我們進一步了解的是，就意義與價值的層次來說，中國傳統所重之根源性的縱貫創生，它之所重在一敬德的傳統，在一人與人之間存在的道德眞實感，這顯然不是那些少數貴族所得獨佔，也不是那些宗教或道德的天才所能獨佔，它可以說充滿了一平民化的氣氛在，就此來說，是極爲可貴的。這也是爲何中國雖只有民本之論，而無民權思想，但卻能有禪讓與天下爲公的論點。

15.從縱貫的創生轉而爲人際的互動

　　我們之做這樣繁複的敘述是要去說，中國傳統中儒家所強調敬德與仁義的傳統，是一根源性的縱貫創生，就發生因來說，當然起自於原先血緣性的自然連結爲主軸所形成的「血緣性縱貫軸」，但這並不意味說它即限於此血緣性的縱貫軸而已，更不是說儒家所強調根源性的縱貫創生是促使血緣性縱貫軸之所以成立的內在理由。其實，儒家在反思整個普遍王權下的宗法、封建、井田，以及整個禮文教化時，他從原先的血緣性縱貫軸生發出一新的可能，此即跨過了血緣性縱貫軸的特殊性限制，而以一更爲廣

涵而普遍的觀點來理解，此中可能蘊含的人際互動關係。再者，我們可以直接面臨一極為有趣的問題，此即當人皆可以為堯舜，人人皆有貴於己者，人皆有一根源的善性，人皆有其根源性的縱貫創生之動力時，這時候人與人的關係當不能只是依原來血緣性縱貫軸那種上下的、隸屬的、縱貫的關係慣性視之，而要更起一新的可能，此即人與人之間左右的、對列的、平鋪的、互動的、感通的關係。此關係可以簡言之，是一「我與您」的關係。

五、

16.「我與您」：主體的互動與氣之感通

「我與您」（I and Thou）不同於「我與它」（I and it），「我與您」是一主體互動的關係，而「我與它」則是一主體對象兩分的關係。[8]「我與您」所強調的是經由人的仁心去潤化萬物，參贊萬物，此參贊潤化並不將其所對之萬物視為對象，而是將彼收歸主體，值得注意的是，這裡所謂的「收歸主體」並不是將之據為己有，而是以主體精神涵化之，上遂之，以通極於道之謂也。換言之，萬物之為萬物，當其向人顯現時，是以其主體的身分，而不是以其對象的身份，萬物既以主體之身份向人顯現則必與人之主體互相啟發流注，周浹一體，而此一體之為一體，是通極於道，而成之一體。

---

[8] 關於此「我與您」、「我與它」的對比分析，其靈感取自 Martin Buber 之說，請參見" *I and Thou* "，Second Edition，New York，1958。

若就以上所論「我與您」的關係，顯然地，它並沒有貞定住原先那左右的、對列的、平鋪的關係，在感通與互動的情況下，它即由主體精神之涵化而上遂於道，成為周浹流行之一整體。換言之，這仍在「氣的感通」格局下，而達致一整體觀、無分別相、無執著相的境地。顯然的，這便得經過另一個轉折的發展，經由主體的對象化活動，而去貞定此對象，經由「言說之論定」而去論定此對象，即此對象之成為對象，即此主體之為主體，如此才能使得原先無分別相、無執著相的整體走入一分別相、執著相的境地之間。此即是前所論「我與它」所成之格局。

17.「我與它」：對象化的兩分、限定性存在

「我與它」則不同於此「我與您」的關係，「我與它」是二分的，在其對象化過程中，使得我之為我，它之為它，各成為一限定性的存在，依此限定性之存在而安頓其自己，並依此限定性之存在而形成新的連結體，構成一新的社群，即此新的社群而有其獨立自主的存在。亦唯如此，才能真正穩立一左右的、對列的、平鋪的關係，而不為原先縱貫的關係所吞沒。

當然，「我與您」的關係可能異化成渾淪一片，看似無分別相、無執著性，其實是攪成一團，裹脅、和稀泥，而失其感通性。此正如同「我與它」的關係，亦可能因「我」之異化為「它」，而喪失了原先在「我與您」時所含之感通能力，亦喪失了「我與它」原所各自貞定的可能。這時「言說的論定」便成一種執著性的擴張，而使得「我與它」之所對成了一個大虛妄，此即佛教所常言「由執著而生染污」是也。

18.客觀的第三者、公共空間、社會公義

　　就中國哲學而言，常一面臨「惡」之問題，則直接要求由「我與您」及「我與它」這兩個範式來論說，以為「我與它」易因其執著而生染污，由此執著而生出惡來，若欲解決此惡之問題，則當除染污、去執著，方為拔本塞源之道，以為當由「我與它」的存在範式，轉而為「我與您」即可獲得解決也。然而，問題之關鍵在於「破執」與「除染」並非同一範疇之事。破執不必即能除染、除染亦不必破執也。其實，這裡有一盲點，一方面不能正視「我與它」所可能的積極意義，不能正視那執著性、對象化、分別相之積極的意義，另方面不能正視「我與您」所具有的限制，不能留意此無執著性、非對象化、無分別相所可能帶來之問題。

　　就此「我與它」所成之執著性、對象化、分別相之積極意義而言，是因其限定而可以有新的連結體之出現，因其限定而可以有一新的社群之出現，此即所謂的「公共空間」，或者說是「客觀的第三者」。就此而言，可以說是中國傳統文化之所缺，儒家所說的「仁」雖有此平民化的傾向，但此平民是自然的天民，而不是社群中之公民也。若關連著前面所述之五倫而作之分析，我們實亦可以說「朋友之倫」並沒有真恰當的被正視，而現在我們這裡所論，則不只要恢復「朋友之倫」所重之「道義」，更而要進一步談論「人與人」所構成之「社會」所重之「公義」。

　　「道義」是重在把彼此我的執著性解消掉，所謂「車、馬、衣、輕裘，與朋友共，敝之而無憾」（語見《論語》）之謂也，必化此執著而上及於一無執著之渾然一體、廓然大公。但「公義」則

不然，公義是重在彼此之我成爲一限定的我，再依此限定之我而成爲一新的構造體，如此新的構造體而有其軌約的次序條理，爲此新的構造體之每一分子所同意及實踐。

19.邁向「人際性互動軸」的真實確立

　　總括如上之論，可知我們所重在由「血緣性的縱貫軸」邁向「人際的互動軸」，我們一方面經由文獻及歷史發展的釐清，發現儒家經由孔子所點化之「仁」，孟子所說的「怵惕惻隱之心」，都隱含一人際的互動的眞實，並由是而說其爲「我與您」這樣的存在範式，但彼仍陷在一體觀、主體與道體通而爲一的格局中，因此須得有一新的發展，此新的發展乃是一主體的對象化活動的邁進與走出，此即「我與它」這樣的存在範式，注重每一存在的限定，即此限定而有新的連結，即此連結而有眞正的公共空間之建立。若回顧「血緣性的縱貫軸」其所含有「血緣性的自然連結」、「人格性的道德連結」、「宰制性的政治連結」，我們當可以說儒家所提這「人格性的道德連結」雖起自血緣性的自然連結，但不爲所限，後雖又爲宰制性的政治連結所僵固，但彼實仍與之相抗而相持。依現在情勢看來，此人格性的道德連結當可以破專制之殼而出，重新正視存在的處境，審視「血緣性的自然連結」的限制，瓦解「宰制性的政治連結」，開啓一新的「契約性的社會連結」，構造一新的「委託性的政治連結」人際性互動軸亦由是而得以貞定，中華民族歷史文化之新局亦由是而生矣！儒學之復興亦由是而興矣！

第十章 「順服的倫理」、「根源的倫理」與「公民的倫理」

提 要

　　本章依前所述血緣性縱貫軸之展開，首先指出儒學有「生活化的儒學」、「批判性的儒學」與「宰制性的儒學」，而此三者配合血緣性縱貫軸：血緣性的自然連結、人格性的道德連結、宰制性的政治連結三者所構成者，因而對於儒學有一全面性的把握，以為分析闡釋之憑依。

　　繼而對於「以理殺人」、「存天理、去人欲」等問題提出詮釋與分析，並因之而追溯中國儒學的特性，指出「根源倫理」、「帝皇專制」與「巫祝咒術」三者相互依倚、相互抗持的關係。正因如此，「根源的倫理」與「順服的倫理」亦混淆而誤置，此須得瓦解與重建。

　　對比而言，中國古代社會下的子民是一自然狀態下的天民，其倫理乃一「天民倫理」，此是血緣性縱貫軸下所成之倫理。它不同於公民倫理，筆者以為「公民倫理」重在以自我的限定為起點，並依於一客觀的契約而構造一新的連結體。「公民倫理」不是來自於

道德、思想、意圖，而是來自於權力、結構、組織。這不是單元的
轉出，而是多元的重建。

關鍵詞：天理、人欲、順服的倫理、根源的倫理、公民的倫理

一、

1. 儒學的三個面向：生活化的儒學、批判性的儒學、宰制性的儒學

　　總的來說，我們可以說中國傳統政治社會結構是以「血緣性縱貫軸」為核心的構造。這「血緣性縱貫軸」包含了「血緣性的自然連結」、「人格性的道德連結」與「宰制性的政治連結」這三個面向，而這三面向又凝結為一個不可分的整體。[1]我們又說此三個面向之「血緣性的自然連結」表示的是鄉土血統一面，「人格性的道德連結」表示的是文化道統一面，「宰制性的政治連結」表示的是專制政統一面。以這三面來說，儒學都充周於其間，交融為一體，若分論之，就血緣性的自然連結、鄉土血統一面，所開展的是一「生活化的儒學」，就人格性的道德連結、文化道統一面，所開展的是一「批判性的儒學」，就宰制性的政治連結、專制政統一面，所開展的是一「帝制式的儒學」。

2. 知識分子以「道統」結合民間鄉土的倫常孝悌柔化了帝皇專制

　　儒學的這三個面向，就中國自秦漢帝皇專制以來的傳統言，無疑的，帝制式的儒學居於核心地位，它支配一切、統理一切，它壓抑了批判性儒學的發展，它異化了生活化儒學的原貌。它使

---

[1]　關於此「血緣性縱貫軸」之提法，請參見本書第二章「血緣性縱貫軸之確立」。

得生活化的儒學成了控制百姓的工具，它使得批判性儒學委屈而不得申張。正由於帝制式儒學絕對的獨大，吞沒其他二個面向，這便使得儒學蒙塵。一般淺薄之士直以為此帝制式的儒學就是儒學之本貌，以為要推翻帝制專斷的思維就要先推翻儒學，然而，我們發現自五四以來，徹底的反傳統運動幾乎將儒學傳統徹底的推翻了，可是帝皇專制的餘毒卻仍未除，甚至變本加厲，令人不解。[2]殊不知，其實在中國傳統中，儒學不只單帝制式儒學這一面向而已，儒學有其另外兩個可貴的面向，而且這兩個可貴的面向才是儒學的本源，他們雖然在被壓抑及異化下，但仍散發出力量來，他們多少牽制了那帝皇專制的暴虐性。或者說，在知識分子的「道統」聲中，結合了民間鄉土的傳統，只此倫常孝悌，多少也柔化了帝皇專制的極端性。

3. 近代新專制之構成

　　淺薄之士不知「道統」之說實對列於「政統」而來，不知「孝悌之道」對於專制皇權亦有其調解性的作用，直將此等皆視之為帝皇專制的重要表徵，一概在打倒之列。結果，道統是被打倒了、孝悌之道也被推翻了，傳統的調節性機制瓦解了，取代的只是新的專制與個人私黨的權力慾，這時候的專制當然比起以前，雖無專制之名，但卻專制的更厲害。民初以來，多少反傳統的知識分

2　請參見顧昕《中國啟蒙的歷史圖景》，第二章「五四的符號化」、第三章「反傳統主義的是非短長」，頁 60-116，牛津出版社印行，一九九二年，香港。

子，看似在瓦解專制，但其實往往幫了倒忙，不但專制政權未被
打倒，原來的文化調節性機制也瓦解了，整個民族陷溺在一個難
以振拔的危機之中。

4. 批判性儒學與生活化儒學之限制

其實，中國傳統中，生活化的儒學就像土壤一樣，生養著儒
學新的生命，而批判性的儒學就像貞婦一般，勸諫著夫君，願格
君心之非。當然，在帝皇專制的高壓下，生活化的儒學只有含受
力，而無真正的生發力與創造力，或者說其生發與創造都只能是
在含受的情境下勉強有之；批判性的儒學只是內容的、意義的、
心靈的、道德的要求而已，而不能做一外延的、結構的、制度
的、權力的反省。但這並不意味生活化的儒學之本質即為如此，
批判性的儒學其本質即為如此。正如前章所說，儒學之為儒學其
最可貴者，是它能在血緣性的縱貫網絡裡，提昇到一根源性的創
生處去說，提到一人與人之間的真實存在感通處去說。在傳統中
國社會裡，「生活化的儒學」之為帝制式的儒學所異化、壓制，故
只成為一「受容性的儒學」，只成就一「順服式的倫理」；但這並
不就是說此受容性的儒學、此順服性的倫理即為儒學本懷，而且
彼就不能開出原先那根源創生的動源，就不能提到一人與人之間
的真存實感。批判性的儒學為帝制式的儒學所壓抑、扭曲，故只
成為一委屈求全的貞婦之言，只成就一自毀式、自虐式的批判；
但這並不就是說此自毀自虐式的批判、此委屈求全貞婦式的批判
就是儒學之本懷，而且就不能開出原先那根源性的創生動源，就
不能依於人與人之間存在的道德真實感而展開一體制性的、結構

性的、外延的、權力的批判。

二、

5. 當代中國知識分子常無視於儒學的多元性傳統

　　若追本溯源，我們大體可說「帝制式的儒學」是從西漢董仲舒以後所開展的一種歷史走向，這樣的儒學為帝皇專制所吸收，而成為帝皇專制者統制的工具。[3]「批判性的儒學」則稟持著堯舜之治的理想，格君心之非，與帝皇專制形成對立面的一端。[4]至於「生活化的儒學」則強調人倫孝悌與道德教化，它與廣大的生活世界結合為一體，成為調解「帝制式的儒學」與「批判性儒學」的中介土壤[5]，它緩和了帝制式儒學的惡質化，也長養了批判性儒學的根芽。「帝制式的儒學」、「批判性的儒學」與「生活化的儒學」三者形成一體而三面的關係。顯然地，儒學傳統並不是單元的，而是多元的，以其多元性，所以自成一統系而發展。今人常忽略了儒學傳統內在的多元性，這是值得檢討的。當然，是在一個什麼樣的狀況下，使得當代的中國知識分子無視於儒學的多元性傳

3　如董仲舒所提三綱之說，即可為明顯的標誌，關於此與生產手段、社會編制都有密切關係，請參看侯外廬《漢代社會與漢代思想》，香港：嵩華出版社印行，一九七八年。

4　批判性的儒學可以孟子所做「大丈夫居天下之廣居、立天下之正位、行天下之達道」、「富貴不能淫、威武不能屈、貧賤不能移」為標誌。

5　此可以孔子所說之「孝悌之道」為標誌。

統，或者說，在一個什麼樣的情境下，使得儒學被視為一單元化的傳統，這是值得注意的。

6. 以理殺人──規範性的理與宰制性的迫害

在帝皇專制的絕對管控下，一方面我們仍聽聞到對於道德教化的重要，但另方面，我們卻也聽聞到諸多「以理殺人」的情形，我們甚至耳熟能詳的聽聞說「君要臣死，臣不得不死，不死謂之不忠」「父要子亡，子不得不亡，不亡謂之不孝」，這顯然地都違反了道德的基本精神。[6]殊不知，道德之為道德固有其規範在、固有其軌則在，但其所重皆在於能使人合理而恰當的生長，凡違反了生長之理的，就已經離去了道德，蓋「天地之大德曰生」，此是最根本的判準。

規範性的「理」是怎麼樣轉成宰制性的迫害呢？這是一值得深思的論題，大體說來，這個問題的關鍵點在於沒有把握住道德實踐的真切面，沒有把握住道德實踐是一生活世界中的事情，是一具體的體現於歷史社會總體中的事情。一旦將道德實踐從生活世界中孤離開來，從歷史社會總體中孤離開來，那道德實踐不但會落空，而且極可能墮為一劣質的意識形態，進而產生一種意識形態上的反控。這麼一來，就使得社會上的長者、尊者拿「理」來作

---

6 請參見拙著「以理殺人」與「道德教化」──環繞戴東原對於朱子哲學的批評而展開對道德教育的一些理解與檢討，「道德教育國際研討會」會議論文，花蓮師範學院，一九九二年五月七至九日，台灣花蓮。刊於《鵝湖學誌》第十期，一九九三年，台北。

為宰制性的工具，但仍有一更關鍵性的問題：此即何以「理」會異化成宰制者的工具。

7.「存天理、去人欲」的陷阱

我們或許可以說在中國傳統的儒學裡太過強調那超越的形式性原理，由於太過強調「存天理、去人欲」的主張，如此便不能真切正視氣質之性，便將人之饑寒號呼男女哀怨以至垂死冀生，都視成人欲。將那絕了情欲之感的天理之形式，存之於心，執此為意見，而宣稱其為天理。這麼一來，理便異化成一空洞的、可以作為工具的東西，所謂的「以理殺人」於焉構成。不過，如果只是去指出這樣的現象，那顯然是不足的，因為更重要的問題在於，是一什麼樣的因素使得人們會將「理」異化成一宰制性的工具。往昔這方面的探討常著重於心性上的講求，而忽略了龐大的歷史社會總體，疏忽了廣大的生活世界，因而造成極大的侷限。吾人以為這因素不能只在個人心性上去找，因為我們必須正視人之為一社會性的存在，並不是孤離開來的存在。

8.「欲」與「私」是兩個不能化約為一的範疇

要是我們果真正視人是一社會性的存在，則一涉及到所謂的人性，則必然當涉及到做為一社會性存在下人之具體性，而不是抽象而空洞的去說一人性。因此，吾人不會只是高舉超越的形式性原則，因為凡是高舉一抽象而超越的形式性原則這樣的人性論者，極易落到絕情欲、去心知的地步。他極易將無私與無欲混淆為一，將去蔽當成去心知，而落入反智的地步。值得注意的是，

無欲不見得就可以無私。「欲」與「私」是兩個不能化約爲一的範疇，若將兩者渾同爲一，則極可能由於上下長幼尊卑的分位，那上者長者尊者便以所謂的「無欲」來要求下者幼者卑者，結果看似要成其大公，結果是成其大私。因爲吾人不能正視具體化與個體化的原則，徒強調抽象的、超越的形式性原則，在一專制的文化結構中，便極可能將那超越的形式性原則與其帝皇專制的結構內化爲一體，而形成一迫壓的力量，造成一種禁欲式的宰制狀態。將此禁欲式的宰制性原則化成倫理的教條，此即所謂的「順服的倫理」。

三、

9. 順服的倫理常帶有虛假的根源性意味

道德之理當然要具有規範性的作用，但理之爲理，是在整個生命的實現下，才能落實的。離去了生命的實現之可能，理只是一架空之物，這樣的一個架空之物，他仍然有一要求落實的驅力。其驅力無得恰當的落實，便假一可依附之物而落實，又專制者既以專制之結構而假借此超越的形式性之理以爲規範，則兩者便形成一體化的關係。人們的情欲受到了宰制性的控制，這樣的宰制性之控制本身當然即是一殘忍之行，而其被控制者之作爲此殘忍之行的對立面之一端，亦常被內化爲另一種殘忍之行。此之謂「理之宰制性與暴虐性」。

「順服的倫理」並不同於「根源的倫理」，但它卻常含帶著一

股「虛假的根源性」意味，而彼之所以如此，其問題的關鍵點在於「宰制的」與「根源的」原是兩個不同之物，但於現實上卻極可能陷於誤置的同一之中。這個誤置若沒有釐清，則極難解開此順服的倫理所隱含的困結。此誤置吾人即名之爲「道的誤置」（Misplaced Tao），此亦可說是由「血緣性縱貫軸」而來的基本限制。[7]於此我們將進一步從哲學的角度對「順服的倫理」與「根源的倫理」做更深度的分析。

10.「根源的倫理」被「順服的倫理」誤置

中國傳統儒學所強調的「根源的倫理」與其說是「法則性的論定」，毋寧說是一「動力的開發」，此與其天人不二，超越界與經驗界通而爲一，採取的是一存有的連續觀有極爲密切的關係。大體說來，採存有的連續觀者，其所重之根源性的倫理，所重在一根源的動力義，而不是一超越的絕對形式；相對而言，採存有的斷裂觀者，其所重之根源的倫理，所重便不在一根源的動力義，而是落在一超越的絕對形式義上說。此所以中國儒學之所重在「仁」，而基督宗教之所重在「誡律」上說；此又與中國之爲「氣的感通」傳統，基督宗教爲「言說的論定」傳統相對比。[8]前者重

7　請參見筆者所著《論「道的錯置」——對比於西方文化下中國文化宰制類型的一個哲學解析》，「東西哲學比較會議」會議論文，中國文化大學，一九八九年八月，台灣台北中央圖書館。該文刊於《鵝湖月刊》，第十七卷第十八期（總號200），一九九二年二月，台北。

8　請參見拙著《絕地天之通與巴別塔——中西宗教的一個對比切入點的展

在感通義，而後者重在決定義；前者重在生命之互動，後者重在權力的限定。要是此「根源的倫理」由動力的開發轉而為一法則性的決定，此便有一異化在焉！這也就是說當原初為首出地位的「氣的感通」之讓位為「言說的論定」，這便意味著一外來的權力易位的主宰了其根源，使得原先的感通互動僵化固化為一理則型式，並將此理則型式提到一超越的絕對地位，這麼一來，原先根源性的動力便無法恰當的釋放出來，只能在那為權力所宰制的超越絕對型式下做為一順服性的相應者而已。由於「根源的」為「宰制的」所誤置，因而此「根源的倫理」也就被「順服的倫理」所誤置了。「根源的」所指即是「道的」，故此根源之為宰制性所誤置，此即「道的誤置」。

11.西方中心主義常造成理解與詮釋的差謬

顯然地，這種「道的誤置」的情形是與「宰制性的政治連結」之為獨大，與帝皇專制之為獨大，與帝制式儒學之全面宰控是相應的。在這情況下，根源性的創生力全面被阻扼，因而整個族群之生命動源日趨於衰頹。吾人以為中國傳統文化之衰頹蓋由於此也，並非一般思想史學者所盛言的，由於中國文化傳統中超越界的天與經驗界的人其張力不足故也。[9]因中國文化傳統之特色不在於此超越界的天與經驗界的人有如何之張力，而是在說此兩界之

開》，東方宗教討論會第四界論文發表會，一九八九年八月。《鵝湖學誌》第四期，一九九〇年六月，1-14。台北。

9　思想史學者張灝於此有頗深入之省思，請參見氏著《幽暗意識與民主傳統》，聯經出版，台北，一九八九年五月。

如何通極於一個根源，若欲論此張力之不足，當然彼恆爲不足也，但不足並不是缺憾，而只是類型之不同，若直論此爲一缺憾，此是站在西方中心主義之立場，出主入奴而爲說也。吾人以爲今日論中國文化傳統固當對比於西方文化傳統而論，但此之爲對比只是方法論之爲對比也，是即於此對比中回返到自家文化傳統，而立其本源，恰當而論也，不是即出主入奴，以他者之爲核心，而自認爲邊陲，淪爲文化思想之殖民地而不自知也，可不愼哉！

12.道德思想之意圖：調節性之作用及其謬誤

　　吾人以爲對於「道的誤置」一問題的釐清將有助於根源性倫理分位的恰當釐清，亦可免除由此根源性倫理在帝皇專制的宰制下，而轉爲一道德思想意圖之謬誤。吾人以爲道德思想之意圖本當必須，但由於帝皇專制的高壓宰制，才使得此道德思想之意圖轉爲單線的、直接的、帶有咒術意味的型態，如此才會犯上所謂的「道德思想意圖的謬誤」。[10]如果，我們未能對此道德思想意圖做深入的分析，而只看到現實上有此「道德思想意圖」，並且直接導出一「謬誤」的判斷，乃至謬誤的實踐行動，就以爲此實踐行動之爲謬誤，此判斷之爲謬誤是因爲道德思想之意圖所致，甚至就以爲只要去除了此道德思想意圖就可以解消此所謂的謬誤，則這

10　關於此「道德思想意圖的謬誤」爲林毓生先生所提，請參見氏著《政治秩序與多元社會》，聯經出版，台北，一九八九年五月。又筆者曾繼續加以釐清與探討，請參見筆者所寫〈儒家與現代化的反思片段——解開道德思想意圖的謬誤〉，《國文天地》第五卷第四期，一九八九年九月。

不但不可能，而且本身就是一謬誤。其實，在帝皇專制的高壓底下，道德思想的意圖固然有其謬誤所在，但道德思想的意圖卻有其另外可貴的作用，它具有一調節性的作用。帝皇專制者可能利用道德思想之意圖來遂行其專制，但知識分子即用此道德思想之意圖來抗持那專制，在這樣的往復過程裡，道德思想之意圖由於知識分子將之掛搭到整個道統中，因而他取得了語言文字表出的優先性，雖然在現實的結構中，帝皇專制的權力是獨大的，但文化歷史的解釋權則仍以道統的握有者為優先的，這是中國自春秋以來的史學傳統，此無可疑！若能了乎此，我們便能知此道德思想之意圖於中國文化傳統中，實扮演一調節性的角色居多，非為專制之工具也。換言之，吾人當正視「道德思想之意圖」是如何的在整個文化傳統中被形成，正視彼之形成又扮演一如何的地位，而不可站立在一既成的判準，直視之為謬誤就能了事的。只指出其為謬誤是不能解開其為謬誤的，唯有對於整個謬誤做一深層的、多層面的分析與釐清，這樣才能解開其謬誤。

13.道德思想之意圖與根源性的創生動力

當然，我們之做了以上這樣的釐清並不意味就能直接由道德思想的意圖轉出一現代的公民倫理、責任倫理，而只是說道德思想意圖、根源性的倫理並不礙於一公民倫理、責任倫理之建立。大體說來，根源性的倫理、道德思想的意圖若以其直接的表現來說，它是落在一血緣性的縱貫軸上說的，是落在一宗法社會或宗法國家上說的；至於公民倫理、責任倫理則落在一人際性互動軸上說的，是落在一公民社會或由此公民社會所成之憲法國家上說

的。由於政治社會總體之異同，因而其倫理的表現方式自當有所差異故也。再者，須得注意的是，此根源性的倫理、道德思想之意圖若落在一血緣性的縱貫軸所成之帝皇專制下而說，則彼必大半被宰制異化成一順服的倫理。另一半則只能在此狀況下成為一相互抗持下的存在，做為被宰制下的調節性功能而已。

　　在儒家思想中，道德思想意圖與根源性的倫理之所以歷劫而不衰，主要在於自孔子以來的儒學即已開啟了其一根源的創生動力。這樣的一根源創生動力是由於對周公所制定的禮樂所做的拓深與掘發而來，它雖發生於普遍王權的時代，但其思想則逾出了那時代的限制，而真徹頭源底的點燃了整個民族生命的亮光，所謂「天不生仲尼，萬古如長夜」者在此。但值得注意的是，這樣的根樣的根源創生動力，並不僅限於人自身的內在動源，而且是通極於宇宙六合的，人之主體與宇宙之道體是融通為一的，是將人之有限與道體之無限通貫起來的。這樣的根源性創生動力原是隨順著血緣性的縱貫軸而展開的，是落在一血緣性的自然連結體下，而開啟的孝悌仁義，是落實在整個倫常日用間的。這可以說是一乾坤易簡之道，是人人親其親、長其長，而天下平，順著自然親情，推而擴充之，條理暢達，自無所罣礙矣！這時候所謂的人之有限與道體之無限的通貫，其實就只是平坦自然，鋪展而開，人之主體與宇宙道體並不凝成兩端，而是融洽為一的。但到了後世，帝皇專制政體建立，權力的嚴重介入，宰制、扭曲、異化，使得主體與道體凝成兩端，無法如以前一般，能平坦自然、鋪展而開。它一方面使得主體與道體好像對峙的兩端，但這兩端又好像有其獨特的管道，可以密合為一。這麼一來，就使得人之

爲有限而又要通向無限，帶有一咒術性格。這樣的咒術性格使得根源性的倫理不致全然異化爲帝皇專制者的工具，但有趣的是它亦使得帝皇專制深染此咒術性格。這咒術一方面做爲根源性的倫理之保證的驅力，而另方面則是帝皇專制控制的令符，但正因如此，使得帝皇專制不是全然權力的控制，而涉及到看似極爲根源的創生動力之問題，其中的奧妙是值得我們注意的。*11*

四、

14.中國儒學咒術性格之形成

「咒術」指的是秘密的、直接的、不必經由一合理的歷程，只要經由此而觸及到源頭，則能起一徹底的作用，發生全盤的效果。這樣的「咒術」在原先的巫祝信仰裡是常見的，但孔老夫子則已走向道德理性化，而將之化於倫常日用之間，某一意義下，吾人亦可說這是一解咒，只不過孔子之解咒不同於西方基督宗教的斷裂觀，而是強調天人合一，強調存有的連續觀。*12*換言之，在這種狀況下的「無限」原只是有限的平鋪與延展而已。但到了帝皇

11　關於此請參見《從咒術型的因果邏輯到解咒型的因果邏輯——中國文化核心困境之轉化與創造》，「台海兩岸學術思想研討會」會議論文，中央大學哲學研究所，一九九二年二月十八～廿日，台灣台北。文刊於鵝湖月刊，第十八卷第二期，頁41-48，一九九二年八月。

12　請參見張光直著，郭淨、陳星譯《美術、神話與祭祀——通往古代中國政治權威的途徑》，「連續與破裂：一個文明起源新說的草稿」，遼寧教育出版社，一九八八年七月，中國瀋陽。

專制時代，人之爲人面對這絕對的威權，他只能是一有限者而已，而且他不能有此平鋪與延展。但明顯的，中國歷史上從沒有將此無限歸給帝皇專制獨攬，倒是知識分子早就通過了道統說，在「意義」的層面上將此無限籠歸己有，當然「權力」的層面則爲帝皇專制所獨攬。「意義」與「權力」形成一對比的抗爭關係，這也是爲何中國自古以來，一直是以意義來抗衡權力的，從未設想過其他結構的層面來立言，此點頗値吾人注意。經由以上所做這樣的疏理，我們可以說根源的倫理帶有一邁向無限而夾帶的咒術性格，知識分子經由文字語言脈絡的構造，而形成所謂的道統，此亦帶有一咒術性格，惟其帶有咒術性格，所以是全盤的、徹底的、根源的、直接的，並且有單元的傾向。中國的儒學發展至宋明理學，極爲強調此根源的倫理，不論程朱所說的「性即理」，或陸王所說的「心即理」都有如此之傾向。這樣的學說是生長於更爲專制的年代的，而它一方面帶有抗專制的特質在，而另方面則亦帶有專制性，當然都帶有一直接可以通向無限的咒術性格。

15.根源倫理、帝皇專制、巫祝咒術三者相互依倚相互抗持

　　如上所論，「根源倫理」、「帝皇專制」、「巫祝咒術」三者相互依倚、相互抗持，而成爲一體之三面。「根源倫理」代表的是道統型的知識分子所擁有，「帝皇專制」當然屬之於皇帝及因之而豢養的知識分子，「巫祝咒術」則屬之於廣大的生活世界，百姓蒼生同所具有。這是一典型的中國傳統宗法社會下的構造，是相應於「人格性的道德連結」、「宰制性的政治連結」、及「血緣性的

自然連結」所成的「血緣性的縱貫軸」這樣的構造的。[13]在這宗法社會下的構造，人民之爲人民是一天民，是一皇民，是一良民，是一宗法社會之民，而不是公民社會下的公民。因而其倫理，不管我們說其爲根源性的倫理、順服性的倫理、宰制性的倫理，實都不外乎孝悌、忠信、仁義，實都只是此宗法社會下的天民倫理，而不是公民社會下的公民倫理，都只是順著血緣性的縱貫軸而展開的，未及於人際的互動軸，未及於由人際的互動轉而爲社會的構造，再依此社會的構造而展開。

16.中國古代社會下的子民是一自然狀態下的天民

如上所說，「天民倫理」顯然與「公民倫理」迥不相侔，那又如何由天民倫理轉向公民倫理，此是一極待分疏之問題。

天民也者，天降下民之謂也，它指的是一居於自然狀態下的自然民，而所謂的自然狀態就是未進入社會以前的狀態，依洛克（J.Locke）而言那是一個依循著自然法及上帝法，具有自然的理性這樣的狀態。這樣的狀態乃是一個平和的狀態。[14]處於這個狀態的人，他們不是依循著所謂的契約來行使彼此之間的權利或義務的關係；或者我們可以更清楚的說，這個時候的人與人之間的關

---

13 請參看同註 1。

14 當然中國族群之「天民」與洛克筆下的「自然狀態」下的子民是不同的，此只是借筆以爲對照而已。關於洛克之政治理論，請參閱拙著《從自然狀態到政治社會的締造——對洛克政治哲學兩個基礎性問題之理解》，〈思與言〉25 卷 3 期，一九八七年九月，頁 1-12，台北。

係非常的單純，還無所謂的「權力與義務」這樣的關係。換言之，這時候的人們是以一種自然的理性來處理彼此之間的關係。

當人類進入到所謂的社會便開始須得運用到所謂的「契約型的理性」來處理人的生活，這時候的人們彼此之間形成了某種意義下的權利與義務的關係，當然由於不同的地理、風尚、經濟、以及其它諸種因素，使得其社會的構造明顯的不同，因而也有不同的權利及義務的關係，連帶的也有各種不同的「契約型的理性」，但不管怎麼說，可以肯定的是，人類一旦進入到所謂的「社會」，便有所謂的「契約型的理性」。

17.自然狀態的引申，而非一質的轉變

若以中國古代的社會而言，它雖然一再的談及所謂的「天民」，當然這絕不只是如前第一段所謂的未進入社會，仍然處於自然狀態下的「天民」；然則，天民究何所屬呢？如果我們將天民視為中國古代社會的一個理想的狀態的話，顯然我們必須將第一段所提及的居於自然狀態下的自然民這樣的天民作一改弦更張的詮釋，否則我們便不能使用這個定義方式。但事實上，所謂的「天民」本來就涵著兩層的意思，它一方面指的是原初居於自然狀態下的自然民，另一方面則指的是居於一理想的自然狀態下的人群。因此，這個定義方式仍然可以使用。筆者之所以仍然做這樣的認定，乃因為中國傳統的社會構造原是不離所謂的自然狀態的，值得注意的是這裡所謂的不離自然狀態並不意味著仍然只是自然狀態，而是說其社會狀態乃是基於一自然狀態，特別是在一血緣性的自然連結下的自然狀態，而有的一種引申，它並沒有經過一質

的突變，它是順著原初的質往前發展的。

18.「天民倫理」乃是血緣性縱貫軸下所成之倫理

這麼說來，我們必得找到這裡所謂的「質」，才能恰切的理解所謂的中國社會。筆者想要說這樣的一個質乃是立基於一「天人合一」的格局下的一個東西，由於有了這樣的一個東西便使得天人，物我，人己通通都能連結起來，不必經過一外在的方式去尋求其連結，特別明顯的，它表現在整個政治社會的構造上，我們稱這樣的連結方式即所謂的「血緣性的自然連結」。血緣性的自然連結所構成的社會即筆者於前面所謂的「不離於自然狀態的中國傳統社會」，這樣的傳統社會其所涉及的社會理性乃是一介乎「自然的理性」及「契約型的理性」之間的一種理性，或者更恰當的說它乃是一種仍然包有自然的理性並且以此自然的理性做為基礎的社會理性，如果這也稱之為所謂的「契約型的理性」的話，顯然的它不是指的如現代市民社會下的「契約型的理性」；而是一不離於血緣性的自然連結下的「契約型的理性」。這種不離於血緣性的自然連結下的契約型的理性，用中國哲學的概念來說即所謂的「禮」，經由禮而化民成俗，這樣所成的社會是一「禮俗社會」，而不是一「公民社會」，或者直說它不是一「契約型的理性社會」，而是一「感通型的情理社會」。天民倫理，或者說根源性的倫理，或者說那被專制所異化了的順服倫理，都是在這禮俗、宗法、專制等所成的社會下的倫理，而這樣的社會仍是依於「血緣性縱貫軸」而成的社會，故所謂「天民倫理」亦即此血緣性縱貫軸下所成之倫理。

五、

19.公民倫理重在以自我的限定為起點，並依於一客觀的契約而構造一新的連結體

天民之倫理起於禮俗社會，起於一血緣性縱貫軸所成之宗法社會，這樣的倫理強調由人的主體通於整個宇宙之道體，依其根源之創生動源而發，是故亦稱之為根源的倫理，又它特別強調道德思想之為核心，故亦可稱之為道德思想意圖的倫理。公民之倫理則起於公民社會，起於一人際性的互動軸所成的契約構造社會，這樣的倫理強調由每一限定性的人與其它之為限定性的人構成一新的總體，而此構成之法則為大家所認可，故大家依此法則而限定其自己，並因而使得自己得以有所成全，社會亦有所成全。

明顯的，公民的倫理之不同於天民的倫理，在於天民倫理著重的是一通向無限可能的根源，此帶有咒術性，而公民倫理則著重的是以自我的限定做為起點，再談如何的構造一新的連結體，依於一客觀的契約而有所奠立，此是一解咒了的倫理。天民倫理是以整個宇宙人生的動源做為其開啟點，而公民倫理則是以現實所構成之社會之契約做為其確定處。天民倫理強調的是全幅宇宙價值的開發，而公民倫理則重在個人與社會之間權力的限定。天民倫理重在根源的動力，而公民倫理則重在對列的限定。

20.公民倫理不是來自於道德、思想、意圖，而是來自於權力、結構、組織

做了以上這樣的區分，我們勢可以進一步指出所謂的「公民倫理」並不是與「天民倫理」基於一相同的基底，而以爲可以直接由天民倫理或者說那根源性的倫理就可以轉出一限定性的倫理、轉出一公民倫理來。公民倫理顯然的是在一不同的政治社會共同體的構造下所開啓的倫理，並不是一什麼樣的心態就足以導出一什麼樣的倫理來。換言之，要開啓所謂的「公民倫理」並不是要幾個思想家去大聲疾呼就可以了事的，也不是說要我們從整個意圖上做如何的旋乾轉坤就可以生出來的[15]，它是在我們具體的生活世界裡，眞切的去面對權力、結構、組織等問題，點點滴滴、漸摩漸出的尋出一個大家所能認同的約定，依於這樣的約定，大家契合爲一個新的整體。換言之，公民倫理不是來自於道德、思想、意圖，而是來自於權力、結構、組織。要是沒有眞實的生活世界，沒有新的歷史社會總體之構造，沒有一新的公民社會之建立是不可能有所謂的公民倫理的。

---

[15] 數十年來，當代新儒家所倡言之「良知的自我坎陷說」（以牟宗三先生最成體系），或者說「傳統的轉化說」都有此傾向。筆者以爲當做一恰當的理解與詮釋，並藉此而進一步的超越克服。請參見林安梧〈「當代新儒學」及其相關問題之理解與反省〉第六節「僞啟蒙的迷思及其轉進」、第七節「良知的自我坎陷」之詮釋與批評，文刊於《鵝湖》，第十九卷第七期，總號 223 號，一九九四年一月，台北。

21.不是單元的轉出，而是多元的重建

　　如上這樣的說法也不是說「天民倫理」與「公民倫理」就毫無關係，不是「根源性的倫理」就與「公民的、限定性的倫理」無關係。其實，根源之為根源，重在於徹頭源底，人之為一個人，就此來說是不可化約的，是同於一個整體的，是須得平等看待的，所謂「人皆可以為堯舜」、「人人心中有仲尼」，其所指在此。換言之，根源性的創生動源並不是公民倫理成立的充分條件，但卻可以是一極重要的資源，它可以幫忙掃去種種不合理的專制障礙，但它可不一定就能直接成為公民的倫理。

　　從「順服的倫理」到「根源的倫理」，這必得經由一探源或瓦解的歷程；而由「根源的倫理」到「公民的倫理」，這必得經由一曲折的發展，而且這發展並不是一單元的轉出，而是一多元的重建。甚至由於型態的迥然不同，我們可以說根源的倫理不再是據有「總樞軸」的地位，而是扮演一「調節性」的角色，面對著權力、構造、組織等而有其調節，進而有其創造，而此創造是在一多元而一體的情況下的嶄新締造，是從生活世界、從整個政治社會共同體而生的嶄新締造。

第十一章 結論：中國文化之
核心困境及其轉化創造

——從咒術型的實踐因果邏輯到
解咒型的實踐因果邏輯

提 要

本章旨在總結全書，而集中於「咒術的」與「解咒的」這兩個詞的對比來闡析中國文化的特點並指出其核心困境及其轉出之可能。筆者以為咒術型實踐因果邏輯是以咒術之絕對為一切因果之歸依，而解咒型的實踐因果邏輯是依於理性的對列原則所立法的因果。咒術型實踐因果邏輯與連續型理性相關，或者可說是傳統「連續型理性」的異化與墮落之表現。這樣的實踐因果邏輯不是在市民社會中開展出來的，而是在一血緣性縱貫軸下開啟的。這是經由氣的感通原則而開啟的，不是經由言說的論定而開啟的。再者，新儒家所說的「智的直覺」與咒術型的實踐因果邏輯密切相關。再者，由於這樣的實踐因果邏輯，導致主體的實體化與實體的主體化，因

而造成了嚴重的自我封限。我們該當正視此封限,才能解開這個困結,才能了解諸如從庚子義和拳、五四運動,文化大革命,一連串看似相反的運動,它們卻都隱含著咒術性格。再者,筆者指出了實踐因果邏輯的咒術型轉出及其限制,並說明了道德思想意圖的摧化作用及其限制。最後則指出台灣地區已具有解咒型實踐因果邏輯開展的可能。

關鍵詞:咒術的、解咒的、連續型理性、斷裂型理性、智的直覺

一、

1. 解咒型實踐因果邏輯轉出的必要性

　　就中國傳統而言，儒家的道德實踐哲學原先所強調的是「根源性的倫理」本就帶有一通向無限的咒術性格，又加上帝皇專制、宗法封建的迫壓，更加深了這咒術的性格。[1]它一方面因之而取得抗專制的可能，而另方面則亦因之而又含帶著專制的性格。「根源倫理」、「帝皇專制」、「巫祝咒術」三者是相互依倚、相互抗持，而形構成一不可分的整體，筆者以為由這樣一不可分的整體所展開的實踐方式，皆可以「咒術型的實踐因果邏輯」一名含概之。如何去瓦解此「咒術型的實踐因果邏輯」，開啟一新的「解咒型實踐因果邏輯」，這可以說牽涉到整個文化核心困境的轉化與創造的大問題。

　　就以目前台灣海峽兩岸來說，政治社會雖然已有甚大的差異，但就其底子來說，仍然陷溺在所謂「咒術型的實踐因果邏輯」之中，他們都須要由所謂的「咒術型的實踐因果邏輯」轉化成「解咒型的實踐因果邏輯」。儘管，他們並不是完全可以視之為同品種的咒術型的實踐因果邏輯，但大體來說，就其為中國文化的核心困境來說，則無二致。筆者希望在本文中能進一步闡明它，因而指出其轉化與創造的可能。

1　關於此，請參見本書第十章〈「順服的倫理」、「根源的倫理」與「公民的倫理」〉14.中國儒學咒術性格之形成。

在本文中所提的「咒術型的實踐果邏輯」與「解咒型的實踐因果邏輯」或者可以說是受到韋伯（Max. Weber）所提出的論題的啓發，但筆者並不願意就受制於韋伯的論題來討論。[2]一方面，韋伯明顯的有歐洲中心主義的傾向，而且另方面在方法論受到嚴重的質疑。因此，這裡筆者顯然的是在經營一新的言說脈絡，希望能爲整個中國文化找尋到一新的自我認同。當然，這樣的一新的認同並不就是落在中國中心主義的，而是一種還諸天地的認同。

2. 咒術型實踐因果邏輯是以咒術之絕對爲一切因果之歸依

首先，筆者想指出「咒術」乃是任何一個文化都有過的現象，它指的是一群人經由一個特殊的管道而與冥冥中的絕對者取得溝通，並且相信經由這樣的方式，人們就回到了原生的母土，而讓自己的生命獲得一種安頓。這麼說來，所謂的「咒術」並不是那麼可怕，因爲它是人類歷史發展過程中所必要的，而且我們可以發現它極可能一直是必要的，只不過它可能轉化成另外的方式展開罷了。[3]如果這麼說的話，筆者的論點或許會落入一難解的困境，

2　瑪克斯・韋伯（Max. Weber）在《中國的宗教：儒教與道教》中對於中國文化傳統確有其洞見所在，但仍不免其歐洲中心主義的傾向，對於儒、道的理解與詮釋多有偏頗，如以爲中國儒教所主張的是「虔敬地順服於世俗權力的固定的秩序便優先於一切之上」（見簡惠美中譯本，頁 295）。儘管如此，筆者以爲韋伯所論仍有其可貴處，尤其關於「咒術」與「解咒」之對比，更有其難得的啟發處。

3　筆者這裡的論點，大體是受維科（G. Vico）在《新科學》所論的影響，但並不侷限於此。如以語言爲論，筆者以爲由「咒語」，而「詩」，而「日常生活。

那也就是說一切都在咒術之中，那也就不必去區分什麼是「咒術型的實踐因果邏輯」與「解咒型的實踐因果邏輯」了。換言之，這裡所謂的「咒術型的實踐因果邏輯」與「解咒型的實踐因果邏輯」，其對比的使用，是就其為狹義的狀況而說的。大體說來，這樣使用的「咒術型的實踐因果邏輯」指的是「以為經由一種特殊的神祕途徑，能與冥冥中的絕對者融合為一，進而由此冥冥中的絕對者發出一巨大的力量，直接的作用於吾人所處的生活世界之中，使得吾人的生活世界所發生的事件，受到此冥冥中的絕對者之直接控制」。顯然的，這樣的「咒術型的實踐因果邏輯」其特色在於那超越的絕對者隨時直接的控制著吾人的生活世界，在這種情況之下，吾人的生活世界顯然的失去了獨立性，它只是依附於此超越的絕對者。或者說，吾人的生活世界與那超越界並未形成一「對列之局」，而只停留在「隸屬之局」的狀況下而已。或者，我們可以這麼說「咒術型的實踐因果邏輯是通上下陰陽二界的，是以一超越的咒術之絕對作為一切因果的歸依」。

3. 解咒型的實踐因果邏輯是依於理性的對列原則所立法的因果

相對比的來說，所謂「解咒型的實踐因果邏輯」我們可以作出這樣的理解：「消極言之，並沒有一特殊而神祕的途徑，去與冥冥中的絕對者融合為一，並且由此冥冥中的絕對者發出一巨大的力量，直接的作用於吾人所處的生活世界之中，使得吾人的生活世界所發生的事件，受到此冥冥中的絕對者之直接控制。積極言之，我們根本不可能契求任何可能的途徑去與那冥冥中的絕對者

融合爲一，而且那冥冥中的絕對者根本不可能由於人們的任何途徑而作用在吾人的生活世界之中，吾人所理解之因果只是落在吾人自家生活的世界，而不涉於那冥冥中的絕對者。這樣的「實踐因果」不再是經由咒術所成的因果，而是解除了咒術，一切依準於理性的對列原則所立法的因果。」顯然的，這樣的「解咒型的實踐因果邏輯」其特色在於那超越的絕對者與吾人的生活世界截然二分，在這種情況之下，吾人的生活世界取得了獨立性，它不再依附於此超越的絕對者。或者說，吾人的生活世界與那超越界不再停留在「隸屬之局」，而形成了一嶄新的「對列之局」。

二、

4. 咒術型實踐因果邏輯與連續型理性

　　關聯著如上所述，我們想進一步指出由「咒術型的實踐因果邏輯」轉換成「解咒型的實踐因果邏輯」並不是一個簡單的心靈機制的轉換，它牽涉的問題極爲廣汎，值得更深入的理解與分析。其實，我們可以說這樣的「咒術型的實踐因果邏輯」乃是中國古來傳統的「連續型的理性」的一種異化與墮落的表現。當然，「連續型的理性」是在天人、物我、人己，三者通而爲一的情形下所發展出來的理性，此如以上所述者。[4]

4　關於「連續型理性」與「斷裂型理性」的對比，請參閱林安梧〈絕地天之通與巴別塔──中西宗教的一個對比切入點的展開〉，東方宗教討論會第

　　或者，我們可以說這裡的「連續」指的是天人、物我、人己這三個面向中任何一個面向，其中兩端的連續。即天人連續，物我連續，人己連續，由連續而形成一連續體，或者說形成一合一體，因而亦有名之曰：「合一」的，其義並無不同。筆者以為理性乃是人們經由長久的歷史摸索，逐漸形成一個社會總體，就此歷史社會總體之構成而有此歷史社會總體下的理性。換言之，理性不是一個懸空的東西，而是一歷史社會總體的現實產物。它既是歷史社會總體之所產，但它又參與整個歷史社會總體，理性與歷史社會有一彼此互動的關聯。

　　連續型的理性指的是以天人、物我、人己連續為一體這樣所構成的理性狀態，因為它是在一所謂的「連續而為一體」的情況之下而形成的理性，所以它在天人、物我、人己這三個面向的兩端之間，沒有斷裂，也因此，它不必有一個異質的東西做為兩者的連結。甚至，我們可以說所謂的「天人」、「物我」、「人己」這三大面向的兩端並不是真正的兩端，它們的兩端只是方法上的訂定而已，並不是存有上的論定就有這兩端。換言之，當我們一再的強調天人合一、物我合一、人己合一，其實在所謂的「合一」之前，已先預取了一「不二」的立場。就理論的構築來說，「不二說」是先於「合一說」的。不二說是就理想的本原狀態而說的，合一說則是就現實的實踐與修養之要求而說的。不二說乃是就因位上說，而合一說乃是就果位上說。

　　四屆論文發表會，一九八九年八月。《鵝湖學誌》第四期，一九九○年六月，頁 1-14，台北。請參見本書附錄二。

5. 咒術型實踐因果邏輯是中國古來傳統「連續型理性」的 異化與墮落之表現

我們亦可以說它是以「實踐的理性」或「參贊的理性」爲主的一種理性，它是以一種「不解爲解」的解除咒術的方式，而來的理性。顯然地，這樣的理性是繫屬於實踐或參贊的主體的，因此只要這個主體喪失了動力便會退回以前未解咒的方式。換言之，以「不解爲解」的解咒方式下的理性是不經主體的對象化而有的客觀必然性下的理性。相反的，它是繫屬於實踐主體與參贊主體的，它是經由一種氣的感通而上昇到根源處，而有一種確定性，是由這樣的確定性而有所謂的必然性。如果實踐的必然性不能穩立得住，則馬上由這種「根源性的實踐因果邏輯」退回了「咒術型的實踐因果邏輯」。

「解咒」的活動與理性的產生是相互應和而生的，但理性的產生又同時含帶著另一層次的咒術性格。或者我們說，古文明所處的人類是處在咒術之下的，但這樣的咒術其時便含著某型態的理性性格。換言之，解咒之爲解咒指的只是人們不再相信可以直接契及於那冥冥中的絕對者，而由那冥冥中的絕對者產生一不可思議的力量，直接干預到整個現實的人間生活世界。理性與咒術其內在面之爲相同的是，它們都有一股力量，指向於人間的生活世界，產生一種決定性的影響。

值得注意的是，中國傳統的「連續型的理性」，它是以「實踐的理性」或者說「參贊的理性」爲中心而展開的一種理性。這樣的「理性」自然也就有所謂的「解咒」的過程，但它並不是一斷裂式

的解咒，而是以一種「不解爲解」的解咒方式而來的理性。由於以
「不解爲解」的解咒方式下的理性是不經主體的對象化而有的客觀
必然性下的理性。相反的，它是繫屬於實踐主體與參贊主體的，
這樣的必然性只是實踐的必然性而已，這樣的實踐的必然性是內
屬於生活世界的一個實踐主體下的實踐的必然性。這樣的必然性
必經由實踐的主體的修養與實踐的工夫，才能穩立得住，一旦實
踐的修養工夫不足，這「必然性」便不能穩立得住，如此以來原來
所強調的「根源性的實踐因果邏輯」便不能如其爲實踐的因果邏輯
而展開，這便可以說那「根源性的實踐的因果邏輯」就自然退回於
原先的咒術狀態，便成了我所謂的「咒術型的實踐因果邏輯」。

6. 中國傳統的「實踐的因果邏輯」不是在市民社會中開展 出來的

如前所說，理性與整個歷史社會總體有著密切的關係。因
此，我們可以指出：中國傳統以來的「實踐的因果邏輯」是在以親
情爲主的宗法社會、倫常日用中開展出來的，不是在一市民社會
（civil society）中開展出來的。[5]

若進一步言之，這裡所謂的「倫常日用」是在中國傳統之所強
調的「血緣性的自然連結」爲基底的情境下所說的倫常日用，它強
調一切由「孝悌」爲核心而展開。「人格性的道德連結」便在此「血
緣性的自然連結」的基底下而締建起來。這樣的連結方式並不是一
斷裂型的理性下的理性連結，而是一連續型的理性下的理性連

---

[5]　筆者以爲這點有其關鍵性，應當分判清楚，才不會使得詮釋或輕或重。

結，不是一斷裂型的解咒方式下的連結，而是一未解而解的解咒
方式下的連結。

　　如果比較的來說，我們可以說這樣的「實踐的因果邏輯」並不
同於康德式的實踐的因果邏輯，因為康德所強調的「實踐的因果邏
輯」是在一市民社會中開展出來的，這樣的實踐的因果邏輯所強調
的「人格性的道德連結」自然不是在一「血緣性的自然連結」下的
產物，相反的，它根本是在於「契約性的社會連結」下的產物，康
德與儒家兩者不可同日而語矣！

7. 咒術型實踐因果邏輯是依據氣的感通原則而開啟的，不是經由言說的論定而開啟的

　　這樣的「實踐的因果邏輯」所依據的不是一個什麼樣的客觀法
則，而是依據著一個主體互動的感情，他所根據的不是「言說原
則」，而是「感通原則」。「言說原則」與「感通原則」的對比，
此關係到自人類古始以來「天人之際」的問題。天人之際是一斷絕
的關係，而一切咸歸諸於那超絕的絕對者，以為一切皆為此超絕
之絕對者所創造，則其根據之原則厥為「言說原則」。相對而言，
若天人之際是一不二的關係，其為聯絡一體者，則宇宙之造化便
不從言說原則說，而是從感通原則來論。筆者以為，前者為基督
教文化的基型，而後者則為中國文化之基型。[6]因而，依憑於中國

6　筆者以為此可以基督教《舊約全書》〈創世紀〉所記「上帝說有光就有了
　　光，於是把它分成白晝與黑夜」與《論語》所載孔子說「天何言哉？四時
　　行焉！百物生焉！天何言哉！」做一明顯對比。請參看同註4，前揭文。

文化下的「實踐的因果邏輯」自然是根據此感通原則而開啟者，不會是一言說原則下的產物。

　　正因其爲根據一感通原則而開啟者，故這樣的「實踐因果邏輯」將超越的天理與內在的良知結成一體，並通過實踐的向度，收攝了整個存在的對象。吾人所知在中國傳統的實踐哲學中，天理、良知之爲一體的，這幾乎是一共識。[7]雖然，宋明理學中有程朱、陸王二派，各言「性即理」與「心即理」頗有不同，但究其極皆爲肯定天理、良知是一體的，其有不同只是工夫之異而已。彼之能將此二者融爲一體，是因爲其文化之基底是站立在一「實踐的首出性」所致者。人之作爲一個人是以其爲一個活生生的實存而有，進到這個世界中，而參與這個世界，進而言如何的理解這個世界與詮釋這個世界。[8]

　　換言之，是在一實際的生活世界下而體會出了所謂的「實踐理性」，而不是受於一超絕的世界之指導而生一實踐理性。如此一來，所謂的「存在的對象」自然不是一孤離於主體心靈之外的存在對象，而是受主體心靈相互澆灌以養的存在對象，或者直說是一爲仁所潤所及之物這樣的存在對象。

7　「天理」、「良知」之爲一體，從民間一般日常用語「天良」一語，即明白可見。

8　關於此「活生生的實存而有」如何參與這個生活世界，請參見拙著《存有、意識與實踐——熊十力體用哲學之詮釋與重建》第二章，頁 25-54，東大圖書公司印行，一九九三年，台北。

三、

8. 咒術型實踐的因果邏輯與智的直覺

　　或者，我們若依順牟宗三先生所做的康德式的詮釋，我們可以說整個存在的對象將因為「實踐的因果邏輯」，而成為一「物自身」的存在，而不再只是一「現象」的存在。然而，值得注意的是，這樣的存在對象，若經由康德批判哲學所做「現象」與「物自身」的劃分，順此而言，其為物自身，而非現象。但原先於康德義下的「物自身」本為知識成立之所預設的基礎，物自身與現象乃是同一物事的兩個不同面向，並不是截然分開者，物自身並非是一積極性概念而只是一消極性的限定概念。依牟先生言，康德於此並無能穩立所謂的「物自身」，因為康德以為物自身非人之感觸的直覺之所覺者，而乃是上帝以其「智的直覺」所覺者；而此智的直覺只有上帝有此覺，而人則無此覺，蓋人只有感觸的直覺與知性的構造能力而已。[9]

　　此問題蓋詳於牟宗三先生《現象與物自身》一書之中，牟先生之疏通康德學與儒學而有進於康德學者在此，但問題亦在此，因將「仁」、「良知」等說成智的直覺是否有當，實可檢討。因康德所說的「智的直覺」是落在西方傳統之「言說原則」下而說的，「仁」與「良知」則是怵惕惻隱，此是在中國傳統之「感通原則」下而說

9　關於此，請參見牟宗三《現象與物自身》〈序言〉及第一、第二兩章。台灣學生書局印行，一九九〇年三月初版四刷，台北。

的。*10*或許，吾人亦可以說牟先生有意以中國儒、釋、道三教之傳統以補康德學之不足。然須得留意者，將仁、或良知說成「智的直覺」，此是落在康德學的詮釋系統下而開啓的說統，若不落在此說統下，則有所不同。就此說統而言，亦不甚融洽。今姑且據此爲說，以明此中之可能差失也。

9. 道的自我封限：主體的實體化與實體的主體化

如此說來，這樣的「物自身」是由實踐的主體所吞沒的「物自身」，換言之，這裡不但有所謂的「主體的實體化」與「實體的主體化」的問題，而且也有「客體的主體化」與「客體的實體化」的問題。（案：上之所言「實體」一辭，或可以「道體」一辭替換之，蓋同義故也。）此是就「物自身」之可能成爲一虛幻的狀況說的。這意思是說：若高揚實踐的主體，而忽略了一客觀義下的對象，則可能出現此情形。在中國文化傳統下，尤其在帝皇專制的高壓下，更使得此客觀義下的對象不得顯現，而埋沒於一僞似的實踐主體之中，造成一種虛幻的狀況。再者，此所謂之「主體的實體化」指的是那主體埋沒於實體之中，而喪失一眞正的主體性；所謂

---

10 由於牟先生忽略了「言說原則」與「感通原則」的巨大差異，故牟先生所詮釋的當代新儒學首重在「心」這個側面，而較忽略了「氣」這個側面。其主智主義的色彩極爲濃厚，請參見林安梧〈實踐的異化及其復歸之可能——環繞台灣當前處境對新儒家實踐問題的理解與檢討〉，《「儒釋道與現代社會」學術研討會論文集》，頁 155-178，東海大學哲學研究所，一九九〇年十二月，台中。後收入林安梧《台灣、中國——邁向世界史》第二章，第五節，頁 63-74，唐山出版社，一九九二年，台北。

「實體的主體化」則指的是那實體爲主體所籠罩，而誤認爲那在世之載浮載沉之主體即是那實體。或者造成了「滿街是聖人」的光景，或者不免是「虛玄而蕩、情識而肆」的狀況。*11*

由於主體與實體的張力減弱，甚至消失，在這種狀況下，客體亦爲主體所吞沒，進而亦爲實體所吞沒，而失去了其獨立性。嚴重來說，它可能即因之而造成了一無世界論的傾向，或者說，一切的世界都懸擱於那冥冥中的絕對者這樣的實體，以及落於此當下一念之幾的主體心念之上。*12*牟先生於所著中嘗論及「良知的自我坎陷以開出知性主體」乃有見於此良知之可能造成一主體的實體化及實體的主體化，暨客體的主體化及客體的實體化，而思有以開啓及轉化故也。*13*

---

11 按「滿街是聖人」一語出自王陽明《傳習錄》，卷下，原文是「一日，王汝止出遊歸，先生問曰：遊何見？對曰：見滿街人都是聖人。先生曰：你看滿街人是聖人，滿街人到看你是聖人在。又一日，董蘿石出遊而歸，見先生曰：今日見一異事。先生曰：何異？對曰：見滿街都是聖人。先生曰：此亦常事耳，何足爲異！」（商務版，頁255，一九七四年八月台四版）就原文脈絡，滿街是聖人之說，原亦可嘉可喜，但陽明後學秉此話頭，而有所張狂也。又劉蕺山云「今天下爭言良知矣，及其弊也，猖狂者參之以情識，而一是皆良；超潔者蕩之以玄虛，而夷良於賊。」（見《劉子全書及遺編》，卷六《證學雜解》，頁十四，總頁113，中文出版社印行，一九八一年六月，日本京都。

12 以上所論，當然是指末流者而言，但此與其理論仍有關聯，故特別於此提出，加以討論。

13 「良知的自我坎陷以開出知性主體」，這是牟先生的提法，用以解決「中體西用」的問題，是置放於其良知學的詮釋系統中，必須要有的進一步轉出。此所引發之問題甚夥，但值得注意的是，如果所採取的詮釋系統不同，

　　我們亦可以說，這樣的「實踐的因果邏輯」使得實體（道體）、主體、客體，這三者緊密的結合一處，或者，我們亦可說，它一直停留在一實體（道體）的自我封限之中。正因爲這樣的「實踐的因果邏輯」停留在一實體（道體）的自我封限之中，因此，它極易「異化」成「咒術型的因果邏輯」。

　　順上所言，我們勢將清楚的看出如此之「實踐的因果邏輯」將造成一種實體（道體）的自我封限。其實，這樣的封限是相應於中國傳統的帝皇專制之結構的，或者說中國傳統的帝皇專制的結構是與此實踐的因果邏輯相應於一體而形成一個對立面的兩端，既相依倚，又相對峙。值得注意的是，這是一種自我封限，而未形成眞切的張力結構。或者，吾人可以說，即使要言其張力，這只是一意義的張力，而不是結構性的張力。由於只重意義的張力，而結構性的張力不足，遂造成一種向內趨而萎縮的狀況。這樣的萎縮是趨於一「咒術」以爲其核心的，所謂「咒術型的實踐因果邏輯」亦於焉形成。在這裡，我們可以看到咒術、良知、道體、專制等語辭有其系譜性的關聯，頗值吾人注意。[14]

四、

10.正視咒術型實踐因果邏輯的內在困結

　　則不一定有如此之表述也。

14 這裡所謂「咒術、良知、道體、專制」等語辭有其系譜性的關聯，重點在「系譜性的關聯」，並不是說它們有如何的因果關聯，或者可以如何的等同起來，其實，彼此只是有其親近性罷了。

　　如上所論，我們既已逼顯出在中國文化傳統下，實踐的因果邏輯絕不能外於吾人之生活世界而論。吾人若正視此生活世界，當可以發現彼必然與一咒術型的實踐因果邏輯相關聯，難以分辯。筆者於焉有如下進一步之論：

　　吾人當前的意識形態既已落在此「咒術型的實踐因果邏輯」之中，若要轉出所謂的「解咒型的實踐因果邏輯」便不只說如何的從「實踐」中去轉出來，而是要正視此中的困結所在，特別的去釐清此中的義理結構，否則這一步實難轉出。換言之，吾人實不能只空言如何的由實踐的因果邏輯轉出知性的因果邏輯，而應正視如何的從咒術型的因果邏輯中解放出來，再造一解咒型的因果邏輯。實者，或論轉化的創造，或論創造的轉化，或論批判的繼承、創造的發展皆不能不正視此咒術型的因果邏輯，亦唯重視此咒術型的因果邏輯，方得使其理論有所落實，不致蹈空也。以其如此，故吾人深深以為要是沒有正視到「實踐的因果邏輯」所內在隱含的「咒術性格」，就無法解開這個謎。現且以文化大革命為例，闡述之。

11.文化大革命所含的咒術性格

　　即如廿世紀的中國仍落在此咒術性格中，不了解此咒術性格則不能瞭解何以有文化大革命。文化大革命雖名為文化大革命，但它並不能真走出文化傳統長久以來所締結的咒術型的思維模式，相反的，它充滿著咒術性格。毛澤東是一切咒術之所集於一身的核心，是一切宇宙乾坤的動源點，紅小書成了最強而有力的咒語，紅衛兵則是那可以上天下地，通陰陽鬼神的乩童。筆者以

為「文化大革命」是中國文化傳統之咒術性格以其咒術之極致宣布其瓦解的一個最為有力的中站。若論其前的一站則是「庚子義和拳」，庚子義和拳是面對外力性的入侵而使出的最後一搏，是傳統的咒術型的因果邏輯落為實踐的致命一搏，這樣一搏代表傳統的全面潰散，自我認同因之亦瓦解，陷入危疑震盪之中。或者，我們亦可以說：由「庚子義和拳」到「文化大革命」雖然手段顯然的是南轅北轍，但本質上他們都是咒術型的實踐因果邏輯的極致演出，此演出即是瓦解歷程之一部分。

再者，即如一九八九的「天安門事件」亦是此咒術型的實踐因果邏輯之演出，不暸解此咒術型的實踐因果邏輯，則不能暸解何以會如此展開此運動，而又有如是之下場。當然，若廣的來說，此事件乃是整個中國民族之咒術型的實踐因果邏輯瓦解的歷程之一，或更甚者，可說成為咒術全面瓦解的象徵，但亦可能成為咒術型實踐因果邏輯的轉化與變型的起點。若順而疏理之，此是咒術型的實踐因果邏輯全面瓦解之象徵，日後可以免此咒術之病痛矣！若逆而藏之，則此咒術型的實踐因果邏輯將轉型而藏匿於中國文化族群生命之中，今雖暫息，但必如隔日瘧，猶再起也，果如斯，豈不哀哉！

12.實踐因果邏輯的咒術型轉出及其限制

簡以言之，不能將中國傳統以來所強調的「實踐的因果邏輯」作為一「智識化」方式的理解，而應該將它擺在整個廣大的生活世界中來暸解。如果只是以一「智識化」的方式來暸解中國傳統以來的「實踐的因果邏輯」，並要從此轉出一「知性的因果邏輯」，而

完全忽略了其「咒術性格」，這樣的一個轉出，其實仍然含著咒術的性格，我名之曰：咒術型的轉出。

在某一意義下來說，將中國傳統以來所強調的「實踐的因果邏輯」作爲一「智識化」方式的理解，這亦具有一定的解咒能力。但這樣子的作法卻可能產生一智識化的凝固作用，因而導致對於生活世界的漠視。換言之，以智識化的方式來理解實踐的因果邏輯，將可以使得原來含藏於其中的咒術型的實踐因果邏輯禁錮不出。但如此一來，它可能帶來的代價便是忽視了廣大的生活世界，而且也無法眞切的瓦解那咒術型的實踐因果邏輯，甚至那咒術型的實踐因果邏輯又轉換成另一類型而蟄伏其中，造成另一種咒術型的智識性格，這是值得吾人注意的。

當代新儒家之強調「由良知的自我坎陷以開出知性主體」（此說爲牟先生所倡），筆者以爲這是將那實踐的因果邏輯作一智識化來理解，這樣的智識化之理解便容易忽略了生活世界的重視，也忽略了原先中國文化傳統中所隱含的咒術型的因果邏輯。或者，我們即可說當代新儒家是以這種智識化的方式取得了解咒的可能，但如前所說，這只是一種智識化的凝固作用，對於咒術頂多產生了某層次的禁錮作用，卻無法產生徹底解構的作用。不過，當代新儒家這一步的轉出，儘管他仍含帶者咒術性格，但絕不是以前任何傳統主義者所能望其項背的。在歷史的進程中，是不能跨過這個環節而不顧的。我之所以這麼說，正是要說「咒術型的轉出」是邁向「解咒」，發展的過程中必要的一步，但它不是已然完

足的，它也不是有決定性作用的，它只有催化作用；這催化作用
將帶領著大家往前去追索更為重要的問題。[15]

13.道德思想意圖的催化作用及其限制

　　從良知的自我坎陷以開出知性主體，由內聖以開外王，這是
總提的說，他從原先中國儒學傳統的工夫論中解放出來，真正的
去面對如何開出科學與民主的問題，這是以往的儒學所沒有設想
到，更沒有去從事的。當然，當代新儒學於此來說充滿著智識化
的性格，他不再停留於以前的內修的工夫論之中，他已轉向外王
一面，而且這樣的外王，不再是以前的外王，而是民主、科學的
新外王。當然，如前所說，這樣的轉出仍然未能真正有力的對於
咒術型的因果邏輯產生解構的作用，而只是一「咒術型的轉出」。
咒術型的轉出，一方面是要從原先的咒術型的實踐因果邏輯中解
放出來，另方面則又含藏著咒術的性格，只不過這個咒術的性格
轉化成另一方式罷了。或者，我們可以說這仍然圍限於所謂的「道
德思想的意圖」，儘管道德思想的意圖是足以作為催化劑，但並不
果真就能如此了事的，道德思想的意圖在長遠的歷程中，配合著
整個社會、經濟的變遷起著一個重要的催化作用，不過我們要知

---

15 筆者極為重視並肯定當代新儒學的轉折，然而這樣的轉折仍只是一「咒術
　　型的轉出」，這是邁向真正解咒的一個關鍵性環節，而所謂的「道德思想
　　的意圖」其實應放在這個環節下來理解。這樣的理解將不同於以前的道德
　　思想之意圖，筆者以為新儒家所提出「良知的自我坎陷以開出知性主體」，
　　此雖仍有其限制，但置放於整個儒學思想史而言，則是一極重要的轉折
　　點，無庸置疑。

道這僅止於催化作用。

就由「咒術型的實踐因果邏輯」轉而爲「解咒型的實踐因果邏輯」而言，台灣已具有這個轉出的可能，相對而言，中國大陸則仍然深陷在此咒術型的實踐因果邏輯之中，更令人難以處理的是，它轉換成一更爲奇詭的方式，繼續作用著。整個中國，唯有台灣具有邁向這個咒術型的實踐因果邏輯之解構的可能。筆者以爲它將可能是促使整個中國走向一新文化建立的最大動力。*16*

14.台灣已具有解咒型實踐因果邏輯開展的可能

思維方式的轉換是整體的，它絕不只是思維方式的事情而已。要由咒術型的實踐因果邏輯轉化成一解咒型的實踐因果邏輯，這絕不只是思想家的事情而已，它根本上是整個歷史社會總體之變遷的事情。不是下層建築決定了上層建築，也不是上層建築決定了下層建築，上層建築與下層建築是相互影響而關聯爲一體的。要由咒術型的實踐因果邏輯轉成一解咒型實踐的因果邏輯，台灣已具有這個轉出的可能，但相對而言，中國大陸則仍然深陷在此咒術型的因果邏輯之中。如前所述，八九以後，它當有一新的可能，此略去不再贅述。但值得注意的是，這新的可能很難是從其內部可以產生的，當然，他也很難是由外在的力量去改變它。筆者以爲台灣當扮演此重要的角色，它當提供中國大陸如何的從咒術型的實踐因果邏輯中轉出來。筆者如此說並不意味著

---

16 關於此之詳細論述，請參見林安梧《台灣、中國——邁向世界史》，唐山出版社，一九九二年，台北。

台灣已然走出了咒術型的實踐因果邏輯，而正是因爲台灣就在此咒術型的實踐因果邏輯的瓦解過程中，最爲瞭解此過程的艱辛，而且在文化上台灣與中國大陸是連續爲一體的，並不是斷裂的。筆者以爲台灣海峽兩岸的對方，絕不可以仍然停留在「單元獨統」的思維格局之中，而應該走向一「雙元互濟」的思維格局。中國是所有中國人的中國，它不是一個政治實體所宰控的符號，而是所有中國人的生活世界所形成的文化徵符。台灣於此當有一神聖的使命，他將是帶領整個中國走向一新文化建立的動源。此是文化之事，而不是政權之爭。[17]

五、

15.中國文化的核心困境其轉化與創造之可能：新的實踐的因果邏輯符合於市民社會下的實踐的因果邏輯

經由以上諸節的論述，我們可以就其爲中國文化的核心困境之轉化與創造之可能，總括言之如下：

（1）「解咒型的因果邏輯」是在一「斷裂型的理性」下的因果邏輯，它不同於「咒術型的因果邏輯」是在一「連續型的

---

17 請參見〈從「單元而統一」到「多元而一統」——以「文化中國」一概念爲核心的理解與詮釋〉，「文化中國」的理念與實際國際研討會，香港中文大學人類學系，一九九三年三月，香港。刊於《鵝湖月刊》第十九卷第一期，頁 16-23，一九九四年七月。後收入陳其南、周英雄主編《文化中國：理念與實踐》一書，頁 51-64，允晨叢刊，一九九四年八月，台北。

理性」下的因果邏輯。

（2）「斷裂型的理性」是在天人、物我、人己這三個面向都呈現一不可逾越的斷裂狀況下的理性。這樣的理性是通過一言說或者概念以爲連結的理性，或者我們直可以理性作爲此斷裂兩端的「中介者」。

（3）由連續走向斷裂，這一轉出是必要的，這不是通過一自覺的必要所可以肇其功的，更爲重要的是須由整個歷史社會總體的釐清與疏理，由底層結構的改變處理起。當然，下層結構與上層結構，不是一簡單的誰決定誰的關係，而是一互動的、辯證的關連。作爲一個存在的主體來說，如何去喚醒當下人們主體的能動性，這是極爲重要的。

（4）就觀念上來說，由「咒術型的實踐因果邏輯」轉向一「解咒型的實踐因果邏輯」，必須以中國傳統儒家所強調的「道德實踐的優先性」作爲其中介。

（5）換言之，須由當前的「咒術型的實踐因果邏輯」解構、歸返爲「根源性的實踐動力」，再去除此「根源性的實踐動力」所隱含的「咒術性格」，但這樣的去除，並不意味就是將那根源性的實踐動力智識化，而是劃定那根源性的實踐動力所及之範圍，使得知性的因果邏輯能得誕生，使得解咒型的實踐因果邏輯能得誕生。

（6）這樣的「實踐的因果邏輯」一方面繼承著中國傳統的實踐因果邏輯，另方面又融合了當前作爲世界主宰的「斷裂型的理性」下的實踐的因果邏輯，這是未來文化之誕生的統體之核心。

（7）新的「實踐的因果邏輯」不再只是經由「感通的原則」來
　　　完成，而且是通過「言說的原則」來完成，不再落入主體
　　　的實體化與實體的主體化這樣的道體的自我封限之中，它
　　　不再是一體化的結構，他已然必須開出一多元的結構。
（8）換言之，新的「實踐的因果邏輯」是符合於一「市民社會」
　　　（civil society）下的實踐的因果邏輯的，他絕不只是以往
　　　在血緣性的自然連結下的實踐因果邏輯，它是在一契約性
　　　的社會連結下的實踐因果邏輯。

副論一 論儒家的宗教精神及其成聖之道

—— 不離於生活世界的終極關懷

提 要

本論文旨在經由一曠觀而對比的方式，豁顯儒家所隱含的「宗教精神」與「人文精神」，指出兩者有其不一不二的關係，並由是而闡明其成聖之道。首先經由「終極關懷」一概念的引入，以為宗教界定的起點。再者，指出儒、道兩家宗教的特性乃在於「天人不二」。而後再更進一步點明儒、道兩家思想的對比乃在於「一氣之所化」與「道德之創化」。關聯著此「道德之創化」，筆者闡明了儒家的成德之教這樣的聖人之路乃是一「肉身成道」之路。至於說「肉身成道」的教養與完成，其理論的根據則在於「體用一如」、「體用不二」。最後筆者又論及於儒教的異化與歸復之道，指出了儒家所謂的「圓教」之「圓」，有境界型態的圓、心性修養的圓、道德實踐的圓，此三者各有所別。

關鍵詞：天人不二、道德創化、肉身成道、體用不二、圓教

一、「終極關懷」一概念的引入

「儒家」可以說其為「宗教」嗎？如果可以，那這樣的一個宗教便與其人文精神不可分。換言之，儒家之做為一種宗教，並不是在強分「此岸」與「彼岸」的對比之下去彰顯的，相反的，它是在將「此岸」與「彼岸」渾成一個整體的情況下來思考問題的。首先指出了這一點，我們進一步要說，我們現在要去論及所謂的「儒教」的問題的時候，顯然地，我們仍然經由一種對比的方式來談，對比於西方宗教文化的傳統來談，對比於「連續」與「斷裂」來談，對比於「咒術」與「解咒」來談。[1]

首先我們且從「什麼是宗教」開始吧！一般來講，大家談到宗教，很容易用西方文化為中心的觀點來理解，而認為宗教一定要有教義，一定要有教皇、教團、教主；甚至，如果站在基督教的觀點的話，必須有一個超越的人格神，要不然的話，就不成其為宗教；或者說不像那樣的宗教就是比較低的宗教。但是我個人想從一個比較寬廣的角度來理解這個問題，什麼是宗教呢？宗教其

---

1 關於從「連續」與「斷裂」這樣的對比來談論中西宗教的異同，此是受人類學家張光直、哲學家杜維明等的啟發，請參見張光直《考古學專題六講》頁 1-24，稻鄉出版社，一九八八年九月。杜維明〈試談中國哲學中的三個基調〉，見《中國哲學史研究》，一九八一年第一期，頁 19-20 又筆者據此再申論中西宗教之根本異同，請參見林安梧〈「絕地天之通」與「巴別塔」──中西宗教的一個對比切入點之展開〉，見《鵝湖學誌》，第四期，頁 1-14，一九九〇年六月，台北。

實是人類的一個「終極關懷」（the Ultimate Concern）[2]什麼叫「終極關懷」，這個關懷和一般所謂的關懷是不一樣的，一般的關懷是有確定對象的，那麼這裡所謂的「終極關懷」，它有沒有對象？當然有，但這個對象不是我們一般所採取一個「主體」跟「對象」相對待而成的一個對象。一般我們所以為的「對象」都是「主客對立」所成的一個「對象」，而「終極關懷」的對象是超乎這種主客對立的格局來思考問題的。

當然，這裡我們先要問什麼是以「主客對立」的格局來思考問題。首先，我們要問我們的意識對事物能夠有什麼樣的把握？一般而言，意識是經由一種投向外，而執持著一個對象這樣的方式來理解事物的，一般所謂的「關懷」也是通過這樣的一個角度所引起的關懷。這樣的關懷，其實便含有個人的性好（interest）在裡面。我們可以說這樣一個關懷乃是在「橫面的」意義下的關懷，它仍然停留在我們這裡所說的「主客對立」的層次，像這樣的關懷就不是「終極」的。那麼「終極」的這個意思指的是什麼呢？終極（ultimate）這個字眼，就中文講，什麼叫「終」？什麼叫「極」？「終」關連著「始」，孟子講「始條理」、「終條理」，講「金聲而玉振之」，「終」有完成的意思，而「極」代表頂點、完成，代

---

2 「終極關懷」（the Ultimate Concern）一語乃保羅・狄利希（Paul Tillich）在" *Love, Power and Justice* "一書中所提出者，見王秀谷譯《愛情、力量與正義》，第七章，頁 111-126，三民書局印行，一九七三年十月，台北。筆者此處所使用雖有所取於此，但只是以此做為更進一步分疏的可能。又陳郁夫以為儒家並不是一種宗教，與筆者之主張有別，請參見陳郁夫《人類的終極關懷》，頁 7-8，幼獅文化事業公司印行，一九九四年八月，台北。

表圓滿，而頂點指的不是相對的，而是絕對的。[3]那麼這麼說，「終極關懷」其實就不是相對的，而是絕對的，不是暫時性的、有所缺的，而是恆久的、圓滿的，這樣的一種關懷。

再者，當我們說到所謂的「絕對」跟「圓滿」的時候，到底是在「彼岸」呢？還是在「此岸」呢？所謂的「絕對圓滿」，是作為一個「超絕的存有」（Transcendent Being），還是相對地來講，作為一個「內在的存有」（Immannent Being）。如果是作為一個「超絕的存有」，那麼那樣的宗教是怎麼樣的一個宗教，如果作為「內在的存有」，那麼那樣的宗教是怎麼樣的一個宗教。所謂「超絕的存有」與「內在的存有」應該怎麼樣理解，要進一步慢慢分析它，不然的話，我們就沒有辦法真正恰當的掌握到什麼叫宗教。

二、儒、道兩家思想宗教特性的判定——天人不二

我們是從終極關懷這個概念來理解什麼是宗教，那麼我們說所謂的「關懷」，一般說的層次是什麼？一般說的是平鋪的，是橫面的，主客對立下的關懷。這個關懷是先有認知、有一個對象的關懷，而這樣的關懷都兼含著利益（interest）在裡面，它有一個趨

3　孟子謂：「孔子之謂集大成，集大成也者，金聲而玉振之也。金聲也者，始條理也，玉振之也者，終條理也。」（見《孟子》〈萬章〉下，第一章），筆者藉此以明「終始」之理，並因之更進一步以明「終極關懷」之理。

向，而這個趨向是有定點的。那麼所謂「終極關懷」，因為它涉及到所謂「絕對」跟「圓滿」，所以它就不是平鋪的、橫面的。

現在我們先來了解一下「絕對」和「圓滿」這兩個概念，你是怎麼樣去理解它，你是把它放在一個「超絕的」領域，還是你把它「內在的」來看，或者根本無所謂分成「超絕」和「內在」，再來進一步談這個問題。

我們且看我們所生活的世界是一個什麼樣的世界，當然它離不開此經驗的世界（empirical world），而這經驗的世界若跟那超絕的世界斷裂開來，而分出個神聖與凡俗。那麼，在這種情形之下，所成就的宗教是一個類型，這樣的類型便與將這兩者關連成一個不可分的整體，神聖與凡俗並不是斷裂的，而是連續的，這樣的類型不相同。「斷裂」與「連續」這兩者是不相同的，要區分開來。大體來說，我以為諸如基督宗教與回教這樣的一神論傳統，都屬於前面所謂的「斷裂」的這樣的類型，而相對於此一神論的其他類型，則是「連續」的這樣的類型，儒教可以說是此連續的類型之代表。

在這種「連續」的情形之下，儒教的「宗教性」與其「人文精神」是合在一塊兒的。也就是說，強調一個絕對的、圓滿的，跟強調一個當下的、歷史性的社會性的存在，就儒教來說，這並不是可以分離開來的，它們是不二的。那個超越的、絕對的、圓滿的概念，在中國的儒學系統裡面，它並不是隔離開人的世界而擺在彼岸，而是落在一個活生生的人身，來談人與人之間的一種道德的真實感，或者道德的實存感，這就是孔老夫子所發明的「仁」。我們從這裡了解到儒家的宗教和人文精神是合在一起的，而這個

「合」體現（具現）在這個生活世界每一個人的道德真實感──仁[4]。這一點在整個中國來講是很重要的。

　　這樣的一個想法，這樣的一個方式，跟基督宗教與回教的方式有很大的不同。最大的不同在對於「人」的概念，在西方人的思維結構裡面，「人」做為一個有限的、不圓滿的存在；而相對的來講，人格神祂是無限的、圓滿的、絕對的。然而以中國文化傳統，特別是儒教來說，一方面強調那個超越的、絕對的根源，而另方面則又說人雖有限而可以無限。或者說，依中國文化所了解的「有限」與「無限」，和原來我們所說的基督宗教的文化傳統所了解的「有限」與「無限」是不一樣的。因為你從原來那樣的思考方式的「有限」和「無限」是兩個相背反的概念，而現在說人有限而可以是無限的時候，這裡頭所說的「有限」與「無限」的概念不能用原來我們剛剛所說的那個方式來規定它。或者我們可以發現到，你把有限跟無限拉開來作一個相對的思考方式的，是一種單線式的思考（linear thinking）；而當你把人是有限的而可以是無限的，把有限、無限這兩個概念放在一起，基本上是一種圓環式的思考（circular thinking）。至於為什麼會有這樣兩種不同的思考方

4　關於「仁」，孔子發之於前，而孟子繼之於後，象山所謂「夫子以仁發明斯道，渾無罅隙，孟子十字架開，更無隱遁」（見《象山先生全集》，卷三十四，頁396，台灣商務印書館印行，一九七九年四月，台一版，台北），筆者以為明代的王陽明所強調的「一體之仁」最能繼續開發《孟子》書中「怵惕惻隱」的精蘊所在。陽明之論，請參見林安梧〈王陽明的本體實踐學──以《大學問》為核心的展開〉，收入《陽明學學術討論會論文集》，頁105-124，國立台灣師範大學人文教育中心，一九八九年三月，台北。

式，在理論上來說，這與中西文化的存有觀之為「連續」與「斷裂」有著密切的關係。當然，上面所做的釐清可以說是一文化類型學的理解。這可以說是一背景的、基底的理解，做為一學問的研究來說，它是極為重要的。

我們還是扣緊前面所謂的「終極關懷」來談，究極來說，這樣的一種關懷必須從我人的「存在」談起。吾人之做為一種「存在」，便以一活生生實存而有的方式進入到這個世界，去理解這個世界，去詮釋這個世界。「連續」與「斷裂」是兩個不同的理解方式，是兩個不同的詮釋方式。關於世界的理解方式，論其究極，必論及宇宙生化的問題。

一論及宇宙生化的問題，我們便記起《易傳》所謂「一陰一陽之謂道，繼之者善，成之者性」[5]以及「天行健，君子以自強不息」[6]、「地勢坤，君子以厚德載物」[7]，還有「大人者與天地合其德，與日月合其明，與四時合其序，與鬼神合其吉凶」這樣的句子。[8]這些句子，如果不通過前面所謂的文化類型學的對比，不把它們放在「連續」的這樣的類型下來思考問題的話，很可能會出現很多不相干的問題。首先，你一定會說，這些句子將「實然」與「應然」的層次攪和在一起，你會懷疑它們是不是犯了如摩爾

5　見《易經》〈繫辭〉上，第五章。

6　見《易經》〈乾卦大象〉。

7　見《易經》〈坤卦大象〉。

8　見《易經》〈乾卦文言〉。

（G.E.Moore）所說的自然主義的謬誤（naturalistic fallacy）。[9]

其實不然，因為究極來說，這牽涉到你怎麼去理解這個問題，你是怎麼樣去詮釋這個世界，不同的理解與詮釋方式便整個的不一樣。因為，就中國當初在講整個宇宙生化的時候，便不離人而別說一套，中國人並不是把宇宙視為一個在人之外的對象來理解，然後去想這個對象是怎麼樣，最後指出一個冥冥中的絕對者是如何的超離於人之上，而它又是怎麼樣的造這個世界。

就中國人來說「人」是不離天的，中國長久以來就認為「天人不二」，即使只就文字的構造來講的話，「人」跟「天」本來就是一脈相傳的，有它的血緣關係，天人不二，這一點在整個中國文化裡面，是非常重要的。[10]所以，我們可以發現到，當中國人去說整個宇宙造化是怎麼樣的時候，是不離人的。要去說那個開端，它不是那麼清晰可以講出來的。雖然「天人不二」，它剛開始的時候還是會說籠籠統統的有個宇宙是怎麼樣的怎麼樣的，然後緊跟著說人是怎麼樣怎麼樣的。它籠籠統統說這個宇宙造化時，不是那麼精純的說，而是就人的實存感上來說，是從道德的實存感上談，因此，我們說當他在談到宇宙生化的論題時，他已經將整個倫理的意象擺進去了。

---

9 依摩爾（G.E.Moore）所謂自然主義的謬誤（naturalistic fallacy）原指的有兩個類型，一是自然論的類型，一是形而上學的類型，此處筆者所說較近於如摩爾所說的形而上學類型，此請參見 G. E. Moore *Principia Ethica* 一書，第四章，頁 113-115，虹橋書店印行，一九七一年十二月，台北。

10 在中國文化傳統中，宗教上為「天人不二」、社會上為「人己不二」，在哲學上則為「心物不二」，此不二論是關連著中國哲學之連續觀而成的。

三、儒、道思想的兩個對比──「一氣之所化」與「道德之創化」

　　「天人不二」可以說是整個中國人的思考方式，這裡頭牽涉到整個中國原來的宗教，我們可以說那是一個巫祝的傳統，或者說是薩滿教（shamanism）的傳統，我個人以爲這個巫祝的傳統並不是後起的。[11]中國文化中巫祝的傳統最大的一個特點在於，強調人與物、人與天、人與神基本上是同質的，不是異類的，所以它可以轉化，它可以變形。[12]當然，中國並不只停留在這個階段，因爲它從「同質的」（這是一個很重要的轉換）轉成「同德的」，本來是「同質而異形」，後來轉成「異形而同德」。同質的意思是，我們這個身子（body）可以轉，即使水火和人基本上也是可以融合的，人本來跟天地是可以融合爲一的，道家有所謂的「物化、氣化」即指此。所不同的是，在儒家的傳統裡面，承認彼此是不同「類」的存在，但是它有它相同的「德」所在，而尤其當它在談「天」與「人」的時候，強調「人」與「天」是平等的，所以「大人者，與天地合其德，與日月合其明，與四時合其序，與鬼神合其吉凶」都是取其「德」意，這是「天人同德」說。講「天人合一」，是從「天人同德」或「天人合德」說，是就這個角度去講。

11　張光直即說「中國古代文明是所謂薩滿式（shamanistic）的文明，這是中國古代文明最主要的一個特徵」，見張光直，前揭書，頁4。

12　關於此請參看楊儒賓〈昇天、變形與不懼水火──論莊子思想中與原始宗教相關的三個主題〉，漢學研究，第七卷第一期，頁223-253，一九八九年六月，台北。

　　簡言之，就原來中國巫祝這個傳統，原強調的是「異形而同質」後逐漸轉化成「一氣之所化」，這是一個傳統；而後來又轉化成「異形而同德」，轉化成「道德之創化」，這又是另一個傳統。我們說「一氣之所化」這個傳統，後來成為道家之學，而說「道德之創化」成為儒家之學，但是它們基本上不離原先巫祝的視域（Horizon），這是很值得我們去留意的。正因如此，中國人談到整個宇宙造化的時候，必定會談「道德之創化」、「一氣之所化」，或是把這兩者結合在一起，有的偏重在前者，而有的偏在後者。顯然地，這樣的一個傳統，並不是一「言說的傳統」，而是一「氣化的傳統」，或者說是個「道德的創化」傳統。如此一來，當你談到中國人整個宇宙創化的想法的時候，不管是「一陰一陽之謂道，繼之者善，成之者性」[13]或者是「太極生兩儀，兩儀生四象，四象生八卦，八卦定吉凶，吉凶生大業」[14]，或者講「天何言哉，四時行焉，百物生焉，天何言哉？」[15]這都不是通過「言說」，而是通過「氣化流行」，或者通過「道德創造」。氣化流行與道德創造又是合為一體的。

　　但是當你翻開基督教聖經（Bible）《舊約全書》〈創世紀〉第一章寫著「上帝說有光，就有了光」，上帝說「有什麼，就有什麼」，這「言說」的活動與「氣化流行」及「道德創化」的活動不同，與所謂的「天何言哉，四時行焉，百物生焉」，與所謂的「默

13　同註5。

14　見《易經》〈繫辭〉上，第十一章。

15　見《論語》〈陽貨〉，第十七章。

運造化」這樣的傳統不一樣！「默」是「超乎言說」，此與「言說」不相同。

「言說」是什麼，「言說」是你通過一個「主體的對象化」活動，而去說這個世界，形成一個主客對立，形成一個「超絕的」和「經驗的」這樣的兩層世界。在這整個文化傳統的基本形態下，它的宗教自然會強調在一個超絕的世界（transcendent world）的絕對而圓滿的上帝，相對於這一個超絕的世界則有一個經驗的世界（empirical world），有一個人的世界（human world）。然而就中國文化傳統的世界觀與文化觀就不是這樣的。「默運造化」、「天何言哉」這指的是由「氣的感通」開展而成的，而不是由「言說的論定」而決定。不只如此，如《中庸》所說「誠者，天之道也，誠之者，人之道也。」[16]這是從道德創化去說，說整個存有的根源是「誠」，而人進到這個世界，以這樣的存有的根源性的動力，去參贊天地之化育。人與世界是一體的，雖異形而同德，就此同德而可以說它們有其「內在的同一性」。經由以上的疏理與闡釋，我們要是說儒家不是「教」，是不應該的，也是不恰當的，其實，儒家是一道道地地的「教」，只是這個「教」不同於基督宗教的「教」罷了。

再者，值得一提的是，到了現在很多哲學家、神學家，包括馬丁・布伯（Martin Buber）、保羅・狄利希（Paul Tillich）、馬塞爾（Gabriel Marcel）它們基本上所理解的宗教，已經慢慢的柔化了前面所謂的這個「斷裂」（discontinuity），而再度強調「連續」

---

16 見《中庸》第二十章。

（continuity），再強調一「我與你」（I and Thou）這樣的一個思維方式，重新縫合了這個超絕的世界和經驗的世界。[17]這特別是存在主義神學非常偉大的貢獻。所以若你對儒學傳統很了解，去讀保羅‧狄利希（Paul Tillich）的東西，你會覺得它與儒家的宗教非常相近。不過，究極來說，由於文化傳統彼此的異同，因此在根本上還是不同的。

如上所述，我們可以斷言中國文化傳統所謂的「宗教性」離不開「人文精神」。人文跟宗教對中國人來講，其實是一體的；而彼之為一體，它具現之所在，就是那整個「活生生的實存而有」進入到這個世界的動源點，就是孔老夫子所開啓的「仁」。[18]孔子之為孔子，我們說：「天不生仲尼，萬古如長夜。」就是因為他點燃了我們自家生命這盞明燈，這是很了不起的。就此而言，中國的孔子，正如同印度的釋迦，正如希臘的蘇格拉底，正如基督宗教的耶穌。我以為這些聖哲的教言儘管是平易的，但卻不能等閒視之。我們可以肯定的說這個「仁」，絕對不是世俗一般所以為的「對人好一點」，或者「人就是要做好人」，這樣的意思而已。它還有更深一層的意義，那是一個根源性的意義，它指的人這樣一個「活

---

17 關於「我與你」之理論，請參見馬丁‧布伯（Martin Buber）" I and Thou " 一書，又此與中國哲學之「一體之仁」有何可會通處，請參看林安梧〈邁向儒家型意義治療學之建立──以唐君毅「人生之體驗續篇」為核心的展開〉一文，收入《唐君毅思想國際會議論文集》（II），頁125-140。

18 關於「活生生的實存而有」一語，筆者這裡特別用來指的是「人」這樣的「存在」（existence），其意請參看林安梧《存有、意識與實踐──熊十力體用哲學之詮釋與重建》一書，第二章，頁20-29，國立台灣大學博士論文，第一號，一九九一年五月，台北。

生生的實存而有」進到整個生活世界而喚醒的動源。這裡筆者要做
這樣的一個提醒。

四、儒家成德之教的聖人之路──「肉身成道」

現在我們再回到前面所說的西洋宗教文化傳統來說，那是一
個「言說的傳統」，是通過一個「主體的對象化」（subjective
objectification）活動而去「說」那個東西是什麼這樣的一個傳統。
所以當他說「上帝說有了光，就有了光」，「說什麼，就有了什麼」
的時候，他們所想的任何一個東西，它有它的實體（substance），
可以通過一個「概念」（concept）充分的去把握它，它是有本質
（essence）的，是可以經由主體的對象化活動去符應的；或者說是
可以爲主體所把握的。

我們這麼說又把基督教的傳統跟希臘哲學的傳統勾聯在一塊
兒理解。「希臘的哲學」跟「基督教傳統」看起來差很遠，其實骨
子裡有其可通之處。就整個西方文化的來源來說，大致可以說有
三個：希伯來宗教（後來發展爲基督教），羅馬法，以及希臘哲
學。這三者有其共同的地方，它們都強調人與物，人與人，人與
天是斷裂的（discontinuous）。大體來說，希伯來宗教它安排了
「天、人」的問題，羅馬法則安排了「人、己」的問題，而希臘哲
學則安排了「物、我」的問題。這三者剛好互爲補充。這樣說來，
你說希臘哲學是不是就不談到人與人的問題，不是的，我的意思

是，它有它的重點。

因為其為「斷裂」，故其所強調在這個主體對外在客體（物）的把握，而不是主客相融為一。那個超絕的存有，跟這個經驗世界的存有，是斷裂的，因而這便強調的是那個超絕的存有如何「創造」這個世界，並且如何地「拯救」這個世界，其實這個「拯救」也是另外一種「把握」。如果你對基督宗教有點了解，從韋伯（Max Weber）所寫的《基督新教倫理與資本主義精神》，你可以了解到喀爾文教派「預選說」（predestination）更清楚的把這個精神彰顯出來。[19]這是一個很值得我們思考，而且非常非常深的問題。當我這樣說的時候，並不意味著中國比較低，其實這裡頭只是代表了兩種不同的思路而已，各有各的限制，各有各的精彩。那麼在中國的宗教裡面，那超絕的存有與經驗世界的存有是和合為一的，是相即不二的。具體的落實便從「仁」上說，順此便可以說「天命之謂性，率性之謂道，修道之謂教」[20]如此一來，當整個學問發展到陽明學的時候，他說「良知是造化的精靈」[21]，或說「無聲無臭獨知時，此是乾坤萬有基」[22]，其實就是把這個系統作了一個理論性的總結。

---

19 關於此，請參看林安梧〈理性的弔詭——對「基督新教倫理與資本主義的精神」〉，鵝湖 106 期，頁 24-30，一九八四年四月，台北。

20 見《中庸》第一章。

21 見王陽明《傳習錄》，卷下，頁 227，台灣商務印書館，一九六七年四月，台一版，台北。

22 見王陽明〈詠良知詩〉，收入《王陽明全集》，卷二十，外集二，頁 384，河洛圖書出版，一九七八年五月，台北。

　　顯然地，諸如「解脫」、「救贖」這些觀念便不適合用於儒家這樣的宗教。沒有「彼岸」與「此岸」的對決，便沒有所謂的「解脫」，沒有「原罪」與「聖潔」的對決，便沒有所謂的「救贖」。相對於佛教的「解脫」、基督宗教的「救贖」，儒教當可以說是「成德」。「成德」並不只是個人之成就其自己而已，它指的是將全副的生命迴向整個生活世界，而去成就此生活世界中的每一個個我。這也就是如我們前面所說的，儒教的終極關懷並沒有將世界懸隔為一超絕的與經驗的兩橛，而是就此活生生的生活世界之如何的潤化、成就而去說其終極關懷。在這樣的理解與詮釋之下，連帶的我們可以發現儒教所注重的是那源泉滾滾、沛然莫之能禦的內在本源，而不是超離於此世界之上的人格神。這樣的內在本源一方面是整個宇宙造化之源，而另方面則又是人內在的本心，是人之所以成就為一個人的根源。

　　或許，我們可以更進一步經由「道成肉身」與「肉身成道」這個對比來彰顯中西方宗教哲學的異同。大體說來，西方的宗教傳統，是與其「言說的傳統」為一致的，它強調的是「主體的對象化活動」，強調「超絕的」與「經驗的」這兩層世界是斷裂的，而不是連續的；因此須要有個「道成肉身」把它們連結起來。至於中國的宗教傳統，則與其「氣的感通傳統」為一致，它強調的是一「對象的主體化活動」，強調那「超絕的」與「經驗的」這兩層世界是連續的，而不是斷裂的；因此它們本來是通貫為一個整體的，人雖為一有限的存在，但此即有限而可以無限，人雖為一肉身之軀的存在，然而即此肉身之軀即可以成道，此即所謂「肉身成道」。

五、「肉身成道」的教養與完成——「體用一如」、「體用不二」

孔子自述其爲學成道的歷程所謂「吾十有五而志於學，三十而立，四十而不惑，五十而知天命，六十而耳順，七十而從心所欲不踰矩」[23]，這樣的一個歷程，其實就是一「肉身成道」的歷程。他是在歷程中的，是在整個生活世界中的。大體說來，這是說：人的生命到了十五歲始能漸進乎學，因爲所謂的「學」並不只是技能之學，蓋學所以學爲道也，學是通極於道的，是故「志於學」，指的就是「志於道」。經由這樣的啓動點，而到達了三十歲，便能有所卓然自立。一般所謂的「三十而立」指的是「立於禮」，這是說人的生命已能進入到一方向的軌則之中。再經十年的鍛鍊，則能不競逐於物，而知其所止。所謂「四十而不惑」指的是人的生命已能知其所止，這是說這樣便能有一生命的確定性。再經過十年，才能識得大體，入於道，去體會整個造化之流行。

所謂「五十而知天命」指的是能夠參與那根源性的整體之根源動力而開啓其造化的生機。這樣子再經過了十年，這個根源性整體之根源的動力逐漸入於人心之中，使得人能默識心通，涵受萬有。所謂「六十而耳順」指的是能默會於心，入於無分別相，而體會到本體。這是說生命之確定性已逐漸融化而成爲一圓融境界。最後，再經十年，能由此抽象之圓融境界，再落實而爲一具體的

23　見《論語》〈爲政〉，第四章。

實踐，這就是所謂「惟聖人爲能踐其形」之謂也[24]。所謂「七十從心所欲不踰矩」指的是說本心即是天理，順此本心就是合於天理，這也就是「率性之謂道」；這是由那生命之根源的整體如其所如的由自家的生命本體而發，而這自家生命的本體就是道德實踐的主體，它必然的要求落實於生活世界而自我完成。

　　如上所言，我們可以發現孔子是極爲注重生命歷程的，而這裡所謂的歷程當下又通極於道，又回到一根源性的整體之中，由這個根源性之動力而開啓的。換句話來說，歷程之爲歷程並不是在一奔赴中而已，更重要的是歷程的當下就是全副道體的顯現，這也可以做成這樣的理解即所謂的「體用一如」、「體用不二」，「即體而言，用在體；即用而言，體在用」。若用現代的哲學語辭來說，我們可以說「存有是在此歷程中開顯的存有，歷程乃是此存有開顯而成之歷程。存有與歷程之於人的肉身成道的教養與完成來說，原來是不二的」。這樣看來，所謂的「肉身成道」分明指的是在一具有根源動力所澆灌而成的一個生活世界的涵化下，進而邁向一個人的生命歷程的完成。

　　或者，我們可以再以孔子所說的「興於詩、立於禮、成於樂」[25]繼續詮釋這個論題。「詩」所以興發志氣，開啓生命與整個世界之動源；「禮」則使得生命有確定性，能夠穩立於天壤之間，「樂」則是一調節性原理，使那有確定性的生命調適而上遂於道，圓融周浹於生活天地之間。興於詩、立於禮、成於樂，其實指的便是

24　語見《孟子》〈盡心〉上，第三十八章。

25　見《論語》〈泰伯〉，第八章。

如何的讓自家的生命調適而上遂於道的發展歷程，而這樣的歷程
並不是將自己隔離開來能得發展的，而是將自己置於整個生活世
界與歷史社會總體中而發展完成的。換言之，這樣的一個「肉身成
道」，它是即當下即其歷程，即歷程即其終極目的，即此岸即其彼
岸，即現實即其理想。它是即身軀即生命，即生命即心靈，即心
靈即整個天地的。它不分物我、不分人己、不分內聖外王，當下
顯現，所謂「一日克己復禮，天下歸仁焉」[26]亦指的是如此。孔子
所說「仁遠乎哉，我欲仁，斯仁至矣」[27]，所指的也是如此。當
然，孔老夫子亦說「若聖與仁，則吾豈敢，抑為之不厭，誨人不倦
而已」[28]，這句話就表層看來，似乎與前面二句話相違背，但若合
著來看，我們可以說它正指的是當下的顯現，並不意味著就不須
要長遠的努力，相反的，當下的顯現才真能弘毅其志，才能以鞠
躬盡瘁之心意，走那長遠的路程，曾子所謂「士不可以不弘毅，任
重而道遠，仁以為己任，不亦重乎，死而後矣，不亦遠乎」[29]，所
指亦可與此合參。

　　若關聯著前面所提及的「終極關懷」來說，我們可以再引孟子
所說：

　　　　「孔子，聖之時者也，孔子所謂集大成也。集大成也者，金
　　　　聲而玉振之也。金聲也者，始條理也，玉振之也者，終條理

26　見《論語》〈顏淵〉，第一章。
27　見《論語》〈述而〉，第三十章。
28　見《論語》〈述而〉，第三十四章。
29　見《論語》〈泰伯〉，第七章。

也。始條理者，智之事也。終條理者，聖之事也。智，譬則
巧也。聖，譬則力也。由射於百步之外也，其至，爾力也，
其中，非爾力也。」**30**

這是說孔子這樣的道德人格就在當下的時空中顯現，正如同那存有
之道就在時間中開顯其自己，而這樣的生命乃是一集大成的生命，
是一首完美而和諧的樂章，就好像「金聲而玉振之」一樣，這是由
始至終這樣的終始條理的歷程。這亦指的是由於整個文化歷代累積
而成的智慧，人們稟持著做為整個生命開啓的起點，但重要的不只
在這樣的開啓的起點，更重要的在於經由全副生命的努力，而善終
其始，求其完成。這樣的「終極關懷」是在歷史文化傳統的孕育、
在天地造化的護養、在生活世界的陶冶、在社會總體的依持下逐漸
生發長養而成的。

像以上所講這樣的「成聖觀」，充極而盡，則如孟子所說「可
欲之謂善，有諸己之謂信，充實之謂美，充實而有光輝之謂大，
大而化之之謂聖，聖而不可知之之謂神」**31**，這是從生命的生長的
特質長養起，在自我的理解與肯定下，而去開啓自家的生命，即
此生命的本分充而實之，這就是所謂的「美」，而進而讓自家的生
命能如陽光般的顯現其自己，此之謂「大」。進一步，這樣的「大」
化於倫常日用之間，無所罣礙，此之謂「聖」。再者，生命只是如
其道理的實現其自己，只是圓融一片，無所分別，此即所謂的

---

30 見《孟子》〈萬章〉下，第一章。
31 見《孟子》〈盡心〉下，第二十五章。

「神」。顯然地,這樣的歷程是由當下的求其放失之心,歸返怵惕
側隱的良知本體,再加以保任、擴充、發展而完成的。肉身雖為
有限,但人的生命前瞻與發展的願欲,卻要求著無限,這無限的
願欲為道的總體的根源所本來具有,並求其邁向於道的根源性總
體之中。賢、愚,智、不肖,人的稟性或有不同,但所具的成聖
之可能是一樣的,因為成聖之所以為成聖乃是以自家的生命資具
去成就其自己而已,這樣的成就其自己,能充極於整個大化流行
的天地之間,能長養於整個生活世界中,便是所謂的「聖人」,如
陽明所謂人之成為「聖人」譬若眞金,雖成色分兩有所異,但以聖
人之為聖人則無不同。³²或許,我們可以說陽明的聖人觀將原先
儒家的聖人以更為落實的方式將它推展出來,平鋪的放在活生生
的生活世界之中,這也無怪陽明弟子有「滿街是聖人」的體會
了。³³

---

32 關於陽明的「成色分兩」的看法,請參見楊祖漢〈王陽明的聖人觀〉,收
入《儒家的心學傳統》,第六章,頁 269-286,文津出版社印行,台北,
一九九二年六月。

33 按「滿街是聖人」一語出自王陽明《傳習錄》,卷下,原文是「一日,王
汝止出遊歸,先生問曰:遊何見?對曰:見滿街人都是聖人。先生曰:你
看滿街人是聖人,滿街人到看你是聖人在。又一日,董蘿石出遊而歸,見
先生曰:今日見一異事。先生曰:何異?對曰:見滿街都是聖人。先生曰:
此亦常事耳,何足為異!」(商務版,頁 255 ,一九七四年八月台四版)
就原文脈絡,滿街是聖人之說,原亦可嘉可喜,但陽明後學秉此話頭,而
有所張狂也。又劉蕺山云「今天下爭言良知矣,及其弊也,猖狂者參之以
情識,而一是皆良;超潔者蕩之以玄虛,而夷良於賊。」(見《劉子全書
及遺編》,卷六〈證學雜解〉,頁十四,總頁 113,中文出版社印行,一
九八一年六月,日本京都)。作者此處所援用者為其勝義下的「滿街是聖人」。

六、儒教的異化與歸復——境界型態的圓、心性修養的圓、道德實踐的圓

　　順著以上的脈絡說來，我們要繼續去闡明儒教之做為一道德實踐的圓聖之教。什麼是圓聖之教？我們先要解決這樣的一個問題。我們暫且用一對比的方式來講這個觀念。如果簡單的講，「斷裂」就是「離」，而這樣所成就的宗教姑可以名之為「離教」。但是你通過另外一個角度來講，「離」就解除了咒術（disenchantment）。如瑪克斯・韋伯所說，我們可以藉這個詞來說，其實整個西方文化的發展，一直很努力在克服這個咒術的傳統，而真正走出來。或者，早從「伊甸園神話」就可以很清楚的發現到所謂「解除咒術」的原型。人受了誘惑，吃了智慧之果而墮落，所以上帝把人逐出了伊甸園。因為人被逐出了伊甸園，所以人開啓了人的世界，這是很重要的。

　　在中世紀以前，大概人很努力地希望通過各種方式，回到伊甸園，通過儀式，通過修行，通過各種方式。但是你可以發現到了啓蒙時代（Enlinghtenment）之後，點燃了人理性的亮光，對這個問題的理解開始改變。這個世界就是一個美好的世界，是一個自然的世界（natural world），它有自然的法則（natural law）。而這個自然的法則是上帝所造，人的理智可以認識這個自然的法則。而人做為一個上帝所造的存有，是應該要符合於這個自然的法則去行事的。從某一個角度看起來這個有一點像中國人的思想，沒有錯，那時候正是中國思想剛好傳到歐洲的時候，像孟子

的思想便是著名的例子。當然，我們不適合一廂情願的以爲孟子影響到了歐洲的思想，而造成文藝復興運動。不過，至少我們可以說，剛好有某些地方若合符節，不然孟子的思想就傳不進去。

關於這個問題，吾人若做進一步的追索，你可以發現到西方人是要揚棄以前的想法。我們藉著剛剛講的伊甸園神話繼續來詮釋，它可能就變成是另外的，並不是人被上帝逐出來了，而是人把上帝封鎖在伊甸園裡。這個是不是有一點像尼采所說的上帝已經死了。類似這樣的方式，我們倒過來想這個問題，不是上帝造了人，而是人造了上帝，人造了一個無所不能而且能夠造人而且造了這個世界的存有，叫做上帝。這就是人把自己異化，在一個超絕的世界擺了一個圓滿的典型，做爲一個永遠的追求。像唯物論者，便有思想家做這樣的主張，在這主張的影響下它有了一個新的轉變。轉過來說，人做爲一個人在這個世界，強調人的人性（humanity），而這個具有人性而活生生的人進到這個世界，西方在這裡做了很大很大的翻轉。但這並不意味著西方就沒有其他的思想，其他的思想受了它的衝擊也就開始轉，存在主義的神學跟這個當然有很大的關係。其實它還是強調上帝就在你心中，上帝就是愛，而愛就在你心中，所以那個超絕的人格神已經開始內在化，成爲一個動能，其實那個動能就非常像孔子所說的「仁」的觀念，這是一個很大的轉變。所以當你去看存在主義哲學的東西，以及詮釋學的東西，你會覺得跟中國很接近嘛，這是西方哲學繞一個大圈以後走出來的，但是它們理論的背後還是不大一樣，這便牽涉到更複雜的問題，於此暫略不論。

如上所說，可見就「圓教」和「離教」這兩個觀念來講的話，

西方現在正在轉變之中。依中國哲學的傳統看來，所謂的「圓教」要如何理解呢？圓與不圓，如何圓，這問題很麻煩。就理論上來說，天人不是斷裂的，而是連續的，是通統為一個不可分的整體的，是一種圓環式的思考（circular thinking）下所構成的，是即歷程，即當下，即超越，即內在，這便是中國文化中「圓教」的特質。[34]大體說來，若通過整個歷史世界具體的實踐，而使其為圓滿，這樣的圓才是真正的圓，這是「道德實踐的圓」，而不是「境界形態的圓」；這是「道德實踐的圓」，而不是「心靈修養的圓」。我覺得宋明理學家儘管他們很強調道德實踐，但整個說來卻傾向於境界形態下的道德實踐，這是值得注意的。

　　如果我們把「道德實踐」跟「心靈修養」作一個對比。道德實踐的圓強調的是「士不可不弘毅，任重而道遠」「自強不息」，像這樣子在一個永恒的努力裡頭，而說其為圓，它並不是「當下即是」的圓。宋明理學家很多很了不起的，但是這個地方難免是一的未中的。因為他們處在一個「異化」的存在情境之下。什麼是異化？異化也者，西文所謂的「alienation」，根據我的理解簡單的講就是「not at home」，用中國以前的那個老話來說，就叫「亡其宅」，沒有了自己的家，成了一個流浪者，你回不到自己的家。[35]宋明

34　關於「圓教」的問題，其詳請參看牟宗三《圓善論》，第六章「圓教與圓善」頁 243-305，台灣學生書局印行，一九八五年七月，台北。

35　此處所述有關「異化」（Alienation）一詞，請參看 Wilfrid Desan "Marxist Semantics" 一文，收入氏著《The Marxism of Jean-Paul Satre》一書，頁 26-33，Anchor Books, U.S.A，並請參看洪鎌德著《馬克斯與社會學》，第五章、

理學家是在一個帝皇專制的高壓底下，人做為一個人，其實不能夠那麼直接的做為一個「活生生的實存而有」進入到這個歷史社會裡面，談所謂的「道德實踐」。由於有一些地方沒有辦法談，所以那個時候的「道德實踐」，它往往是比較往內收回去的，比較是境界型態的，比較是屬於心靈修養的。那種異化狀態所產生的實踐，就不是一個所謂朝向圓滿的實踐，它會把它作成一個境界型態的方式，而境界型態的就變成一種形而上的保存，它不能夠具體的、真實的落實在人間世裡面，它很多事情不能處理，而且它忘了要處理。譬如說人做為一個人為什麼要隸屬於別人，主奴的關係早應該去掉了，君臣的關係早該變成是平行的、對列的，不是上下的、隸屬的關係。但是宋明理學家這個觀念不清楚，為什麼不清楚呢？長久的帝王專制的傳統，你何以能冀望他們清楚，你苛求他們清楚的話，是用現代人的標準去要求古人。但是有一個很重要的地方，他用這種境界型態的方式而完成一種「形而上的保存」，而這個道德實踐的動力亦因之有了一個不同的轉向。[36]

　　如上所說，關聯著「斷裂」而成就的是一「離教」，關聯著「連續」而成就的則是一「圓教」，圓教之為圓，有「道德實踐的圓」，有「心性修養的圓」，有「境界型態的圓」，這原本是通而為一的，但後來卻有了異化與分隔。截至目前為止，儒教之為儒教，如何

馬克思批判性社會學說——人性論，頁 127-131，遠景出版社，台北，一九八三年二月。

36　關於此，請參見林安梧〈實踐的異化及其復歸之可能——環繞台灣當前處境對新儒家實踐問題的理解與檢討〉，收入《台灣·中國——邁向世界史》，唐山出版社印行，一九九二年八月，台北。

去克服此異化與分隔，眞正喚醒儒學的實踐意識，落實於一不休止的實踐歷程中，仍然是一刻不容緩的事情。儒教所強調的成聖，亦在此情況下，才能達到一充極而盡的圓滿，如此之聖，才能稱之爲「圓聖」。

副論二 「絕地天之通」與 「巴別塔」

—— 中西宗教的一個對比切入點之展開

提 要

　　本文是想通過一文獻的解讀方式，再參之以文化類型學及宗教類型學的方式，希望對於中西的宗教型態有一個概括性的把握。筆者以為宗教的類型究極而言皆與所謂的「天人之際」有密切的關係，因此筆者採取了中國古代文獻《尚書》〈呂刑〉中所載的「絕地天之通」與基督教《聖經》〈創世紀〉第十一章，中所載的「巴別塔」作為一對比；指出所謂的「絕地天之通」所指的是「絕限的絕」而不是一「斷絕的絕」；它強調的是民神異業，敬而不瀆，從一 shamanism 的傳統而為一天人、物我、人己皆通而為一的「存在之連續」，而這樣締造成的宗教乃是一「因道以立教」的型態。相對於此，所謂的「巴別塔」則指向一「存在的斷裂」，因之而締造的是一「立教以宣道」之宗教型態。最後，筆者希望能由如保羅，

田立克（Paul Tillich）所強調「創造關連的上帝」（God as Creating and　Related）及馬丁布伯（Martin Buber）所強調的「I and Thou」與儒學的「一體之仁」能作為中西雙方會通的一個可能。

關鍵詞：絕地天之通、巴別塔、一體之仁、上帝、天人之際

一、問題的緣起

人生於天地之間，最爲根本的幾個面向是：天人，物我，人己；就這三個面向而言，「天人之際」處理的是人與冥冥中的絕對者（神）之關係之問題，「物我之別」處理的是人與外界存在事物的關係之問題，「人己之間」處理的是人與人及人群間的問題。就這三個問題而言，又以「天、人」的關係最爲重要，它對於另外兩者具有決定性的影響。或者更恰當的說，這三者是關連成一體的，「天人之際」的問題很可能即是「人己之間」及「物我之別」等問題之投影。只不過由於天人的問題所處理的是更爲內在而幽微的問題，它更具原始性，同時更具典型性，因此，只要您把握住了這個關鍵點，您就能清楚的掌握到人類文明的入路，從而清晰的論斷出彼此的異同。

事實上，「宗教」（Religion）一詞，本來的意思即指得是：「人與神之間的連結」[1]。這指的是天人分隔以後再結契的意思，不同的文化有不同的分隔方式，同時也有不同的結契方式。再者，宗教絕不能孤離開來看，它必得關連到整個人的存有結構，尤其相較於其它問題，它又具有優先性，理解任何一個族群的文

---

[1] 「宗教」一詞，拉丁文作 Religare，其意爲連結及再結，指得正是「人與神的再結」的意思；一說作拉丁語的 Religio，其意爲「敬神」。依《說文解字》而言，「宗」指的是「尊祖廟」，「教」指的是「上所施，下所效」，「宗教」連稱以譯西文之 Religion 允恰切，就字面上看來，西文之 Religion 隱含著「斷裂」（discontinuity）之義，而漢文之「宗教」則隱含著「連續」（Continuity）之義；「連續」與「斷裂」正是中西最大分野。

化幾乎不能忽略其宗教，這可以說成了任何一位人文研究者的共識。

　　就筆者這些年來的接觸所及，發現由於國內思想界的諸多辯爭及自家文化的劇烈轉型，因而使得中西文化的分際變得極為模糊，這一方面可以把它視為彼此已然融合的趨勢，但卻也可能是在西方文化的強烈衝擊之下，中國文化已然不保，中國文化事實上又陷入一更為嚴重的「次殖民地」之境域中，這的確是一令人憂心的問題。再者，因為整個西方的現代化所強調的合理化（Rationalization）所帶來的是一帶有宰制性的一般化及齊一化，這無形中給人類的文明帶來看似繁榮其實是衰竭的徵兆。當然西方的諸多思想家大體都注意到了這個問題的嚴重性，並且試圖通過一種理性的解構來挽回此頹危之勢；但人們的思考方式卻常圍限於自己的文化所帶來的主導性及宰制性，尤其以西方文化的絕對強勢，一方面它宰制著世界，另一方面它實亦宰制著它自己。明顯的，當代許多西方的知識分子對於西方文化嚴重的批評，他們在方法上卻仍為自己所圍限，在自己原來的圈圈裡打轉，跳脫不出去。筆者以為若能通過一對比的省思，當能更清楚的顯示當前的人類面臨的文化貧困是如何的一種問題，又該當如何的解開。筆者找尋了一個中西宗教的切入點──「絕地天之通」，以作為彼此文化類型的根本定位，從而展開其論述。

　　「絕地天之通」可以說是任何一個民族都有的古老神話，它代表的是人類由盲昧的洪荒走向文明的理性的第一步。不同的「絕地天之通」的方式，正反應著不同的世界圖象，不同的文化進程，不同的經濟生產，不同的社會構造，不同的理性思維，不同的道德

規範，以及不同的宗教信仰。以中國而言，「絕地天之通」的故事
首見於《尚書》〈呂刑〉，又見於《國語》〈楚語〉，其所指的年
代儘管有些不同，但從故事的內容構造中我們卻可以發現它所指
的意義是一樣的。以西方文化下的基督教作一對比的話，我們可
以找尋到《舊約全書》〈創世紀〉的「巴別塔」。從中我們似乎可
以明顯的發現彼此典型的不同，似可因之而解開中西宗教異同之
謎。

筆者以爲對於中西宗教異同之謎的解開，方足以進一步論略
儒家之做爲一個宗教的地位與意義，並且關聯到整個生活世界來
說，我們才能進一步去觀察省思儒家思想與歷史社會總體的辯證
關係爲何的問題。

二、「絕地天之通」所呈現的中國宗教文化史之意義

《尚書》〈呂刑〉上說：

> 民興胥漸，泯泯棼棼，罔中于信，以覆詛盟。虐威庶戮，方
> 告無辜于上。上帝監民，罔有馨香德，刑發聞惟腥。皇帝哀
> 矜庶戮之不辜，報虐以威，遏絕苗民，無世在下。乃命重黎，
> 絕地天通，罔有降格。群后之逮在下，明明棐常，鰥寡無蓋。
> 皇帝清問下民，鰥寡有辭于苗。德威惟畏，德明惟明。

這段話說的是，古老的世代，人們逐漸開化，連帶地也遠離了渾沌的狀態，作為一個人的特性逐漸的突顯出來，彼此相互的侵奪，殺戮，上帝見此不幸，便想以其德威來阻止人們的殘暴。於是祂派遣了重（司地者）與黎（司天者）絕斷了人們通往天地鬼神的通道，使鬼神不再直接干涉到人們的活動。如此一來，就使得人們往德明（道德及智慧）之路邁進。當然這段話的義蘊極為豐富，而且充滿著歧異性，不過它卻清楚的指出了：當人類封住了（絕限了，斷絕了）與天地鬼神的通道，人類才真正邁入了人的世界。值得注意的是，這裡所謂的「封住」並不意味說從此之後，人與天地鬼神就再也沒甚麼關係；而是說人與天地鬼神有了一個普遍而恆定的關係。這是人們從偶然的，不定的，渾沌的狀態走出的決定性的一步，這個轉捩點的形式，可以說便隱含著那個民族的一個基本的生命樣式。

為了更清楚的給這一段話定位，我們可以引《國語》〈楚語〉來作說明：

> 「──王問於觀射父曰：《周書》所謂重黎實使天地不通者，何也？若無然民將能登天乎？對曰非此之謂也·古者民神不雜，民之精爽不攜貳者，又能齊肅衷正，其智能上下比義，其聖能光遠宣朗，其明能光照之，其聰能聽徹之；如是則明神降之，在男曰覡，在女曰巫。是使制神之處位次主，而為之牲器時服，而後使先聖之後有先烈，而能知山川之號，高祖之主，宗廟之事，昭穆之世，齊敬之勤，禮節之宜，威儀之則，容貌之崇，忠信之質，禋絜之服，而敬恭明神者，以

為之祝，使名姓之後，能知四時之生，犧牲之物，玉帛之類，采服之儀，彝器之量，次主之度，屏攝之位，壇場之所，上下之神，氏姓之出，而心率舊典者，為之宗。于是乎有神明類物之官，是謂五官，各司其序，不相亂也。民是以能有忠信，神是以能有明德，民神異業，敬而不瀆，故神降之嘉生，民以物享，禍災不至，求用不匱。及少皞之衰也，九黎亂德，民神雜揉，不可方物，夫人作享，家為巫史，無有要質，民匱於祀，而不知其福，烝享無度，民神同位，民瀆齊盟，無有嚴威，神狎民則，不蠲其為，嘉生不降，無物以享，禍災薦臻，莫盡其氣。顓頊受之，乃命南正重司天以屬神，命火正黎司地以屬民，使復舊常，無相侵瀆，是謂絕地天通。」

這段話極為清楚的說明了所謂「絕地天通」的意義，就理想的狀況而言，「民、神」是不雜的，「人、神」是有所分別的；不過，這並不意味著說「人、神」就分離而不交。事實上，這正說明一個具有必然性及合理性的神人關係之建立。在這裡我們發現在中國文化傳統中，原始的巫祝傳統中已包含著極高的道德實踐色彩，或者我們可以更進一步的說：「神人之際」是通過德行來分判的，以是之故，所以「民是以能有忠信，神是以能有明德，民神異業，敬而不瀆」。至於民神雜揉則是一種亂德的狀態，結果是「民瀆齊盟，無有嚴威，神狎民則，不蠲其為，——禍災薦臻，莫盡其氣」；而所謂的「絕地天通」乃是「使復舊常，無相侵瀆」。換言之，「絕地天之通」為的是尋求一個神人溝通的恰當管道，經常管道。

　　如上所述，我們發現「絕地天之通」這裡所謂的「絕」所指的

是一個「絕限的絕」而不是一「斷絕的絕」，由於有所絕限，便可以「人神異業，敬而不瀆」；但又由於不是斷絕的絕，故人神之際是可以通而為一的。[2]這清楚的顯示：在中國古文明裡，一方面含有薩滿教式的信仰（Shamanistic belief），另方面則又含著高度的道德實踐色彩。這兩者並不是相背離的，而是合而為一的。關聯著這種「絕地天之通」的情況下，中國文明的特質可以將之定義在「存有的連續」及「天人合一」這兩項上。

再者，我們勢將發現關連著這種「存有的連續」及「天人合一」，中國在自然方面則強調「物我合一」，而在社會方面則強調「人己合一」。無可懷疑的，一個族群的宗教信仰，及其社會構造，以及其世界圖象是相應為一的；而作為人們終極關懷的宗教信仰往往更能保存那個族群最為根本的思維模式，我們一旦深入了這個核心，便能掌握全局。

三、「巴別塔」所呈現的基督宗教文化史之意義

處理了中國傳統上所謂的「絕地天之通」後，筆者想對比的指出另一則來作比較。基督教的《舊約全書》〈創世紀〉曾有一則這

2　王夫之於所著《尚書引義》〈皋陶謨〉對此有更進一步的析論，見林安梧著〈〈船山論天人之際〉──《尚書引義》〈皋陶謨〉一文疏解〉，見《王船山人性史哲學之研究》，頁 143-151，一九八七年九月，東大圖書公司印行，台北。

樣的記載：

> 「第十一章　那時天下人的口音言語都是一樣，他們往東邊
> 遷移的時候，在示那地遇見一片平原，就住在那裡，他們彼
> 此商量說：來吧！我們要作磚，把磚燒透了，他們就拿磚當
> 石頭，又拿石漆當灰泥。他們說：來吧，我們要建造一座城，
> 和一座塔，塔頂通天，為要傳揚我們的名，免得我們分散在
> 全地上。耶和華降臨要看看世人所建造的城和塔。耶和華
> 說：看那他們成為一樣的人民，都是一樣的言語，如今既作
> 起這事來，以後他們所要作的事，就沒有不成就的了。我們
> 下去，在那裡變亂他們的口音，使他們的言語不通；於是耶
> 和華使他們從那裡分散在全地上，他們就停工不造那城了。
> 因為耶和華在那裡變亂天下人的言語，使眾人分散在全地
> 上，所以那城名叫巴別。（就是變亂的意思）」[3]

事實上，這段話必須與《舊約全書》第三章所述「伊甸園的神話」
合看，當始祖被誘惑，違背主命，上帝一怒，便欲將之逐出伊甸，
經書上面這樣記載著：

> 「──耶和華上帝說，那人已經與我們相似，能知道善惡，
> 現在恐怕他又摘生命樹的果子吃，就永遠活著，耶和華上帝

---

[3]　參見基督教《聖經》〈創世紀〉，頁 10-11，香港聖經公會印發，一九九
　　一年，香港。

便打發他出伊甸園去，耕種他所自出之土，於是把他趕出去
了。又在伊甸園的東邊安設基陸伯和四面轉動發火燄的劍，
要把守生命樹的道路。──」[4]

就這段話來說，它清楚的告訴我們，人食了善惡之果，便分辨了善惡，豈容它再摘生命樹的果子吃，又豈容他仍居於伊甸園。這樣的「絕地天之通」的意思，是值得我們注意的。它告訴我們，人類一旦走向理性便必然的要離去了原始的渾沌，與那超越的絕對者疏隔開來，天人分離為二。

　　再就所引十一章，我們發現即使人類用了再大的努力，想通過一語言概念所成的建築之塔，去縫合天人之間的分隔都是不可能而且不被允許的，它甚至因此遭來更嚴重的後果，在上帝的大能之下，變亂了人們的口音，使得大家言語不通，陷入一更為嚴重的疏隔現象之中。顯然的，除了上帝之外，人們是不可能奉自己的名，因為人自己的名是不能與上帝相提並論的。

　　《尚書》〈呂刑〉及《國語》〈楚語〉所顯示的「絕地天之通」與《舊約全書》上記載的「絕地天之通」顯然南轅北轍，前者雖區分了「天人之際」，但仍然相信「天、人」是可以感通的，在薩滿教的儀式之中又隱含著道德的實踐色彩，而且顯然道德實踐的色彩才是更為根本的。換言之，這樣的「絕地天之通」只是想讓「民神異業，敬而不瀆」。上蒼所希望人們的是以神明聖智來達成一具有必然性及合理性的天人關係，並不是非要將天人絕對的疏隔開

─────────────

4　前揭書，頁4。

來不可。正因爲他所走的是這樣的「連續之路」、「天人合一之路」，因而它以道德實踐爲首出，並且認爲道德實踐是通天徹地的，它能縫合天人之間的疏隔。

順著這樣的思維樣式，便極爲自然的以一種參贊天地的理解及詮釋方式，將自己的生命和自然的生命關連在一起，自然萬物因而充滿著價值性的色彩，人參贊之，感受之，實踐之，調適而上遂，通極爲一。《易傳》所謂「大人者與天地合其德，與日月合其明，與四時合其序，與鬼神合其吉凶」，蓋如是之謂也。宋明理學家之強調「吾心即宇宙，宇宙即吾心」正是此思路發展的極至。

相對於中國文化傳統的天人之際之爲一連續性的關係，西方文化傳統的天人之際是一斷裂性的關係。[5]兩相對比之下，就其爲連續的關係而言，在宗教上，它便無一似基督宗教創世的神話，亦因而無一夐然絕對與人間世隔離開來的至上神[6]；在認識上，它強調的是一直接契入的感通互動，而覺得言說概念是一暫時性的次要之物；在社會構造上，它是一個波紋型的構造方式，而不是一綑材型的構造方式，是一差序格局，而不是一團體格局[7]；就其爲不連續的關係而言，基督教表現出來的文化則適爲相反。

5　杜維明於所著〈試談中國哲學中的三個基調〉中曾清楚的指出「這種可以用奔流不息的長江大河來譬喻的『存有的連續』的本體觀，和以『上帝創造萬物』的信仰把存有界割裂爲神凡二分的形而上學絕然不同。」(見〈中國哲學史研究〉，一九八一年，第一期，頁20。

6　美國學者牟復禮（F.W.Mote）即作如是說，見上所引文。

7　參見費孝通所著《鄉土中國》〈差序格局〉一節，頁22-41，台灣影印版。若擴大言之，我們發現包括「語言文字」，「紀年方式」等等都是如此，中西「天人之際」的差異是系統性的，不是偶然的，值得注意。

　　就中國文化而言，由於彼之文化型態是一連續體的方式，因而天人之際不必再有任何一中介者，通過一個誠敬的方式，便可以默契道妙。終極言之，它所強調的是「天人合一」，因而「此心即是天」，良心即是天理。孟子所謂「盡其心者知其性，知其性則知天矣！」[8]，陽明所謂「無聲無臭獨知時，此是乾坤萬有基」[9]都可以在這個氛圍下獲得一更切當的理解。在這種主體、道體通極為一的情況下，中國哲學自然而然的是以性善論為大宗，而所謂的性善指的是「人性的善向」，不是「人性的向善」，這也就清楚而不辯自明了。[10]

　　相對而言，就西洋文化而言，由於天人之際是一斷裂的方式，因而就須要一中介者，唯有通過這中介者，天人才可能縫合起來。而更值得注意的是這樣的一個中介者是由天所決定的，它是一所謂「道成肉身」者。[11]

四、「因道以立教」與「立教以宣道」的對比釐清

8　語見《孟子》〈盡心〉（上）第一節。

9　語見王陽明〈詠良知詩〉。

10　近些年來，天主教一方極力以「人性向善論」來詮釋孟子，新儒家一方則強調「人性本善論」，頗引起學界注意。又請參看林安梧・傅佩榮〈「人性向善論」與「人性善向論」：關於先秦儒家人性論的論辯〉，《哲學雜誌》，第五期，頁78-107，一九九三年六月，台北。

11　相應於此「道成肉身」，我們似可以說中國之型態為一「肉身成道」者。

　　經由上面兩節的疏釋，我們可以更進一步的發現：中國的宗教可稱之為一「因道以立教」的方式，而西方的基督教則是一「立教以宣道」的方式。

　　這樣的區分，其問題的關鍵點在於中國文化仍然走的是一「天人合一」的連續之路；而西方宗教則走的是一「天人分二」的斷裂之路。

　　就表面上來說，中國似乎沒有走出原始的薩滿信仰，各式各樣的民間信仰雜陳，泛靈論則是其一貫的想法。的確，我們似乎一直沒有走向一「體制的宗教」，我們似乎一直停留在一「自然的宗教」的情況下；但值得注意的是，這並不意味著這樣的宗教就比較原始、比較落後、比較低下。事實上，中國所走的是一條獨特的路子，他發展成另一形態的宗教理性。正因為這種獨特的情況，使得中國的文化及中國的宗教呈現一獨特的「層級堆積」的模式。在這情況下，極為原始的宗教樣態和極為開化的宗教樣態並陳在一起，正如同一地質層的結構，層級的堆積在那裡。換言之，中國並不是徹底的停留在一原始而落後的薩滿信仰之內，他有他自己的發展，只不過他的發展並不悖於「薩滿信仰」之格局，他採取的不是「克服替代」的方式，而是採取一「層級堆積」的方式。

　　就原始薩滿的信仰而言，它最為強調的是天人的「形、質」是可以通極為一的，「天、人」，「物、我」，「神、凡」之間並沒有真正的隔絕開來，只要經由一特殊的儀式，或特殊的管道，人便可以轉換其形質而與天地萬物合而為一。大體說來，其溝通天地神凡的方式不外經由所謂的「仙山」或「靈山」，巫師從此昇降；

經由所謂的「世界之樹」還是「宇宙之樹」，眾帝所自上下；經由各種動物，如龍虎鹿而得神遊洞天福地，與神接觸；經由歌舞音樂，各類藥物，如酒或靈芝，而得忘我神迷；經由龜策卜筮，而得神明類通與天地精神往來。*12*

總的說來，中國並沒有從薩滿信仰走出來，他不是採取一天人分隔的方式，封住了人通往天地神明的路子；而是更深刻的從薩滿信仰走進去，真正點明了薩滿信仰可能隱含的深刻內涵，從「神人的形質同一論」一轉而成為「神人的德性同一論」。換言之，第二節所述的「絕地天之通」，它不只是說明了人類文化進展所必有的權力獨占之意義，它更且說明了另一層次的意義，它指向一種「轉化的創造」（Transformative creation）*13*經由此「轉化的創造」，人的「人文性」（Humanity）始得盛發出來，人始能真正成為一個人，而宗教亦因之而轉為一「人文性的宗教」（Humanistic Religion）或「道德的宗教」（Moral Religion）。

大體說來，這是一個長遠的演進歷程，從傳說中的伏羲、神農到周公乃至孔子才得完成，而最重要轉折的關鍵點當是孔子，

---

12 請參見張光直著《考古學專題六講》，頁 6-10，台北，稻鄉出版社，一九八八年出版。

13 楊向奎論及絕地天之通的神話時說「——那就是說，人向天有甚麼請求向黎去說，黎再通過重向天請求。這樣是巫的職責專業化，此後平民再不能直接和上帝交通，王也不兼神的職務了……國王們斷絕了天人的交通，壟斷了交通上帝的大權。」（見氏著《中國古代社會與古代思想研究》上冊，頁 164，上海人民出版社，一九六二年出版。）他明顯的告訴我們天人溝通的獨佔，即是政權的獨佔。但筆者以為這裡還含著一「轉化的創造」的意思，它更且代表一人文化的意思，截至孔子始盛發此義，後詳說。

誠如孟子所言，孔子是謂「集大成」。伏羲氏通過一「觀象於天，觀法於地，觀鳥獸之文，與地之宜，近取諸身，遠取諸物」的工夫，制作了八卦，爲的是「以通神明之德，以類萬物之情」。[14]這是通過一「類通」的方式，經由所謂的「法象」，而與於神明之德，及萬物之情。顯然的，它所走的路子已從原始的巫教信仰轉而爲人文道德之路，而值得注意的是，這樣的人文道德之路是不悖於原始的巫教之格局。天人的關係仍然是一連續的合一關係，天人之際仍未以「斷絕」的方式徹底的區別開來，它仍以一種「絕限」的方式作了區別，進而關連一處，合爲一體。由這種「天人合一」的格局所開啓的人的理性狀態是不同於以一種「天人分隔」的格局所開啓的理性狀態的。前者，或可稱之爲「連續型的理性」，它是一種情理，一種性理，一種道理，一種「天人、物我、人己」皆關連爲一體的理性；而後者，當可稱之爲「斷裂型的理性」，它是一種理智，一種理性，一種經由主客對立，彼此切開的理性。

中國這種連續型的理性，這種關連爲一體的理性，事實上，一直到孔子才徹底的穩立起來。歷史上的伏羲取得了人詮釋的首出性，它代表的是一人的世界之來臨；由神農到黃帝代表的是一個族群的逐漸形成，再經由堯舜禹湯，直到文武周公，這才眞正奠立起所謂的「宗法封建社會」，中國族群找尋到了一個穩定的外在的型模，孔子由這外在型模的深刻反思中，眞正的開啓了人存在的價值之源，點出了所謂的「仁」。「仁」作爲一人與人之間的道德的眞實感，一種存在的眞實感，經由這樣的眞實感而達到一

---

14 見《易經》〈繫辭傳〉下，第二章。

人格性的道德連結。

孔子經由周代禮文的反省，而點出了這個人格性的道德連結方式，開發了生命的價值之源；往後的儒家便順著這個道路，進而將此價值之源充擴於天地之間。在這裡我們很明顯的找尋到一個極有趣的對比，中國儒家不同於西方基督教之著重於所謂的誡律，它強調的是人文之禮。禮是具體的感通情境下的依持之物，此不同於誡律是一絕對的威權的宰制之物。禮來自於人，而誡律則來自於神；此正如同「仁」是人與人之間那種存在的道德真實感，而基督教所說的「愛」則是來自於上帝。「盡心盡性盡意愛主你的上帝，這是誡律中的第一且是最大的；其次也相仿就是要愛人如己。這兩條誡命是律法和先知一切道理的總綱。」[15]顯然的，即使是愛也是一種誡律，誡律是上帝所給出的不是人所自定的，因而它是絕對的，是普遍的，是永世不遷的。

值得注意的是：這種依於絕對的，普遍的，永世不遷的誡命而來的愛是沒有差等的。彼此相愛，正如同愛主你的上帝一樣。這種絕對而普遍的愛不同於儒家的「仁」，仁是一種存在的道德真實感，是一種等差之愛，它是一不可自已的實踐要求，它不同於所謂的誡命。它不是依於一絕對的威權而有的大能，它是來自生命深處不可自已的生生之仁，是源泉滾滾，沛然莫之能禦那種根源性的感動。

作了以上的疏釋，我們可以清楚的發現由天人的分際之不同，便有了一不同的連結方式，而此不同的連結方式正反應著所

---

15 見《新約全書》〈馬太福音〉第二十二章，第三十七至四十節。

謂的不同的宗教。由「天人合一」連續之路發展出來的格局，可以儒家爲代表，它強調的是去擴充生命的價值之源，由親親而仁民，仁民而愛物，它所著重的是來自於生命深處那不可自已的「存在的道德眞實感」，及由此而得締造的人倫社會。[16]這即是我所謂的「因道以立教」的方式。「道」作爲宇宙人生最高的原理原則，是一切的價值之源，而此價值之源是內存於人自身的；只要是依於此「道」，便是暢發吾人生命的價值之源，如此之教便皆爲吾人所接受，所涵納。儒、釋、道三教可以置放於此型模中來處理，甚至說此三教同源，在文化史上雖屬差謬，但於義理詮釋上仍然是順適而可解的。事實上，如果依此「因道以立教」的型模，我們甚至可以將所有的宗教納入此中，而得一融通淘汰，以成就一更高的人類宗教。

就基督教的型模而言，我們可概括的稱之爲一「立教以宣道」的方式。從《舊約全書》中的絕對的「權能」轉而爲《新約全書》中絕對的「愛」，「愛」與「權能」是合而爲一的，它們都依於至高無上的上帝，依於上帝以爲「宗」，循上帝的誡律以爲「教」，由此宗教而有所謂的「道」（道路），這樣的型模即我所謂的「立教以宣道」。

---

16 筆者這裡只取了儒家作爲代表，事實上，道家或道教的型模亦不背於此。儒家是以人格性的道德連結而得天命性道貫通爲一，道家則以境界性的藝術連結的方式而得天地與我並生，萬物與我合一；道教則以薩滿式的忘我神迷而得與天地鬼神交通。

五、結語

如前節之所述，似乎「因道以立教」與「立教以宣道」的方式，中西宗教是否因此迥然各異，殊途而不可能同歸呢！或者我們仍然可以找尋到一個匯通的可能呢！

比較而言，基督教「立教以宣道」的型模在表面上似乎沒有中國傳統所強調的「因道以立教」來得寬廣，但近幾百年來的發展與轉折卻有一嶄新的丰貌，上帝與其說是一超越的人格神，毋寧說祂是一創造性自身（Creativity），說祂是一以一種「我與您」（I and Thou）的關連性而關連為一體。[17]顯然的，若就此而言，我們似可以通過中國文化的最基本型模的《易經》所強調的「生生之謂易」或「天地之大德曰生」作為一溝通及接榫的過渡，以創造性自身作為兩者匯歸之所。再者儒學所強調的「仁」，那做為存在的道德真實感的怵惕惻隱之仁，那強調經由人生命深處深沉的感通振動而關連為一體的「一體之仁」[18]，正如馬丁‧布伯（Martin Bubber）所說的「我與您」的關連性。從創造性自身找著了兩者存有論的溝通管道，從「我與您」找著了兩者實踐論的匯通可能，筆者以為這

---

17 保羅‧狄利希（Paul Tillich）於所著「系統神學」（*Systematic theology*）中強調一創造的關連的上帝（God as Creatint and Related），見氏著第一冊，第十一章、又馬丁‧布伯（Martin Buber）於所著「*I and Thou*」之中盛發此義。

18 儒學自孔子孟子以來即作如是之強調，直到王陽明的〈大學問〉始盛發此義。

或許是作爲中西文化下的兩個大教（儒家與基督教）的對話的可行途徑。

值得注意的是，長久以來的中國傳統所強調「因道以立教」的型模，由於它限於連續觀及合一觀的格局，使得中國人未能眞切地正視人的有限性；而此正視人的有限性正是基督教傳統的特色，在此匯通的過程中儒家或許可能得到一更眞切的認識。

副論三 《後新儒家哲學論綱》的詮解

提 要

　　本文旨在經由《後新儒家哲學論綱》的詮解，對一九四九年以後於台灣發榮滋長的「台灣當代新儒學」，展開批判與前瞻。

　　首先筆者指出往昔，儒家實踐論的缺失在於這實踐是境界的，是宗法的，是親情的，是血緣的，是咒術的，是專制的，這些一直都掛搭結合在一起，分不清楚。

　　再者，筆者指出實踐概念之為實踐概念應當是以其自為主體的對象化活動所置成之對象，而使此對象如其對象，使此實在如其實在，進而以感性的透入為起點，而展開一實踐之歷程，故對象如其對象，實在如其實在。後新儒家的實踐概念是要去開啟一個新的「如」這樣的實踐概念。這是以其自為主體的對象化活動做為其啟點的，是以感性的學分為始點的，是以整個生活世界為場域的，是以歷史社會總體為依歸的。

　　這麼說來，後新儒家的人文性是一徹底的人文性，是解咒了的人文性，而不同於往前的儒學仍然是一咒術中的人文性。這旨在強

調須經由一物質性的、主體對象化的，實存的、主體的把握，因而這必然要開啟一後新儒學的哲學人類學式的嶄新理解。

總而言之，老儒家的實踐立足點是血緣的、宗法的社會，是專制的、咒術的社會；新儒家的實踐立足點是市民的、契約的社會，是現代的、開放的社會；後新儒家的實踐立足點是自由的、人類的社會，是後現代的、社會的人類。

關鍵詞：後新儒學、良知、咒術、專制、解咒、血緣性縱貫軸、人
　　　　際性互動軸

一、前言：儒家實踐論的缺失及其相關問題

1. 往昔，儒家實踐論的缺失在於這實踐是境界的，是宗法的，是親情的，是血緣的，是咒術的，是專制的，這些一直都掛搭結合在一起，分不清楚；這樣的實踐概念是將對象、實在及感性做一境界性的把握，而沒有提到一自為主體的對象化情況下來理解。換言之，對象只是境界主體所觀照下的對象，實在只是境界主體所觀照下的實在，而感性只是此渾淪而境界化之感性，不是可以擘分開來的起點。

1.1 這裡標舉出來的「儒家實踐論」大體仍是就傳統儒家而言，但台灣當代新儒學亦仍如此。其所強調的「實踐」「是境界的，是宗法的，是親情的，是血緣的，是咒術的，是專制的，這些一直都掛搭結合在一起，分不清楚」。

所謂「境界」指的是著重「心性修養」，及由此心性修養所開啓的「心靈境界」。大體而言，「心性修養」這詞是可以與「社會實踐」形成一對比，兩者可以相成，但也可能只重在心性修養，而忽略了社會實踐。以傳統「內聖」、「外王」的區分言之，台灣當代新儒學仍然重在「內聖」而忽略「外王」，並以為由「內聖」可通向「外王」。

（所不同的是傳統儒學強調由「內聖」直通「外王」，而台灣當代新儒學則強調「曲通」，此容後再論。）

1.2 「宗法、親情、血緣」這是儒學的社會基礎，可以將此做為儒學滋長的歷史原因，此不同於一般從形而上的理由追溯。亦可

以說，儒學是在「血緣性的自然連結」下所長成的，當然其所長成則不限在此「血緣性的自然連結」，而上提至一「人格性的道德連結」。前者可以「孝悌」爲示，而後者則重在「仁義」。

1.3 說其爲「咒術」的，此是就中國文化之以原先的薩滿教式的信仰（Shamanism）爲基底，而相信天地人我通而爲一，並相信人們可以經由修行、儀式乃至其它奧秘之管道，而促動超越人之上的靈體，因此而導致全盤性之轉變。

1.4 說其爲「專制」的，此是就中國文化傳統之自秦漢以降的帝皇專制而言，彼所重在一「宰制性的政治連結」，並以此核心而收攝了「血緣性的自然連結」、「人格性的道德連結」，如此一來，「君」成了「君父」、「聖君」，這造成了我所謂的「道的誤置」（Misplaced Tao）。

1.5 大體而言，台灣的當代新儒學其所強調的良知學──以「人格性的道德連結」爲核心，這是繼承傳統儒學之精髓所在，值得肯定；所可惜的是，他們忽略了此「人格性的道德連結」畢竟是在「血緣性的自然連結」與「宰制性的政治連結」下所長成的。因而彼等所作形上理由的追溯多，而歷史發生原因之考察則顯然不足。

1.6 如此一來，台灣當代新儒學所強調的「良知學」仍依循著傳統儒學而帶有「專制性」、「咒術性」、「宗法封建性」，值得注意的是，這裡所說之「帶有」，是因歷史的業力伴隨而生，並不是彼等做如此之強調。這裡我們可以說，它是一「良知中心主義」者，或說是「倫理中心主義」者。

1.7 對象當是一實在之對象，而此實在之對象亦是經由主體之對象

化所置立之對象，此實在亦是經由此主體之對象化活動而成之實在，並不是一素樸離了心之外的存在；但此關鍵點在於能經由此主體的對象化活動而有所置立，若無此則不可行。這裡所謂「境界性的把握」，即未提到此主體的對象化層次來理解。如此一來，對象只是境界主體所觀照下的對象，實在只是境界主體所觀照下的實在，而感性只是此渾淪而境界化之感性。

1.8 當代新儒學於此問題並非無所覺，而是大有所做為，彼等亦想經由此主體之對象化活動，而力除傳統儒學所陷「境界性的把握」之病；但所可惜的是，歷史業力太強，當代新儒家仍以主體內在的修養為重，或者經由理論的構作將此主體內在的修養所開啓的形上理境，再一轉而為圓滿之教。其圓滿之教是以一「詭譎的相即」這樣的實踐方法論，而將現實與理想連結在一起。

1.9 前所謂「歷史之業力」此頗值得注意，今之學者所論人文之學，於此常多所輕忽，或者將矛頭指向其所敵對的陣營，其實，往往是歷史之業力所使然，化解歷史之業力，唯清明之智、慈悲之思為可也。

二、「心性修養」的「如」與「道德實踐」的「如」

2. 實踐概念之為實踐概念應當是以其自為主體的對象化活動所置成之對象，而使此對象如其對象，使此實在如其實在，進而以感

性的透入為起點，而展開一實踐之歷程，故對象如其對象，實在如其實在。這「如其」不是康德意義下的物自身的「如」，不是佛教意義下的「如」，而是在「實踐歷程而開啟」這意義下的「如」。「如」是動態的歷程，不是靜態的當下。

2.1 當代新儒學極強調「現象」與「物自身」的超越區分，所不同於康德的是原先康德義下的物自身是上帝以其智的直覺始可照見，而牟先生則以為中國文化傳統中儒、道、佛三教皆強調人有此智的直覺，故可直接照見此物自身。此是將原先屬「事實意義」之物自身義，轉成了一「價值意義」之物自身義，並將此價值意義之物自身義繫屬於道德實踐之主體，即此主體之實踐功夫，而肯定其具有智的直覺也。

2.2 這裡強調的「對象如其對象」，是經由一自為主體的對象化歷程而置立的。這樣的「如其」自不以「現象」與「物自身」的超越區分來思考，而是強調「對象的實在性」，以及「實在的對象性」，正因如此，自不是以「智的直覺」為首出，而去安立一對象，或去置立一實在，而是以感性做為透入的起點。

2.3 佛教意義下的「如」是一「平鋪的真如」這樣的「空有一如」，而不同於儒學所強調之為一「縱貫的創生」義下的「當體一如」；這裡所強調的「如」，亦不同於此當體一如之如，而是將此「縱貫的創生義」轉成一「主體對象化的歷程義，是由原先的「道體、主體」之不二，拉開來以「主體─客體」兩相對檻的方式而開啟的對象化而說的如其對象之如。

2.4 這樣的「如其對象之如」，強調的是實踐的歷程，此自可以破解境界型態之思考方式，自可以免除以詭譎之相即的方式來處

理現實與理想之問題。

3. 後新儒家的實踐概念是要去開啓一個新的「如」這樣的實踐概念。這是以其自爲主體的對象化活動做爲其啓點的，是以感性的攀分爲始點的，是以整個生活世界爲場域的，是以歷史社會總體爲依歸的。

顯然的，這樣的實踐性概念並不是以思維的實在性，及權力的實現爲目標的；而是以價值的實現爲目標，以眞理的朗現爲實在而開啓的。

換言之，這實踐概念雖然強調要經由主體的對象化做爲起點；但這裡說的「主體」便不是笛卡兒義下的思維主體，亦不是康德義下的實踐主體，而是承繼著原始儒家，致中和、天地位、萬物育，這意義下而開啓的實踐主體。

3.1 解開以「智的直覺」直接照見「物自身」的思考，強調感性在經驗界的優先性，免除了以「詭譎的相即」的方式來處理圓教與圓善的問題，此自可以免除前所謂的「境界型態」的「心性修養」，而逼向對「生活世界」與「歷史社會總體」的重視。

3.2 生活世界之爲生活世界須置於經驗界來理解，不能以睿智界與現象界兩分下，而將之置放於睿智界來詮釋；或者我們可以說「生活世界」不能直接繫屬於道體而論其鳶飛魚躍，而應面對實在的對象，而見其升降浮沉、憂樂悲喜。有如此對生活世界的經驗如實理解，才能有一恰當的歷史社會總體之理解。

3.3 歷史社會總體之理解不是一「觀相」的理解，而是一「切實」的理解，不是一感性的印象理解，而是一理性的概念分解，是提到一理論的高度來分解這樣的理解。此即後面所述之「要眞

理解生產力、生產關係、生產工具、生產者之間的互動關係」，亦唯如此才能找尋實踐的切入點。

3.4 區隔笛卡兒義下的主體與儒學所強調的主體是必要的，這主要在於此所說的「主體的對象化」是由原先「境識俱泯」、「主客不二」的情況下，因之而轉出。這樣說的「主體的對象化」並不是以「主客對立」下為起點而說的主體的對象化。這是經由「主客對立、境識俱起而兩分」，進而「以主攝客」、「以識取境」而成立的。

3.5 這裡有一極重要之特點，須得說出，在中國文化傳統是以「氣的感通」為原則而開啟的，其最終點（亦是最始點）「價值」與「事實」是不二的。正因如此，才有主客不二、境識不二之起始點，但此須得轉折而出，才能再由如此合一的最終點，此即所謂的「曲成萬物而不遺」。更值得注意的是，此不能不轉折而出，不能以原始的和諧方式而開啟。此乃已不屬原先之宗法社會、農業社會矣！而屬現代社會、工業社會矣！

3.6 康德義下的實踐主體，其所強調的是對於道德法則的遵守，並依此道德的實踐動力，而展開實踐，他所採取的基本上是一道德的主智主義之路。此不同於儒學其所強調的是當下的、存在的怵惕惻隱這樣的道德情感，即此道德情感，而為道德實踐之動力，並當下展開其道德實踐。

3.7 儒學所強調之主體是一致中和、天地位、萬物育這義下的道德實踐主體，這一方面是強調原先性命天道相貫通的老傳統，但另方面則不限於此，而是要以此為起始點，同時亦以此為最終點，至於其過程則要以前所謂的「曲成」而開展。這「曲成」

最為起點與最為終點的是「以真理的朗現為實在而開啓」,至
於其歷程則無時不以「價值的實現為目標」。這也就是說,要
深入到究竟處,而對於思維的實在性本身的限制作出批判,另
方面則是要對於權力做出深切的批判。總的來說,這即是一方
面要進到現代化,而另方面則是要對於現代化之後展開批判,
而且這批判是深入骨髓的批判,是入到存有論與知識論根柢的
批判。

三、「解咒的人文性」:歷史社會總體的實踐

4. 這麼說來,後新儒家的人文性是一徹底而基進的人文性,這人文
性是解咒了的人文性,而不同於往前的儒學仍然是一咒術中的人
文性;但更值得注意的是這樣的人文性之解咒仍然不是韋伯意義
下的解咒,因韋伯意義下的解咒乃是現代化意義下的解咒,不是
後現代世紀意義下的解咒。

4.1 這裡所謂的「解咒」是廣的來說,其實原先的儒學是與其歷史
社會密切相關的,它不離原先的薩滿教信仰的傳統,它不離其
為專制的君主傳統,它不離其為小農耕作的傳統,這幾個背景
使得它一直是以宰制性的政治連結為核心,以血緣性的自然連
結為背景,而以人格性的道德連結為工具,並且它所強調的是
以「心性的修養」,乃至「心靈境界的開啓」為目標,而忽略
了邁向歷史社會總體的道德實踐。

4.2 原先這些老傳統總結而言是「專制」、「咒術」、「宗法」、

「心性修養」相與糾結而形成一咒術型的實踐傳統,所謂的「解咒」乃是由此「咒術型的實踐傳統」瓦解而出,開啓一嶄新的向度。這也就是說,不停留在原先帶有咒術意味下的「性命天道相貫通」來思考,並展開實踐而已。

4.3 「解咒」的動力主要來自於生活世界與歷史社會總體的變化,伴隨此,原先儒學中所強調的主體能動性亦因之而開啓。換言之,所謂的「解咒」並不是由內而外,也不是由外而內,是內外交與爲一個整體而開啓的。這是符合於我們先前所強調「境識一體」之思考的。

4.4 「解咒了的人文性」不再凸出「道德與思想之意圖」來思考,不再陷溺在道德中心主義的立場來思考,而是能以一開放之多元來思考問題。它不再思考如何由道德主體轉出以開出知性主體,並因之而涵攝民主、科學的問題;相反地,他思考的是如何在整個國際總體的脈動下,我們經由學習而逐漸的進入現代化之林,在這現代化的過程中,儒學自也就不停留在原先的咒術型的人文性,而得以更爲徹底的人文性出現。

4.5 韋伯意義的解咒是神人徹底的分隔,然而這樣的分隔一方面使得人的工具理性凸出到最爲首出的地位,而另方面則亦使得神人之間的張力達到一不可言喻的境地。這樣的解咒是現代化意義下的解咒,正如同韋伯所說,這又陷入到一鐵籠(Iron Cage)之境。其實,我們亦可以將此鐵籠理解爲現代化下的咒術。

4.6 所不同於韋伯義下的解咒,後當代新儒學當開啓一新的解咒方式,此一方面繼承著原先性命天道相貫通的傳統,而另方面則又不陷在此傳統之中。這也就是說,並不是去解消掉性命天道

相貫通的基本構造，而是由此性命天道相貫通的結構轉化成一嶄新的詮釋。如此一來，「天」不再是原先的「形而上」之天，而是天地（生活世界）之總體所成之天；「天人合一」所指的就不再是人與形而上的道體融合冥契爲一，而是人與天地（生活世界）交與參贊所成之總體的合一。如此而說的「天人合一」就不落在智的直覺之朗現照明而說的合一。

4.7 顯然地，這樣的「天人合一」說，其結構仍然不悖原先性命天道相貫通的結構，而且它不是封閉了天人的通道，而是將原先超越而凸起的形而上之實體，或者被人們所極端超越對象化所成的人格神，一體平鋪，使之人如其爲人，天如其爲天，天人本是相與參贊所成的一個總體，如此，則無恐怖相、無畏懼相、無緊張相，只是坦蕩蕩而已。這方可以化解現代化之後種種恐怖、緊張、怖慄。

5. 關於教育與環境之問題，後新儒家不以強調「適應」與「感通」爲主，而是以強調「克服」與「創造」爲主。其所注重的不是以一超越的形式性原則來對治當前的問題，而是以內在的根源性動力來開啓一新的可能。此開啓即是創造，即是克服。

5.1 「適應」與「感通」所重的仍是在「氣的感通」格局下所做的思考，重視的是直接的照面，而較乏曲成的發展。曲成的發展當以「克服」與「創造」爲主。「曲成」指的是由「情境的感知」上提至「概念的思考」，由「實踐的經驗」上提至「理論的建構」，使得感知與概念、實踐與理論有其連續性，而不處在斷裂與偏枯的狀態下。

5.2 這裡標舉出「不是以超越的形式性原則來對治當前的問題」，

這顯然地不以朱子的「存天理、去人欲」來思考，其原因在於朱子之學所強調的「超越形式之理」，容易和傳統帝皇專制粘和掛搭一處，產生一種「道的誤置」的狀態，使得專制的皇權之理與超越的形式性之理誤置爲一，嚴重的話產生如戴震所言「以理殺人」的情形。這便使得原先儒學所強調的怵惕惻隱之仁沒得恰當的發展，沒得走向具體的人間實踐，反而走爲一心性修養的境界之路。

5.3 這裡標舉出「以內在的根源性動力來開啓一新的可能」，這顯然地以陽明學的「致良知」爲宗主，但所不同的是陽明學仍多半停留在「氣的感通」格局下，而乏曲成之義；不過陽明學實不限於感通與適應，而頗重創造與克服，這是值得注意與發展的。此即進一步以船山學匡正陽明學所可能導生的流弊。因陽明學仍太重視主體與道體的同一性，而忽略了主體面對生活世界是從一具體的感性擘分做爲起點的。

四、從陽明學「良知教」到船山學「性日生日成」

6. 這內在的根源性實踐動力乃承繼於陽明的良知教，船山的繼志成能之說（命日降、性日生日成）；然而更重要的是要開啓一交談的情境、互動的倫理；因此，這內在的根源性實踐動力是環著廣大的生活世界及歷史社會總體而說的，不是環著那美學的、感懷式的、境界式的生活世界而顯現的。

我以為這是重新面對孟子所說的「怵惕惻隱」而開啟的。

6.1 陽明的「良知教」所可貴的是解開了超越的形式性原則與人間世事及心靈欲求之間的矛盾，深入到生命內在的本源，重新喚醒人之為人，至為內在的根源性實踐動力。值得注意的是，這樣的根源性實踐動力，乃是來自於當下情境的感知所喚醒的，是「心無體，以萬物之感應是非為體」。「體」，不論是「形上的道體」或是「心體之體」，陽明學中隱含一個重要的傾向，即是將之導到「一體之仁」而說的「一體」，這樣的「一體」是迴返到整個人間的生活世界而說的一體。其實踐動力亦於此一體而喚醒之動力也。

6.2 船山學可貴的是徹底的打破宋明理學所強調「存天理、去人欲」的格局，代之以「理欲合一」之論，進而區別出「公理、私欲」之領域，以取代原先的「天理、人欲」之範疇。他極力的高舉人的主體能動性，面對實存的辯證性，進而開啟道德實踐，即由此道德實踐而凝成一內具之本性。這樣說來，人性乃是在不斷的開展歷程中而落實以成的，船山創造性的解釋了「天命之謂性」，而強調「命日降，性日生日成」、「未成可成」、「已成可革」，充分地擺脫了本質主義式的思考方式，轉而強調動態的實踐歷程。

6.3 伴隨著台灣的發展，台灣當代新儒學已逐漸從「血緣性的縱貫軸」的思考方式轉而為「人際性的互動軸」這樣的思考方式，它不停留在原先帝皇專制下的「順服的倫理」，而思從儒家的「根源的倫理」轉而為一「交談的倫理」來。這也就是說「這內在的根源性實踐動力是環著廣大的生活世界及歷史社會總

體而說的」，它不再是「環繞著那美學的、感懷式的、境界式的生活世界而顯現的」。我以為這是重新面對孟子所說的「怵惕惻隱」而開啟的。

7. 儒學的特點在於不置立一超越的彼岸，而是直接面對當下的此岸；這原具有一開放性的歷程開展趨向；但是值得留意的是，在於這此岸的神聖性是如何安立的。往昔的儒學這裡未免有一種專制性與咒術性，而在專制性與咒術性下的神聖性，使得這神聖性有一虛幻性，於是神聖性的內在根源實踐動力只成了心性修養的起點，而不是社會實踐的起點。

7.1 站在儒學所強調「性命天道相貫通」的傳統而言，根本無所謂「彼岸」與「此岸」的區分，這裡做這樣的區分只是方便而言。因儒學即此當下之此岸，亦是超越之彼岸，此岸彼岸是關聯為一的。

7.2 往昔帝皇專制下的儒學，歷史的業力仍存，我們仍可以看到此岸的神聖性、專制性及咒術性雜揉一處，正因如此，使得神聖性隱含一虛幻性。在這神聖的虛幻性或虛幻的神聖性下，人們又受限於帝皇專制的思維空間，因而實踐動力只成了心性修養的起點，而不是社會實踐的起點。

7.3 這也就是說因為帝皇專制的業力，使得儒學一直以順服的倫理為最重要的實踐向度，並且將此向度掛搭到根源性的倫理上頭，並以一種接近於咒術般的方式相關聯在一起，原先「性命天道相貫通」的傳統便無法「直、方、大」的通到歷史社會總體之中，無法落實為道地的社會實踐，只得轉而為心性修養，強調心靈境界。

五、革除「虛幻的神聖性」面對「真切的物質性」

8. 真面對此岸是真正視具體的生活世界，真注重廣義的生產活動（包括物質與精神，因物質與精神原是不分的），在感性的擘分下，以主體的對象化活動下，去面對此岸。

8.1 今人常有批評儒學的彼岸性不足的說法，其實，無所謂足不足的問題，因儒學之為儒學，其所重的就不是彼岸性，相對的，它之所重是此岸性，而且這此岸並不是在與彼岸對概義下的此岸，而應和著「性命天道相貫通」這樣的觀點來理解。但也正因為如此，若在專制高壓下，此岸性沒得真正的面對，它便會以一種偽似的此岸性出現，讓你高調起來，看似與道體接合為一，實則是伺伺往來的光景，將此誤認為是鳶飛魚躍、生動活潑的實存理境。

8.2 換言之，問題不在於彼岸性不足，而是在於沒真正去正視此岸之為此岸究何所指，沒真正去正視具體的生活世界。生活世界的重視不能只是依循著生命之氣的感知而展開，更須要的是如實的去理解，這便得涉及於廣義的生產活動的理解。唯有在此深廣的生產活動的理解下，在感性的擘分下，並上提至一理論性的理解，如此才能使得此具體的生活世界有一如實的理解，進而對於人性有一恰當的詮釋與安頓。

9. 虛幻的神聖性之革除，最重要的在於面對物質性，並且培養一種物質性的面對方式。首先，須學習的是主體的對象化活動，其次

要學習的是對於此主體的對象化活動所成之對象，做一對象化之把握，此對象化之把握又是一主體的把握。這不只是思維之事，不只是理論之事，而更是實踐之事。

9.1 「物質性」（Materiality）的面對往往是當代新儒學所缺乏的，他們常停留在一道德理想主義的光環中，也因此常強調形而上理由的追溯，而忽略了歷史發生原因的考察；或者以此形而上理由的追溯取代發生原因的考察，進而以形而上理由的追溯所成之理論根據做為實踐的起點，再因之而強調主體能動性的重要，意圖將此理論的根據倒裝下返，取得實踐的完成。

9.2 當代新儒學這方式已顯示彼等對於實踐的強調，但因缺乏對於物質性的重視，因此只能做為超越的宣示作用，不能真切的進入到經驗的物質性所成的人間事物之中，去開啟實踐的動力。這裡，我們看到這種超越的宣示的實踐性，根本上又帶有一種專制性與咒術性，這是我們在前面已釐清的。

9.3 主體的對象化之開啟是要如其對象而正視其為一物質性的存在，是要如其實在而正視其為一對象性的存在，而這都是由「主客不二」，進而「主客對立」，並「以主攝客」這樣的歷程而開啟的。在這裡，我們格外強調它不只是思維之事，不只是理論之事，而更是實踐之事，這指的即是前所謂「物質性」的把握，正因是物質性的把握，我們才真切的進入到實踐的領域，不致落入一空洞的、境界型態式的幻想之中。

10. 抽象的思維之必要性，此是第二序的釐清，而感性的直觀則是第一序的前引；但只是這前引仍是盲目的，必須要一根源的實踐動力之參與而才能開啟主體的對象化活動，如此才能進到概

　　念架構的層次，才能啟動理念的動力。

10.1　前面所述及的對於物質性的把握，此當以感性的直觀做為第
　　　一序，而緊接著以抽象的理論思維為第二序，因為這樣才能
　　　真切的達到主體的對象化的活動，才能完成物質性的把握，
　　　才能建立起對於生活世界及歷史社會總體的真切知識。

10.2　顯然地，在這裡我們極為強調的既要有感性的直觀，亦復要
　　　有抽象的理論思維，由感性的直觀上提而至抽象的理論思
　　　維，這是一個不可已的歷程；同樣的由此抽象的理論思維下
　　　返到感性的直觀，並進入到生活世界之中，兩兩相交，這是
　　　永不停歇的歷程。

10.3　值得注意的是，這裡所強調的「必須要一根源性的實踐動力
　　　之參與而才能開啟主體的對象化活動，如此才能進到概念架
　　　構的層次，才能啟動理念的動力」，這仍是繼承原先「性命
　　　天道相貫通」的儒學傳統而開啟的。當然，這根源性的實踐
　　　動力並不是憑空存在於主體之中，而是在主客交與參贊的過
　　　程中，當機而顯現的。只是這樣的顯現並不就停駐在一主客
　　　不二的溫潤之中，而是要由「主客不二」轉到「主客分立」、
　　　「以主攝客」的境域，這樣才可能真切的啟動理念的動力。

10.4　或者，我們可以說台灣當代儒學的嶄新發展，一方面應承繼
　　　著原先的道德理想主義，但另方面在方法論、實踐論的層面，
　　　得特別強調物質性的把握，因之而開起實踐的參贊。這也就
　　　是說，儒學不能只扮演「道德的省察」者之角色，更而要扮
　　　演一「社會的批判」者之角色，必要時它亦當扮演一「革命
　　　的實踐」者之角色。

六、擺脫「本質主義」建立「動力論」的思考方式

11. 後新儒家強調的性善，不是人性本質之善，而是人性之為一根源性的實踐動力，是即此「向」而言其為「性」，說此善之定向，而明其為性善，是「善向論」，而不是「向善論」。這是要擺脫本質主義的思維方式，而是要建立起一動力論的思考方式。

11.1 儒學的「性善論」不適合將之理解成一「本質論」義下的「性善」，這是極重要的，當代新儒學於此大體已有所見，亦多能免於此弊。不過，在帝皇專制的歷史業力下，性善論又不免被理解為一本質論義下的性善，這須得一番廓清的工夫，才能免除此業力的限制。

11.2 儒學之「性善論」當回到根源性的實踐動力上去立說，是即其「向」，而言其為「性」，說此善之定向，而明其性善，這或當名之為「善向論」。這樣的善向論是繼承著「性命天道相貫通」的傳統而開啟的，此不同於「向善論」，「向善論」之說實不免心向於善，其善是做為一目的而說，並不是如其當下，由此實踐動力之自身而發。

11.3 「善向論」這樣的「性善論」是立基於如王夫之所說「命日降、性日生日成」的人性理論而說的，是如前所說的「繼善成性」的人性理論而說的，這是置於一發展之動態歷程而說的。這樣強調動態歷程義的善向論，極重視生活世界及歷史

社會總體的物質性理解，因爲唯有通過物質性的理解，才可能使得善向論落實，不致蹈空。

12. 因此，當我們說起「宗教」的時候，往往將那神聖性以本質化的方式，內化於人性之中來處理，以爲此人性之本質即具此超越的神聖性，因而忽略了人是不能就一抽象而孤離的個體來論略他的。人須放在整個人所構成的網絡整體中，具體觀之來論略他的。

12.1 儒學所說的道德本心、怵惕惻隱，全然須得置放於生活世界來處理，但當代新儒學所強調的「智的直覺」卻接近於將超越的神聖性以本質化的方式內化於人性之中來處理，並以爲此人性之本質即具此超越的神聖性，這便是將人做了一抽象而孤離的處理，它使得人性與具體的生活世界無關，即或有關，亦只是空洞而抽象的關聯而已。

12.2 人之做爲一個「道德的存在」（moral being），這道德的存在並不是一超越於人間世的存在，道德就其根據處，或有所謂的「先驗」，但就其發生處，必在生活世界中，因此去正視在生活世界中的「道德的存在」，去重視人的升降浮沉，眞切的了解「人雖有限而可無限」之實義，才能人如其爲人，天地如其天地。這便是要正視人的「有限」性，再由此「有限」進而去探索無限，並不是一下子將自己上升到「無限」，再問如何地「由無限以開有限」。

12.3 這也就是說，一方面我們承繼「天道性命相貫通」的傳統，而另方面我們則要避免只由天道往下說，或者由自由無限心往外說，而是要正視人之做爲一有限的存在，其有限性所隱

涵之無限性，面對人為惡及墮落之可能，更而往上一提而見及人性之善及自由之可能。這便不再會出現如何一心開二門的問題，而是人具體的在生活世界之中，處在有限／無限，惡／善，墮落／自由之中，如何抉擇與提昇之問題。

13. 抽象的論略人的本質，而說其為神聖的、圓滿的、絕對善的，並以此來對比當下的、實際的世界，極易引出一消極的歷史退化觀的後果；要不然亦可能產生一空泛的神聖圓滿目標的阿Q式理解。

13.1 往昔的儒學實免不了「厚古薄今」之病，他們習於「抽象的論略人的本質，而說其為神聖的、圓滿的、絕對善的」，並將此寄託在遠古的世代，將之理想美化；然後再以此來對比當下的、實際的世界，這往往就引出一消極的歷史退化觀的後果。當然歷史退化觀是表象，骨子裡，則是藉此以古諷今，達到批判的效果。

13.2 值得注意的是，這種以古諷今、厚古薄今的批判方式，往往會導向於道德中心主義式的批判，往往會對於歷史採取一種觀相式的理解，而無法真切面對存在的物質性，對生活世界與歷史社會總體切實的理解。當代新儒學除徐復觀先生而外，其他諸先生於歷史社會之總體理解，實不能免除此道德中心主義的傾向，其於歷史之理解亦多採取的是一觀相的理解，而不是一切實的、物質性的理解，因之彼等所開啟之批判往往只是環繞著人性論而開啟而已。

13.3 在原先的帝皇專制與宗法封建社會中，人處在「血緣性的縱貫軸」的脈絡下，因之其實踐的入路，自可以經由此脈絡而

展開。這也就是說，人們可以其人格性的道德連結，經由血緣性的自然連結，在宰制性的政治連結的管控下，既與此管控之力量妥協，又依恃此管控力量，而展開其實踐。

13.4　值得注意的是，當此宰制性的政治連結之管控力量一再增強，而迫壓到血緣性的自然連結及人格性的道德連結時，此被迫壓的兩者將產生轉型與變化。血緣親情，原本是「情真而可感」，迫壓太甚，轉而「情偽而可畏」；道德仁義，原本是「親親仁民」，迫壓太甚，轉而「以理殺人」。再者，在這同時的另一對立面，則是「產生一空泛的神聖圓滿目標的阿Q式理解」。

13.5　這裡所謂「產生一空泛的神聖圓滿目標的阿Q式理解」，其展開的系譜是這樣的，當「道德實踐」無法暢通於歷史社會總體及生活世界時，它將轉而只強調「心性修養」，繼而當「心性修養」無法真切貞定於倫常日用之時，它將轉而強調「心靈境界之追求」，繼而當「心靈境界之追求」對自家的生命沒得安頓之時，它勢將茫茫然不知何歸，面對挫折，只好以「精神之勝利法」為之。阿Q啊！此時你卻成了一無家可歸的人。

七、面對「生活世界」與「歷史社會總體」

14.面對人的實際生活世界，面對歷史社會總體，面對一具有物質性的世界，是人之面對自己最重要的起點；這不是本質式的、

抽象的把握，而是物質性的、主體對象化的，實存的、主體的把握。

14.1 這是一個新的「修身」觀念，因為「身」是置放於天地人群之間的，且「身」與「心」是不二的，進而推擴之，「識」與「境」是不二的；因此，「修身」並不是由「正心」來，「正心」並不是由「誠意」來，「誠意」並不是由「致知」來，「致知」並不是由「格物」來。相對的，正因「身心不二」、「境識不二」，我們便不再只「從內往外推」，只從「道德與思想之意圖」來做成這個世界，而是能切實的注意到人之為人的經驗實存性。

14.2 能切實的注意到人的經驗實存性，便會強調須得「面對人的實際生活世界，面對歷史社會總體，面對一具有物質性的世界」而這正是人之面對自己最重要的起點。強調人的經驗實存性，這「經驗」是境識一體、心物不二的，是在一實存的情境中所顯現的經驗，它不可理解為一離於心靈之外的存在。

14.3 如上所言，這當然不能將之視為一外在之物，這不能以本質式的、抽象的方式把握之，它應該是物質性的、主體對象化的，實存的、主體的把握。言其「物質性的、主體對象化的」，這是要避免其為空泛而觀相式的理解，而且這空泛而觀相式的理解又極易與所謂的本質式的、抽象的理解掛搭在一起，使得它外化。（此正如 2.2 之所論）先論之以物質性、主體對象化之把握，再繼之以實存的、主體的把握，這是要說一切轉向客觀面的理解，最後終將須迴返到生命的本源，才能如其本源而啟動那根源性的實踐動力。

15. 物質性的、主體對象化的，實存的、主體的把握，這必然要開啓一後新儒學的哲學人類學式的嶄新理解。要眞理解生產力、生產關係、生產工具、生產者之間的互動關係，找尋實踐的切入點。

15.1 這裡筆者顯然地要標識出儒學由「心性論」轉向到「哲學人類學」的必要性，因爲道德實踐動力的開啓，並不是如以往之心性論者，以形上的理由之追溯，而推出一先驗的令式就可以了事的，相對而言，當我們著重於其歷史發生原因的考察，我們勢將因之而開啓一哲學人類學式的理解。

15.2 哲學人類學式的理解，簡單的是要說傳統儒學所強調的「人格性的道德連結」是在如何的「血緣性的自然連結」、「宰制性的政治連結」下所形成的，而現在又當如何的轉化調適，開啓一以「契約性的社會連結」、「委託性的政治連結」爲背景的「人格性的道德連結」。諸如這樣的理解與詮釋都得置放於一切實的物質性的理解之下的理解。

15.3 或者說，我們不再以「良知的呈現」做爲最後的斷語，來闡明道德實踐的可能，而是回到寬廣的生活世界與豐富的歷史社會總體之下，來評述「性善論」（或者說「善向論」）的「論」何以出現。這「論」的出現必須回溯到人的生產力、生產關係、生產工具、生產者之間的互動關係來理解。這一方面是將心性論導向語言哲學來處理，而另方面則要導到更爲徹底的帶物質性的、主體對象化的把握方式來重新處理。這也就是說，我們勢將在原先儒學之做爲一道德理想主義的立場，轉而我們必須再注意到其做爲一物質主義的立場來加

以考察。從心性論轉向哲學人類學，亦可以理解為由本體的唯心論轉向於方法上的唯物論，要由道德的省察轉為社會的批判。

16. 老儒家的實踐立足點是血緣的、宗法的社會，是專制的、咒術的社會；新儒家的實踐立足點是市民的、契約的社會，是現代的、開放的社會；後新儒家的實踐立足點是自由的、人類的社會，是後現代的、社會的人類。

16.1 整個當代新儒學的發展，港台的發展遠比中國大陸為迅速，但著實而言，即如台灣的當代新儒學仍難免其傳統儒學的氛圍，面對這當的歷史業力，必須要努力加以釐清。筆者以為將老儒家的實踐立足點定位在血緣的、宗法的社會，而這又是專制的、咒術的社會，這是要強調對於傳統儒學的研究除了心性論的理論構作外，還須得有另一面的哲學人類學式的理解與詮釋。

16.2 把當代新儒學的實踐立足點定位在「市民的、契約的社會」，而這是「現代的、開放的社會」，這主要想對當代新儒學的貢獻給予一定位式的論定，而另方面則想經由這樣的方式，而去對比出當代新儒學並未達於此，它常常陷溺在老儒學的氛圍之中。或者說，他常常自限於傳統，並以本質主義式的方法，並想以超越的繼承方式，進而強調如何的由傳統開啟現代。其實，它應是面對所謂的「契約性的社會連結」與「委託性的政治連結」而重新讓「人格性的道德連結」以新的姿態出現。

16.3 相對於傳統儒學、當代新儒學，後新儒學其所面對的當然頗

為不同，它須得參與全球現代化之後所造成人的異化之問題的處理。這也就是說它不停留在原先儒學傳統的實踐方式，它亦不能只是空泛的要如何的去開出現代的民主、科學，它更要如實的面對當代種種異化狀況，作深刻的物質性理解，才能免除泛民主的多數暴力，免除科學主義式的專制。它得重新面對人之為一個自由的人，以此自由的人，而構成一人類的社會，此社會當亦是一自由的社會，當然回過頭來說，所謂的人類亦是在此自由社會下的人類，這當可以理解為後當代新儒學所必須要處理的後現代問題向度。

八、結語：由「老儒家」而「新儒家」繼而「後新儒家」

17. 由老儒家而新儒家，再而後新儒家，這是一批判的、繼承的、創造的發展；它不是一斷裂的、隔離的、推翻的發展；究其原因，則根本的仍是那內在的、根源的實踐動力，此仍是儒學之法錀。

17.1 一般論及儒學之發展，有所謂三期之分者，一謂先秦原始儒學，二謂宋明新儒學，三謂當代新儒學，此筆者所不取；筆者將當代新儒學以前皆歸於「傳統儒學」，而在「當代新儒學」之後，則另別為一「後新儒學」（或後當代新儒學）。

17.2 後新儒學之啟動點當亦在港台，因港台之當代新儒學發展最為完整，它對於現代化的反省特多，批判的繼承此當代新儒

學，亦當以此為問題的關鍵點而開啓。

17.3 筆者之特別強調其為一批判的、繼承的、創造的發展，而不是斷裂的、隔離的、推翻的發展，正是要指明儒學之為儒學最為重要的是他所強調的來自於主體內在的根源性實踐動力，此即孔老夫子於兩千年前所點示出來的「仁」。

亂曰：

「專制的世代或已過去，但專制的鬼影依在！

咒術的神聖或已解除，但咒術的法力仍在！

良知啊！幾時伴隨著新的世代的來臨，

在陽光的曝曬下，

人們用他們的雙手所捏成的語言，

為自己的異化困境解開新的路向！

讓　專制成為歷史，

　　咒術成為玩具，

人啊！如其為仁！」

（〈論綱〉寫於甲戌年春二月廿二日晨

時正客居美國威斯康辛大學邁迪遜校區

〈詮解〉寫於丁丑年春四月五日清明節

時正客居嘉義大林南華學院哲學研究所）

〈案：述緣起〉

關於當代新儒學及當前台灣文化思潮交涉之種種論述，筆者自一九八一年以來論述已多，後集結於《當代新儒家哲學史論》、《台灣、中國：邁向世界史》等書。一九九四年春，筆者適在美國威斯康辛大學麥迪遜校區訪問研究，關於此又隨手筆札寫了一〈後新儒家哲學論綱〉，陸先恆先生頗有趣於此，後來將此布列於彼與孫善豪先生等之《廾報》上，不久引來孫君撰文討論。當時，筆者因事多未及與之討論，回國後又瑣事纏身，竟未再論於此，孫君之文，現亦不在，今適逢成功大學舉辦台灣儒學學術研討會之便，謹就筆者原先之論綱進一步詮解，以就教於與會諸君子焉！不亦樂乎！

副論四　「心性修養」與「社會公義」論綱

提　要

　　本章旨在對於中國傳統儒學之以「心性修養」替代「社會實踐」所造成之謬誤，做一深度的解析，必其將此錯置瓦解，而讓人能回到生命自身，開啟生命的自由之道。

　　首先，我們指出「心性修養」的「心」指的是人的主體能動性，是就其活動義而說的；「性」指的是人的內在本性，是就其存有義而說的；「修」指的是持續性地做一回復其本源的活動；「養」指的是由此本源而生長的活動。「社會公義」則指的是就一政治社會總體而說的「公義」。「社會」（society）一般用來指的是經由「公民」以「契約」而締結成的總體；「公義」指的是依其「普遍意志」為基礎而建立之行為規準背後之形式性原則。

　　「心性修養」與「社會公義」對舉的說，前者指向「內聖」，而後者指向「外王」。筆者想經由此來彰明此兩者的關係，顯示其弔詭相，並明白標出此兩者並非如昔所以為的「內聖」而「外王」，

並且「內聖」是基礎，而且是「外王」成立的先決條件。相反於此，我們將指出「社會公義」是「心性修養」的基本條件。

關鍵詞：心性修養、社會、正義、內聖、外王、普遍意志、契約、
　　　　個體性、實踐

一、論題總綱

1. 「心性修養」指的是一般文化傳統所說的「心性」之「修養」。

  「心」指的是人的主體能動性，是就其活動義而說的。

  「性」指的是人的內在本性，是就其存有義而說的。

  「修」指的是持續性地做一回復其本源的活動。

  「養」指的是由此本源而生長的活動。

2. 「社會公義」指的是就一政治社會總體而說的「公義」。

  「社會」（society）一般用來指的是經由「公民」以「契約」而締結成的總體。

  「公義」指的是依其「普遍意志」爲基礎而建立之行爲規準背後之形式性原則。

3. 「心性修養」與「社會公義」對舉的說，前者指向「內聖」，而後者指向「外王」。筆者想經由此來彰明此兩者的關係，顯示其弔詭相，並明白標出此兩者並非如昔所以爲的「內聖」而「外王」，並且「內聖」是基礎，而且是「外王」成立的先決條件。

二、「存有的連續觀」下的「心性天道貫通爲一」

4. 「心」指的是人的主體能動性，是就其活動義而說的。

  「性」指的是人的內在本性，是就其存有義而說的。

4.1 「心」之活動義與「性」之存有義是連續爲一個整體的，都來

自於「天」。

4.1.1　此說或者連結於中國之古宗教傳統，亦可與中國之宗法社會
　　　　關連。

4.1.2　大體言之，如此之「天」絕不同於西方基督宗教之人格神。

4.2　「天」是就其普遍義說，若就其總體義、根源義說則言之爲
　　　「道」。

4.2.1　「道」是一切總體之根源，它開顯其自己，生生不息、往復
　　　　無盡。

4.2.2　「道」之所生爲「德」，「德」是就內具義、本性義說。「志
　　　　於道、據於德」或「道生之、德蓄之」，皆可以通而言之。
　　　　「道德」一語，當以如此之古義言之，方見其本也。

4.2.3　如此言之，道生德蓄、志道據德，如此說言之「道德」，是
　　　　「承於道」，而「著於德」之「道德」。此即同於承「天」
　　　　而言其「天命之謂性」也。

4.3　如此言之，「天命之謂性」其初實不異於「生之謂性」之傳統。
　　　只是後來之詮釋者，就此「性」之義由兩個不同向度展開詮釋，
　　　一是「自覺義」、一偏「自然義」，故爾不同。溯其源，可因
　　　而通之也。

4.3.1　「心性」連言，多半不是指的「以心治性」，若是則屬荀子
　　　　一路。
　　　　相較而言，將此「心性」合一的說，而「即心言性」，此是
　　　　孟子一路。

4.3.2　「以心治性」背後所關連的是「天生人成」，因之而有「化
　　　　性起僞」之說。

4.3.3 「即心言性」背後所關連的是「心性天通而為一」，因之而有「存養擴充」之論。

4.3.4 「天生人成」、「以心治性」、「化性起偽」此是一「思慮抉擇」、「知通統類」之路，可以稱為一「倫理學的主智論」。其天人關係是「分別的」。

4.3.5 「心性天通而為一」，「盡心知性」、「存心養性」此是一「存養擴充」、「知言養氣」之路，可以稱為一「倫理學的主德論」，其天人關係是「合一的」。

4.4 如上所言，我們可以發現一般所說的「心性修養」是預取於一「心性天」通而為一的路子上來處理。背後是一「天人合一」或「天人不二」的思維。

4.4.1 「天人合一」、「天人不二」、「心性天通而為一」，這是「連續型的理性觀」，而不是一「斷裂型的理性觀」。

4.4.2 這樣的理性觀是將原先的咒術性思維銷融於其主客交融的總體之中，而不是走出一主客對立之路。

4.4.3 這樣的思維是強調回到總體的根源之思考，而不是提到一至高絕對之共相以為原則。

4.5 這麼一來，當我們說「心性」時，除了說人的主體能動性，說人內在的本性，最後是要通到一總體的根源之「道」的。

三、「心性修養」著重「彼此的相與」而忽略「他在的公共領域」

5. 「修」指的是持續性地做一回復其本源的活動。

「養」指的是由此本源而生長的活動。

5.1 若將「修養」連著「喜怒哀樂未發謂之中，發而中節謂之和，致中和，天地位焉，萬物育焉！」來說，更爲明白。

5.1.1 此「中和」之理論與其相關之工夫，宋明儒言之甚多，皆可說明儒學所說之內聖是通到天地宙宇之本源的。

5.1.2 此亦可見這裡所說的「修養」重點在於「情感意志」，這與「公義」並無直接之關連。

5.1.3 值得注意的是，這裡是在一「天人合一」或是「天人連續觀」下而開啓的思維。這是人以其自身經由血緣性縱貫軸的脈絡而通極於道的思考，或者是經由一美學式的欣趣而直接證入宙宇之本源，並不須經由一政治社會共同體之中介。

5.2 如此說之「修養」，是一上溯於道的修養，這樣的修養關心的是「主體」與「道體」兩者如何通而爲一的身心活動。

5.2.1 「主體」與「道體」兩者如何通而爲一，這問題牽涉到不同的形上理論及不同的實踐功夫論，但大體皆隱含兩者通而爲一之論以爲理據。

5.2.2 如此之論其衍申的修養工夫論往往忽視了事物的客體性或對象性，即如對客體對象有所理解，亦多屬「觀相」的理解，而非一「執實」的理解。

5.2.3 總的說來，這樣的修養工夫論之所重在「氣的感通」，是因氣之感通而上遂於道也。此與「言說的論定」之由共相之昇進而達乎一絕對之共相的思考是迥然不同的。

5.3 與「氣的感通」相關的歷史社會結構是一「血緣性的縱貫軸」

所成的宗法國家，是在一符號式的統治下的德化政治；而與「言
說的論定」相關的是一地緣性的橫拓面所成的政治國家，是在
一實力的支配下所成的法權政治。

5.3.1 就認識論層次言之，「氣的感通」之所重在「主客交融」為
一不可分的整體。

5.3.2 「言說的論定」之所重則在一「主體的對象化活動」，進而
使得那對象成為一「他在」的對象。

5.4 如前所說之「道德」、「心性」，可知最後之依據在於內在的
根源性，而非一超越的法則性，因之其客觀性亦不顯。

5.4.1 如此而說的「心性修養」自然亦重內在的根源，而忽略了客
觀性之法則。

5.4.2 或者，我們可以說「心性修養」之所重是「彼此之相與」，
或亦可說「主客之感通」，此並未必要涉及一「他在」之「公
共領域」。

四、從血緣社會的「天民、人民」到契約社會的「公民」

6. 「社會公義」指的是就一政治社會總體而說的「公義」。
「社會」（society）一般用來指的是經由「公民」以「契約」而
締結成的總體。

6.1 這樣的總體經由「公民」以「契約」締結而成，故可稱之為「公
民社會」或「契約社會」。

6.1.2 此與中國傳統的血緣性縱貫軸所成之總體有別，它是一有別
　　　於「我與你」之外的「他在」。

6.1.3 這樣的「他在」所依循的不是「血緣親情」，而是「社會契
　　　約」。

6.2　「公民」並不是內在具著「大公無私」本質之民，而是進入「公
　　　眾領域」之民。

6.2.1 「公民」並不同於「天民」，亦不同於「人民」。「天民」
　　　是「自然人」，「人民」是「大眾人」，而「公民」是「公
　　　約人」。

6.2.2 中國傳統雖屬專制，但「皇民」之觀念不強，而「天民」之
　　　觀念甚強；截至目前，其「公民」之觀念仍頗為薄弱。

6.2.3 這與中國之重「血緣親情」、「孝悌仁義」之傳統密切相關，
　　　此即一「差序格局」，一「波紋型的格局」。

6.3　值得注意的是：「血緣親情」、「孝悌仁義」並不只平面展開
　　　而已，它更調適而上遂於道，通於宇宙創生之根源。

6.3.1 這與中國傳統的巫祝信仰有密切的關係，是由此而轉向一天
　　　人連續觀的氣化宇宙論哲學。

6.3.2 儒家的「道德創生論」亦在此「氣化宇宙論」之基底下作成，
　　　都可以歸結到一「連續型的理性」這樣的大傳統中。

6.3.3 「道德創生論」原與「社會實踐論」是合而為一的，但在「宰
　　　制性的政治連結」這樣的帝皇高壓底下，「道德創生論」往
　　　「境界修養論」邁進，而逐漸忽略了「社會實踐論」。

6.3.4 「境界修養」下委而成一「鄉愿」，或者是如魯迅筆下的「阿
　　　Ｑ」。這都是傳統修養論的變調與扭曲、異化。

6.4 強調「大公無私」，此「公」與「私」是一倫理性的指涉，且顯然地見不出一容納「私」之領域。

6.4.1 有趣的是，這「大公無私」的思考，原先是落實在一「血緣性縱貫軸」的思維下來思考的，是由「親親而仁民」、「仁民而愛物」推擴出去的。

6.4.2 這樣推擴出去，應是「由私及公」，或者「雨及公田，遂及我私」，但弔詭的卻反面的轉為一「大公無私」。

6.4.3 實者，這「大公無私」之論，要不是統治者所教導之意識型態，就是太強調由主體而上遂於道體，由人之本心而上遂於道心所成的意識型態。極可能，兩者交結為一不可分的總體。

6.5 在帝皇專制下強調「大公無私」，又強調「天理良知」，並將兩者通而為一，最後做成的「性善論」，此與原先的血緣親情義下的「性善論」已有所不同。

6.5.1 「血緣親情」下的「性善論」是經由一差序格局、波紋型之格局，漸層開來的倫理實踐態度，其性善是一具體之感通性。

6.5.2 「帝皇專制」下的「性善論」則漸離開了此具體之感通性，而上遂到一宰制性的政治連結所成的總體，並且規定此總體之本源。

6.5.3 弔詭的是「大公無私」在歷史上的倒反就是「大私無公」，甚而以此大私為大公，「公眾領域」因此更難獨立成一「他在」。

6.6 「公民」是進入「公眾領域」之民，這樣的「民」不是「道德人」，而是一「公約人」，是由一般具有個體性的個人做基礎而做成的。

6.6.1 如是言之，先做為一個「個人」，然後經由「公約」，才做為一個「公民」；但若從另一面來說，如此之個人當在公約所成之公民社會下，而成一個人。

6.6.2 這樣的「個人」進入到「公眾領域」才發生其「公民性」，才成為一公民。

6.6.3. 或者說，在公共領域下方得成就一普遍意志，即此普遍意志才有所謂的「公義」。

五、從「公私不分」的「大公無私」到「公私分明」的「大公容私」

7. 「公義」指的是依其「普遍意志」為基礎而建立之行為規準背後之形式性原則。

7.1 換言之，「公義」並不是「大公無私」之義，而是「有公有私」之義。

7.1.1 這樣的「公」與「私」並不是截然相互背反的，它有其連續性。

7.1.2 這樣的「公」是建立在「私」之上的，「私」不是「自環也」的「私」，而是一獨立之單位的「私」，是做為「公」的基礎的「私」。

7.1.3 值得注意的是：「公」與「私」的連續性，並不建立在「性命天道相貫通」這樣的連續性，而是建立在經由「契約」所構造成的連續性。

7.1.4 這「連續性」不是內在「氣的感通」義下的連續性，而是外在「言說的論定」義下的連續性。不是內在親緣的連續性，而是外在契約的連續性。

7.2 相對於這樣所成的政治社會共同體，其背後的根源性依據乃來自於「普遍意志」。

7.2.1 「普遍意志」是「契約」的根源，而契約則是普遍意志實現的途徑。

7.2.2 「普遍意志」並不同於「天理」，因爲「普遍意志」之所對是「公民」，而「天理」之所對則爲「天民」。天民與公民並不相同。

7.2.3 康德（I.Kant）更由此「普遍意志」轉而言「無上命令」（Categorical Imperative），這正如同儒家之由「天理」轉而言「良知」。

7.2.4 康德學與其社會契約論的傳統密切相關，儒學與其血緣性縱貫軸所成之總體密切相關。儒學與康德學頗爲不同。

7.3 換言之，「公義」並不是經由內在的修養來作成，而是經由一「言說的公共論域」而達致。

7.3.1 社會契約是經由言說的公共論域而產生的，是經由彼此的交談而出現的。

7.3.2 這樣所成的倫理，徹底的講不能停留在「獨白的倫理」，而必須走向一「交談的倫理」。

7.3.3 儒家是一「交融的倫理」並不是一「交談的倫理」，當然也不是一「獨白的倫理」。

7.4 「交融的倫理」以血緣親情爲主，而「交談的倫理」則是以公

民互動為主。

7.4.1 前者是以家庭為本位的，而後者則是以個人為本位的；由個人而走向一契約的社會，前者則是一宗法社會。

7.4.2 將康德學理解成只是「獨白的倫理」並不恰當，因為「獨白的倫理」可能只是康德學形式主義的一個面向，它是可以走向「交談的倫理」這面向的。因為彼此都屬於社會契約論的傳統，這一步前展是容易的，順適的。

7.4.3 康德學之被誤認為只是「獨白的倫理」與其超越的哲學方法密切相關，這方法的誤用將使得康德學走向形式主義。

7.5 儒家原是一「交融的倫理」，後來有轉向「慎獨的倫理」，又有轉向「順服的倫理」，這是儒學異化的表現。

7.5.1 「交融」指的是「主客交融」，擴而言之，這指的是一「天人、物我、人己」通而為一的交融狀態。

7.5.2 一切收攝於「獨體良知」，便產生了所謂的「慎獨的倫理」，這是主體實體化了的狀況。這樣的慎獨倫理極接近於「獨白的倫理」，但仍有所異同。

7.5.3 在宰制性的政治連結下，慎獨的倫理極易異化成一順服的倫理，更為有趣的是「順服的倫理」與「慎獨的倫理」極易連成一不可分的整體。

7.5.4 這種狀況使得儒學與專制連在一起，這並不是儒學之本貌，而是「道的錯置」（Misplaced Tao）。

7.6 換言之，「交融的倫理」、「慎獨的倫理」、「順服的倫理」這一組詞與「心性修養」有其「選擇性的親近關係」；「交談的倫理」、「獨白的倫理」這一組詞與「社會公義」有其選擇

性的親近關係。

7.6.1 以這兩組詞來說，溯其源頭，「交融的倫理」與「交談的倫理」雖有所異，但其融通性較大；所謂的轉化當從此言。

7.6.2 若忽略此，而直以中國傳統帝皇專制下之順服倫理而與近代西方民主社會所強調之交談倫理相較，則必生反傳統主義之思想。蓋激俗而故反之也。

7.6.3 解開「道的錯置」是必要的，此當從順服倫理往上溯於慎獨倫理，再溯於交融倫理，再由此交融倫理轉接交談倫理，方為可能。

六、邁向「新外王」與「新內聖」的可能

8. 如上所分述，可知「心性修養」與「社會公義」乃是一對舉的說，前者指向「內聖」，而後者指向「外王」。筆者想經由此來彰明此兩者的關係，顯示其弔詭相，並明白標出此兩者並非如昔所以為的「內聖」而「外王」，並且「內聖」是基礎，而且是「外王」成立的先決條件。

8.1 若將「內聖」定位在「交融的倫理」，如此說之由內聖而走向外王，此是極為自然順適的。

8.1.1 帝皇專制後將「內聖」定位在「慎獨的倫理」，如此說之由內聖而走向外王，此是家天下之外王，非公天下之外王。

8.1.2 慎獨的倫理之高度強調使得人們失去了彼此互動交談的機會，甚至走向無世界論及獨我論的傾向。

8.1.3 如此之闡明，乃是就意識型態之層面而說者，並非儒學之慎獨倫理果眞即必然隱含此無世界論及獨我論之傾向。須知：儒學之做爲意識型態來探討是重要的，不可忽略。

8.2 由「交融的倫理」走向「交談的倫理」，此極順適，這不必經由「良知的自我坎陷」這樣的理論層序。

8.2.1 因爲交融的倫理不必做一理論的回溯，並經由修持的工夫，而極成一愼獨的倫理，再由此愼獨的倫理往下開出。

8.2.2 「良知的自我坎陷」之說，即是循著宋明儒之由「交融的倫理」走向「愼獨的倫理」，再由此溯及根源的愼獨倫理冀求一開出的可能。

8.2.3 當代新儒學之「良知的自我坎陷」說，此是接著宋明儒講，是接著愼獨的倫理講，而不是回溯到先秦儒學的交融的倫理講。

8.2.4 這是先極成一「主體主義」再冀求「主體的轉化」以開出「知性主體」，並以此涵攝民主，這樣的轉出是一主體主義式的思考。

8.3 「交融的倫理」之轉而爲「交談的倫理」，這是一個學習與調適的過程，並不是一本質上的轉換。

8.3.1 伴隨著生產方式、生產工具的演變以及人組織構造的變化，必然地會從「血緣性縱貫軸」走向「人際性的互動軸」。

8.3.2 這樣的必然是一歷史的必然，是一辯證的必然，它背後的原動力是原始儒學所強調的此心之不容已那種「仁」的當下感通。

8.3.3 然而，這種「仁」的當下感通，並不再以「一體觀」直通於

天地一體，而是以每一個個體做為單元，依其契約性的規約原理，構成一總體，如其總體而溝通。

8.3.4 「溝通」不同於「感通」，「溝通」經由「言說」，而「感通」則以非言說的「氣」為主導。

8.4 由傳統走向現代，由內聖走向外王，這不只是舊內聖、舊外王，也不是舊內聖走向新外王，而是新內聖、新外王。

8.4.1 這是一個「學習」的過程，此與一「理論的追溯」不同，與由此理論的追溯進而轉為理論的開出亦不同；再者，此與「發生的次序」亦不相同。

8.4.2 今人有「外在超越說」、「內在超越說」對比以為論，此亦可有所見，但以為「外在超越說」與現代之民主自由有必然關係則謬矣！

8.4.3 甚至有以為西方基督宗教傳統之「幽闇意識」與民主自由有必然關係，此說大謬不然也。奧古斯汀、霍布斯之支持專制即可見其反例。

8.4.4 凡此黏牙嚼舌之論，皆因方法論上犯了文化本質主義（cultural essentialism）之謬誤所致。（余於他處曾論及，於此暫略）

七、本章結語：「社會公義」是「心性修養」的基本條件

9. 以現代而論，「心性修養」不必為「社會公義」的先決條件，反而是「社會公義」可能成為「心性修養」的基礎；而且這樣的基

礎將使得心性修養更為平坦自然，人人可致，是在一新的倫常日
用間顯現。

孔子紀元二五四九年六月十一日於清華園象山居

（西元一九九八年、夏曆戊寅年）

副論五　麥迪遜手記──
後新儒學的懷想

案語：余於癸酉（一九九三年）秋八月應 Fulbright 基金會之邀，至美國威斯康辛大學麥迪遜校區訪問一年。嘗有手記以筆錄平日之哲思，蓋數十年所為習者也。今發囊笥，撿其所記，公之於同道友人，願得教正焉，是為幸也。

1993 年 9 月 3 日於 Madison

- 當語言的表出困難，思想不得流洩而出，將造成存有的異化。

- 然而當語言的表出太過簡單而容易，亦將造成另一種語言的封限而導致存有的禁錮。

- 語言不是存有，而是存有之表出。存有不是語言，存有乃語言之安宅。

- 傳統之為傳統在表層上是由一大串言說論述結構所形成的，這也可以說就其為表出的層次來說。

- 但底層來說則傳統有其超乎言說論述結構者，此是其超越的層次，是其靈魂的層次，這亦可以說其為非分別說之層次。

- 就前者來說是連續性，如司馬遷所謂「通古今之變」；就後者來

說，則是超越性，此即是司馬遷所謂的「究天人之際」。

- 傳統是多層次、多面向的；不是單層次、單面向的；當傳統被誤認爲是單面向、單層次時，傳統的詮釋觀點便出了問題，須得檢討。

- 對於一個成型的語言來說，他已不可能放棄其原來之母語立場，而投入一整體不分、渾淪一體的新的語言情境之學習。他最恰當的方式是經由對比的釐清來學習。

- 對比的釐清與渾淪一體的學習是兩個不同的方式，前者是分別說，而後者是非分別說的方式。

- 隔絕是新生，但卻也可能死亡。問題在隔絕是否爲超越，或者封閉，是超越則邁向根源，是封閉則墮入俗境，終而敗亡。

- 文明人渴望自然，這只是自由的懷想，不能全然的棄絕。因爲人從發明了文字及徵符，就驚天地、泣鬼神；人祇能如其爲人，以人的「文」（徵符）去「化」，去「明」，只是「文」是實，是虛罷了。

- 一個東德留學生說美國人不知天高地厚，令我深思良久。的確，美國人是「平易」，而不是「簡易」；是平舖開來的實用理性，而不是縱貫立體的實踐理性。

- 「實用理性」是一「我與它」的柔性表現，是平舖開來的，強調的是關連與脈絡，即連主體與客體都要撤銷（祇是撤銷又不是瓦解），這樣的民主自由是無法上透於道的。

- 「實踐理性」是一「我與你」的剛性表現，是縱貫而立體建構的，雖亦仍強調關連與脈絡，但它是渾主客爲一個整體，而不是撤銷，不是瓦解。其民主自由當是上透於道的。

- 實踐理性之表現當可有二大類型：一是中國傳統以氣的感通爲根源之一類型；另是西洋以言說的論定爲標準之一類型。前者之極緻表現是由孔、孟到陸、王；後者之極緻表現是經盧梭而康德乃至海耶克。前者強調的是一根源性的實踐動力；而後者則強調一道德的無上命令。

- 中國之實踐理性並未經民主自由之路走（而其未悖於民主自由之路），而是往一道德之渾合與開出說，如陽明之「一體之仁」爲是。此所缺乃是一分別說的決定性原則，而不是一非分別說的調節性原理。

- 西方之實踐理性之能往民主自由之路走，此是一分別說之決定性原則之展開。而今明顯可見其異化，乃此分別說非歸於非分別說，而是歸於一統制的絕對體故也。今之後現代之必破此統制的絕對體，因之而言所謂之解構也。

- 解構之思潮若未能歸返於非分別說，則解構當產生一虛無主義之情調，此於西方哲學之爲不可免；然東方則可免。因西方之虛無非眞虛無，祇是實有之所對而已；東方佛道之虛無始爲眞虛無，此虛無乃無對待相之謂也。老、莊及禪宗之有益於今之解構主義亦可見其一斑也。

1993 年 9 月 3 日晚

- 中國一直習於辯証的和諧，而不習於對比的展開；它缺乏一種執著性的、對比的、分別說的傳統；或者，更直接的說，它缺乏一種 agency 的傳統。就此來說，西方文化則有其勝場處。那種對比的、分別說的、執著性的（執而不染）傳統，有一強大的 agent，

成為良好的中介。這個龐大的中介之 agent 它自己成了一個極為龐大的 mechanism。

- 任何一個文化都有其機制（mechanism），此機制最大的作用乃是調節性的作用。西方的調節性作用這樣的機制在於一中介者所形成的傳統，此亦可以說是一龐大的言說論述結構而成的 mechanism。東方的，特別是就我熟知的中國，其調節性的機制則在於一根源性、渾淪未分、無分別說的傳統，這是以氣的感通（而不是言說的論定）所形成的傳統。這樣的調節性機制一方面看起來是直透本源的，但卻也是較缺乏一客觀論域結構的。

- 前面用了「執而不染」這樣的一個辭，可以再加以解析。在中國文化的傳統似乎不知從何時起便將「執」、「染」這兩個不同的範疇攪成一個不可分的整體。或者，我們可以說中國文化傳統一直以為「由執而染」，而忽略了也可能是「執而不染」，而可能「染而未執」。似乎我們費了很大的力氣去強調「去執」，以為去執就能去染，殊不知：執雖去了，染仍存在，甚至有一種「染而未執」的染是難以祛除的。

- 我以為把「執」與「染」關連成一個整體，以為其不可分，此與中國自古以來未有一「執著性、分別說、對比的思維模式」有密切的關連。再者，中國的專制之壓縮使得這兩個概念範疇連成一個不可分的整體，此亦是一重要原因。

- 「染與執」的問題不能祇是一「主體」上的解釋與處裡，而應置於歷史社會總體中來處裡。將「執」與「無執」繫於主體當下一念之轉換，這不是究竟，這是抽象化與空洞化的處裡。執與無執並不能決定染與無染，而祇能是認識論之前、後區分，不能是道

德學上的區分。一種繫屬於主體而論染與無染、執與無執這樣的倫理學是不能用來做為儒學之解釋的。

• 關於「執」與「染」的問題不能停留在哲學上純理的、主體的分析，而應進一步以中國傳統之咒術型傳統來加以解說。未及於此咒術型之傳統所做之解釋其為不究竟。

1993 年 9 月 9 日晨

• 精緻不是袪除，而是提煉。精緻不是擺脫，而是創造。精緻不是總結，而是超越。生活要能朝向精緻，必須生活如其為生活，讓生活有一個生產的可能。

• 與其說「虛假意識」起於結構面的禁錮，毋寧說起於意識面的匱乏。

因為我們必須堅信意識是永遠具有生產力的。意識的特質便是喚醒與自覺。連這一點也打破了，一切就別說了。

• 性生活的停止，讓自己生命有了內化的轉機。當然也有人因此使得自己的生命難得順暢了。這問題的關鍵點在於對「性」有無恰當的理解與詮釋。

• 性是生命延續的要求，它原是自然的。人的文化使得它變成不祇是自然的，非自然的，甚至是反自然的。

自然是好，但並不意味「不祇是自然」就不好，因為「性」成了文化中具有關鍵性的徵符。

• 生命的延續與共同創造，再而說是必然性的貞定，這是「性」被文化制約的內化的過程；同時是性對文化創造的過程。「性」成為整個文化之「所產」，並且也是「能產」。

- 「性」當然不衹是快樂的把戲,若衹這樣那「性」一定是大家最喜悅的遊戲。人們面對這遊戲而要求有一必然性的貞定感,使這遊戲成爲充滿意義的遊戲,於是它已開始被儀式化,並逐漸開啓其文化的徵符特性。

- 遊戲(game)傳統的死亡(或說「游於藝」傳統的死亡),與之伴隨的是性生活的壓抑與失調,以及良知天理、食色人欲兩橛的對立。這時「禮」成爲吃人的禮教,「樂」成爲靡靡之音,性成爲交易,昏亂難節制。

- 遊戲是一種被純化或理想化了的生活世界,而更重要的是這樣的純化、理想化是具體的、落實的。

- 不懂得遊戲,一切依憑儀式、文字,則儀式、文字終將由「溝通」的「通」成爲「溝通」的「溝」。一個族群把文字儀式化、神聖化,這時可以看到的是遊戲的死亡。

1993 年 9 月 10 日

- 「自古民無信不立」,在《論語》中孔子爲答其弟子,論及足食、足兵、民信之矣!而論其最爲根本者乃「民信」的重要。我以爲此「民信」亦當有兩類型:一是建立在對於「意義」之確認與肯定上的「民信」,而另一則建立在對於「結構」及「制度」之依循的肯定上而說的「民信」。前者乃中國傳統民信之類型;後者則爲美國(西方)民信之類型。此余數日來美觀察所得也。

- 前者須有一自覺之挺立,而後者則重在自然的順適。前者必通於如孔孟所謂心性之源;而後者則必通於如 Plato 所謂之理念世界。前者爲內在的根源,而後者則重先驗的超越。前者爲天人不

二，而反躬自覺，後者爲天人分隔，須以道成肉身連繫之，此連繫處乃其信守處。

- 一切工具的，皆可能內化爲實體的；凡一切實體的皆可能外化爲工具的。工具的、實體的，看似兩個極端的不同之範疇；實則此兩極端不同之範疇非截然不同之兩極端，而是程度層級可以連續起來的兩極端。

- 一切概念範疇之區分皆起於人心之執的擘分，而非其先驗之區分即爲如此也。這指的是說：我們不能將現象之實體化改挪到概念範疇之實體化來處理，因爲此一切皆祇是人之約定而起，非實際所使然也。這意思也就是說：我們無法接受一種方法學上的實體主義（methodologi-calrealism），而是強調方法學上的唯名論（methodologicalnominalism）。

- 中國儒學的良知學之被理解成一與基督宗教完全對反的學問乃在於其方法論是一實體主義（realism）或本質主義（essentialism）之所致。當代新儒學如牟宗三先生所理解者，即爲此。我以爲如此之新儒學乃可以稱之爲右派的新儒學。

- 相對而言，吾可以擬構一詞，名爲**左派新儒學**，其特徵如下：

一、於本體論上，採一總體之爲本體，以生活世界之圓融周浹、大化流行爲根柢也。

　　不以形而上之實體爲本體，不採理氣二分說，亦不採心即理之實體化論點。

二、於方法論上，採一方法論上之唯名論，以歷史社會總體之辯証歷程而顯其方法之爲方法也。

　　不以方法論之唯實論或本質論爲恰當，因彼肯定有一恆定不變

之本質與實在也，此非余之所取。

於實踐論上，強調此生活世界之內在的根源動力，而不強調其形而上之道德法則或無上命令也。

1993 年 9 月 12 日　凌晨於華盛頓島上

- 咒術並非皆須解除，而是應該經由揚棄而安頓。當然揚棄之前須得有番釐清功夫。

- 一般以為的咒術解除，其實是世俗化的起點，也是一切神聖化之為不可能的本因。

- 對於咒術的期許，如果關連著神聖的終極追求，咒術才是真正的途徑。因為這叫做冥契（或者叫密契）。

- 咒術的解除，造成天人永隔（斷絕），造成預定的宿命，造成理性化的命運，一切必然性因之而成為分別智所掌管並無可救藥之物。此是現代化最嚴重的問題。

1993 年 9 月 21 日下午

- 美國的性文化令人覺得 Sex 這回事充滿了暴力與征服的意味。去逛過他們的性專賣店。顯然地，這真純祇是「性」，而無任何「愛」可言。這裡讓我想起這樣的文化是不甚懂得將形而上的與形而下的怎樣合起來，將它具現出來。他們強調怎樣把它們分開來，然後以一種最世俗化，可以測度的方式再將它們連結起來。這可以連結起來的東西必須是 pragmatic，必須是 materialistic，這是連結的 agent，這裡可以看到他們的勝義所在，但也可看出其生命之實用性、物質性，而缺乏精神辯證性之一斑。

- 我總以為 pragmatism 之不同於英國之 empiricism，因為英國之
  empiricism 雖一切敷布於「所」，而未能如德法之「攝所歸能」，
  但我總覺得從 J. Locke，G. Berkerly 乃至 D. Hume，這裡有一種
  終極關懷，有一種哲學之向外探索之必其 wonder 此世界之究
  竟，有如古希臘哲人之探索 Arche 的用意在，這窮究可成就一眞
  正的 Atomism 的精神，而美國之 pragmatism 可以說失去了古希
  臘乃至英國這個 academic 的傳統。pragmatism 其實祇是一種世
  俗化而不究竟、半調子的哲學而已，這是哲學精神衰頹之後的過
  渡，僅僅祇是過渡而已，他們是不可能成其大器的。

- 簡言之，美國文化及其生活世界，我是見其平易、平白，而未臻
  中國「易經」所謂之簡易；是平坦的、舖開的；不是立體的、縱
  貫的，有「人本之自然」而無「人文之自覺」。

- 我問美國朋友，毛筆怎麼稱呼，他不甚知之，我指著實物問之，
  他答曰：brush。brush 者，用來拂、拭、刷之器具也，一束毛髮
  以彩繪者，或者簡稱即是毛刷。我總覺此頗不妥，因為筆之為筆，
  是如其 Logos 而開顯之也，是以心運手，以手連心而運諸掌上的
  一種思維活動。刷子豈其然哉？我以為將毛筆譯成 brush，這可
  以看出美國人是怎樣看待書寫這樣的活動。書寫的活動乃是一種
  工具性的活動，而非 Logos 之彰顯也。這裡我們可以看到他們的
  勝義所在，也可以看到他們的限制所在。

1993 年 9 月 28 日 凌晨

- 時間與其說是起於形而上之道體，毋寧說是起於生活世界之當
  下。但這樣的說法並不意味說它祇是當下，而是要說這樣的當下

就隱含著形而上之道體。司馬遷說「通古今之變，究天人之際」所要講的當是這個。一個很可以作的題目：《論司馬遷的歷史意識（或時間意識）》。

- 沒有傳統的人，容易融入別人的傳統，但卻沒有能力締造自己的傳統。有了傳統的人，極難融入別人的傳統。唯一的一個可能，那便是經由自己的傳統去瞭解別人的傳統；而這樣的瞭解不可能是融入的理解，而只能是對比的理解。經由對比的理解再上溯至一根源而整體的理解。

- 奧祕、秘藏常常與壓抑、壓迫等是相互伴隨的；但沒有這些外在的壓力，人們是不會進到生命的內在資源去反省的。凡是攤開的，很可能也是簡單的。

- 「保守性」、「傳統性」、「血緣性」與「父權」、「男性」、「理性」、「君權」等可以說是構成了語義上的族群親近性，如何去釐清，並加以解消的確很重要。

- 節制之美德，乃在於使生命果真能有一種分寸，由這分寸而帶來一種紮實感，而這紮實感即是生命生長之源頭。

- 習性是因習而成性，祇是習性就無法去開拓生命真正的資源。只有開啓本性才可能讓生命的源頭如源泉滾滾般的開啓其自己。

- 沒有信仰，沒有終極關懷，就沒有生命的本性，就沒有真正的資源。

  信仰不是向外的投射，而是內在的、終極的、永恆的貞定。

- 情誼調暢，而不宜痛快。

  調暢是調而使之暢，痛快是快而使之痛。不可不慎！但慎祇是個敬虔而已，並不是綁手綁腳。

- 情無法調暢，不能鬱悴，只能按奈，由按奈而重整，使之調理。 惟調理而可近乎調暢也。

- 文明是經由**文而明**，但這樣的撐開眼睛就閉不回去，因此造成一 種光的流逝而難以彌補。

- 文化則不同；文化是**人文化成**，由人而文，因文而化而成。因人 而化成，所以文化是一種能生長的，能渾成的。任何可生長的， 若不能渾成都將造成異化與反控。

- 學習有兩種；一種是整體的、生活世界的，是入其源頭而得開顯 的；另一種則是細密的、架構的，是表層撐開來而開顯的。前者 魯鈍，如曾參為是；後者俐落，如宰我為是。顏淵是前者之大， 而子貢是後者之大。但我說的曾參與宰我當是兩個典型之對比。

- 小說要有情節，歷史要有世代，人的生活要有步調，音樂要有節 奏，這世界總有韻律在。

- 韻律有規則在，有生命之力的源頭在，有整個生活世界之場在， 有結構在，得其一體，就可以以管窺天的說些理論。這是一切理 論家最愛玩的把戲。

- 理論要能不成為異化之物，反控其自己，就要具有一種自我的瓦 解力量，這便是所謂的自我否定（Self-negation），此即佛家所 謂「善滅諸戲論」是也。

- 讓生命的 desire 的意向（intention）出了來，然後再收回來。這 便是有無相生、迴返而生的一種修養方式。這是一切修行之瑰 寶，其方法之奧祕乃是一切宇宙律動之奧祕也。老子云「既知其 子，復守其母」，又云「無名，天地之始；有名，萬物之母」當 是這番道理吧！

1993 年 9 月 29 日

- 情感的邏輯像湖面的風暴一樣，是無法測度的。因爲情感之爲情感，最難的在於它是無分別相的總體，以此總體爲其眞實之本體，此無超越的根本之理，而祇有內在的根源動力。

1993 年 10 月 5 日

- 連續幾天看了張藝謀的「大紅燈籠高高掛」、李安的「推手」、「喜宴」及侯孝賢的「戲夢人生」、「少年耶！安啦！」這三個片可以做爲一種文化符號的典型分析。張爲大陸，李爲海外，侯爲台灣。茲述如下：

  大陸爲虛陽，

  台灣爲烈陰，

  海外爲陰陽不分。

1993 年 10 月 9 日　飛往 Erie 停於 Detroit 下午 1:40

- 飛往 Erie，換乘小飛機，祇 36 人座，乘客祇 13 人，唯我爲亞洲人。

  氣流顛跛，飛機起伏，吾心想，此去亦去矣，又何懼，心因之而頗平定安祥。至此氣流亦回穩，境心之交融，有如是之妙者也。

- 吾嚓此小飛機實不若莊子書所謂之大鵬鳥也，不能其翼若垂天之雲，而祇是如列子御風而行，泠然善也爾矣！況顛跛如是，即如列子亦不得致也。

1993 年 10 月 10 日居 Erie

- 昨日下午 2:40 至 Erie，李紹崑先生頗熱情，盛開一 Party，何淑靜姊亦來，談論哲學問題頗深切，至今晨二時許罷，一夜安眠，身心寧靜。

- 自八月底來 Madison 訪問至今，思維頗有震盪，學問方向曙光更啟，友朋如崇憲、同僚、先恆等待予甚善，並常呼我為後當代新儒家，或為左派新儒家等，吾皆默而認之，以為此皆可以明我學問之指向者也。

- 弗蘭克的 Logotherapy 祇是意義治療，這樣的治療是一種通極於一最高的、絕對的、超越的存有的治療；總以為他仍然有一間之隔，李紹崑先生謂我之所見甚是，當可以「**道療**」名之，吾頗以為然。

- 道療是迴向一內在的根源，拓深豐富的生活世界，使之如源泉滾滾，沛然莫之能禦的彰顯其自己。

- 道療與 Logotherapy 之不同點在於其兩個文化觀、世界觀的不同所致。道療採的是一連續觀，而 Logotherapy 所採，畢竟是一斷裂觀。前者是非一神論的傳統，而後者則是一神論的傳統。

- 關於東西哲學之比較，我個人以為不能採一印象式的概括總結去對比；我個人以為這樣的方式是刻板印象標籤論定的方式；此方法甚不好也。相對於此，當可有一理念型的對比開顯法。前者是概念之化約，而後者則可以是理念之開顯；前者是經驗之總結，而後者則是經驗之理解；前者是以概括作總結，後者是以理念對比做為起點。

- 換言之，展開對比時，重要的是如何找尋到如 Max Weber 所謂

的 ideal-type，如何不落在 essentialism 的思維下來想問題，而能落在 Methodological nominalism 來思考問題。這問題的關鍵點在於你要怎樣避免在使用語言、概念文字時落入一種定性式的圍限，而能是一種功能式的開顯，這便要找出幾個大架構、大端倪來開啓。

- 以是之故，從天人、物我、人己等三個 dimension 來做一對比的展開實可以說是恰當的，採用 continuity 與 discontinuity 來對比彰顯亦是可取的。這便是我之所以如此開啓中、西哲學比較的新途經。

1993 年 10 月 16 日　晨於 New York
- 生命總要成個格調，用這樣的主調來走，不要走失了。
- 生命不能祇成爲浪游者；而要成爲紮根者；要好好的，一步一步的成長。
- 浪游者到頭來都祇是無涯無盡的飄移而已。

1993 年 10 月 28 日於 Madison
- 一切批判之理論若不能歸返到批判之自身，則此批判理論仍待批判。
- 彼之所以未能回到自身，以其乃順其分別說而強自說之，是以有限也。這在一個祇有言說的論定之傳統下，是無法超越其困難的。因爲在這種一往不復的論定中，縱有批判亦在此之爲反題中間形成一無可自已的辯証而已。此惟一「分別說與非分別說」相即不二之傳統，始能化解此病慟也。

- 非分別說、分別說、批判的瓦解。

1993 年 10 月 30 日
- 由事實出發,而一探究竟,去說出一個根源來,這根源的說法便已越出了事實,而進入了價值的層次了。

1993 年 11 月 11 日
- 在讀 Horkheimer 及 Adorno 的 Dialectics of Enlightenment 一書中最感驚駭的是他們對於理性的攻訐,而以為這樣就可以瓦解專制與異化。這裡帶有一種絕對虛無的情調在。事實上,理性之為理性有其純理之在其自己,此是一切知識構成之軌約性原則,是不容廢棄的。若不了解此,而直將理性之運用視為理性之自身,則瓦解了理性實亦不足以克服異化之問題。
- 我想後來之 Habermas 大體是能見到這問題的。以其能見到此問題,故彼仍高倡理性,並即此而說倫理,祇是彼之理性與倫理咸強調其合理的溝通情境下如何達致者也。
- Harbermas 的方式實未免太相信由可說之處欲有一調適而上遂之克服。吾以為此路實有其不可邁越之困境在,此即此言說之論定,乃一有所說(或不說)之狀況,此是分別相,是一對象相而成者,非能即於主體之絪蘊造化本源而說也。
- 若欲即於此本源造化處說,惟東土《易經》之學所言「天地之大德曰生」,始能獨參造化而另起蹊徑也。
- 「創造」與「製造」是兩個截然不同的概念,創造須結穴於生活,而製造則結穴於工具,眼看著美國人已習於製造之拼湊,而不習

於根源之創造，就感受到它的精神在衰頹之中。

- 一切都訴諸於工具上的方便，很自然地，大家以此方便之工具做爲最優先的思考起點；很自然地，我們就被工具化了。

- 以飲食爲例，一般美國人頗不能做美食，祇以塡飽肚子爲要義；而更值得我們留意的是：各式各樣的速食。祇要將幾樣東西放在一塊兒，用微波爐一烤就成了，絲毫沒有動手去做的巧思雅意，也因此對於這些東西也沒什麼情感，美也美不出來。在一切可以被統整爲固定而不變的程序下，理性的必然性變成了僵固而愚昧的末流之物。

- Horkheimer 及 Adorno 《啓蒙的辯証》一書很弔詭的將啓蒙以來整個西方的亂象（僵固之象）都提到抬面上來批判。這種值得留意的是「何謂啓蒙？」
  啓蒙如其字面的說，是要使人走出愚昧，解脫了束縛的一種狀態。但問題是當人們帶著利劍堅盾飛舞出去，終於打下了自己的天地、而同時整個生命就被利劍與堅盾困住了。將一切主體的對象化活動所置立而成的對象當成第一義而去探討的存有學進路，事實上是遺忘了存有。他們是以「存有學」替代了「存有」，一切變得極爲麻煩。

- 相對而言，中國的啓蒙，則是由生命內在根源要求其迸發的一股力量，這樣的力量是要歸返其根源的；惟其歸返根源，所以啓蒙乃通向「自覺」；「自覺」而最後則融於「自然」。此與西方之啓蒙是要經由語言文字去控御整個自然界有巨大的差異在。

- 懼怕有兩個不同的方向，其一「由懼而生怕」，由怕而生一克服之力量，此克服之力量即理性之誕生；其二「由懼生畏」，由畏

而生敬之力量；此敬之力量即人與人之眞實之感通，可以說是仁德之誕生。

- 現代建制的社會使得人不得不成了一個被建制的存在；如果你想反抗，你就成了一個殘餘者，你祇是一個徹徹底底的他在。
  被建制的存在也是一種他在；而殘餘者也是一種他在；前者的他在比後者的他在異化的更利害。

- 「在」是「此在」，「此在」是如其所在；如果不能如其所在而視之，祇在「你－我」之間尋個分際，那這樣的「在」就不是一眞如之在，乃是一分際之在；分際之在必然指向專制與異化。如何讓在是此在，此在是如其所在，能正視其爲在，一種眞實而存在的正視乃是克服異化的秘鑰。

1993 年 11 月 18 日

- 任何高深的作品必然是隱晦的；而這樣的隱晦作品往往是經由一連串的發展歷程而完成的。

1993 年 11 月 19 日　晨一時半

- 良知學在後現代的意義乃在於此良知不再是一種 Intellectualized Production，而是一種生命的源頭，乃是 Originality of This Life-world。這也是爲什麼我說良知學要越出康德學詮釋的地方。

1993 年 11 月 22 日　晨四時廿八分

- 哲學的作法，最重要的是根源性，由根源性而確定性。根源性必須是越過了表象的對象才有可能，再由此而能論確定性。換言

之，確定性及非表象之對象所成之定象的確定性。以西方哲學言之，Aristotle 之哲學所言之確定性乃由此而說，是一表象之對象所成之定象的確定性。如此而說之確定性，乃是以其限定性宰制性而說之確定性。這與眞正之確定性相去其遠。眞正之確定性當是一具有創造性之可能性下而說之確定性。相較而言，Plato 哲學則較有此傾向。亦即彼所倡之理念（Idea）當是一具有創造性之可能性下的確定性，由此確定性而說其爲根源性也。Plato 於此仍有一間未達，殊爲可惜！

- 將 Plato 與 Aristotle 等同起來，並由此而說其爲一 essentialism，此是一封死的說，不是持平之論。實者，於 Aristotle 而言，其爲目的論系統，仍具有一眞實之確定性之可能。將此目的論系統，執死的看，則成機械式之往前推，祇是一執著的序列之推進，而不能見此中價值意味所深涵之道理也。我以爲此從啓蒙以後之西方哲學主流已漸顯此病，特於廿世紀以來之哲學家對他們之批評最多；但其批評卻不見得中肯。

1993 年 11 月 25 日　午　1:40

- 當 Descartes 要在其《Meditation》中奠立起一種毫無預設，奠立於絕對基礎的一門科學時，這樣的想法便宣布了「啓蒙」所帶有的專制性，與必然會走向異化的途徑。
- 其方法是這樣的——去尋找一邏輯上確然的途徑，通過此途徑，而使得客觀的外在性能夠以自己純粹的內在性中推衍出來。顯然的，這是一種唯我論式的哲學化活動。這個唯我論中的唯我便是造就一切專制與異化的根荄，值得注意。

- 我想現在我們去反 Descartes 是不能就真解除這種異化與專制的。因為與其去反對 Descartes，毋寧就從 Descates 所走出來的路做一深化與轉折的詮釋與發展。這麼說意謂我們對於笛卡兒之回到「純自我的我思」（the pure ego cogito）活動是加以贊許的。問題是：怎樣不讓這個純自我的我思活動異化成宰制者。而是由這純自我的我思活動拓深而去掘發整個大宇長宙生命的根源。

- 換言之，重建於笛卡兒所要求的徹底性（radicalness）是我所贊許的。而這樣的徹底性定然是要從這個純自我的我思活動而開啟的。Husserl 便由此而走向了 Transcendental Phenomenology 之路的。

- Descartes 的「Meditation」整個結構就像規範幾何學（ordine geome-trico）一樣，它必須依賴於絕對奠定在演繹之上的公理基礎。這樣的提法，原亦不錯；但更大的問題則在於此公理不能是一種假定，而應是一既予的事實，不能是一種在主客對橛的分別智相持相執的情況下所假立的主體。Descartes 的純自我的我思主體，多少有這樣的意思在，這是值得檢討的。

- 科學之為科學，這裡隱含著一個極高的嚮慕與冥契，它絕不是經由各種經驗事實的抽象而成的。因為惟有這樣科學才有其明證性及徹底性，否則都是不徹底的，不明證的，都不足以成就為所謂的科學。

- 就在這極高的嚮慕與冥契的展開要求中，開啟了一個無與倫比的寬廣領域。它像一道光一樣，值得一切的存在如其為存在的存在。就這樣的一個「如」字，是一切存在之所以為存在最原初的狀況。重要的是，我們祇須去彰顯這最原初的狀況而不須去說其

爲最後的基礎等等。

換言之，我們想確定一個很重要的想法，去爲科學奠基的不是去理論上尋一個基礎，而是去事實上逼現一個事實。

- 這個逼現之所以可能乃由於人的內在有一極高的嚮慕及冥契之渴求所致，或者說是人對於絕對有極奇特的要求，對眞理有一生死與之的勇氣所致。一般人，無法究竟的去面對這問題，而一直做一些區分，以爲信仰與知識是不相干的，以爲宗教與科學是不相干的；其實不然，它們在本源上是相通的；做這樣的究竟探討是必要的。

- 我們這樣的根源性追溯是要替代理論的邏輯建立的。根源性的追溯最後是要以此返歸自身的方法去彰顯事物自身的，在此彰顯而取得其明證性、確定性及其不可懷疑性。這是說：回到最爲根源的，那個智慧之光裡，在無主客對待中，無分別相中，讓事物回到事物自身，同時也就讓那些未回到事物自身的自形瓦解一樣。於是明證性就瓦解了不明證性，因而建立了明證性；確定性就瓦解了不確定性，因而建立起了確定性；不可置疑性就瓦解了可置疑性，因而建立起了不可置疑性。

- 這並不是「反反以顯正」的方式，而是「正如其爲正」，「反就如其爲反」的方式。「正如其爲正」是思想之在其自己的根源的，如其智光的彰顯其自己，不能是感受式的將表象（appearance）當成其自己，這一點是值得我們去注意的。

- 再者，我們想指出的，這樣的一個思維途徑與 Husserl 強調的走向一超驗的──現象學的還原（Transcendental-phenomenological reduction）有何不同，我們首先想指出這裡並不須置立一超越的

自我（transcendental ego），也不須經由所謂現象學的存而不論
（phenomenological epoche）；爲什麼呢？因爲我們並不採取「主
─客」兩橛的思考方式，我們並不想將世界與人分離開來，由人
來看這個世界（如同由上帝來看（創造）這個世界）；而是把人
包蘊於世界之中，如其爲世界，如其爲人的彰顯其自己。換言之，
我們這裡所謂的明證性並不是超越的自我之明證性，而是當下存
在，如其智光之爲智光，一體朗現的明證性。所謂的絕對乃是這
樣的一種絕對，不是其他，沒有別的。絕對並不是如 Husserl 所
說的意識的我思活動，而是一超乎意識的，先乎意識的，如其本
身之智光之朗照的活動。

1994 年 1 月 3 日

- 晚去與崇憲借資本論導讀，時值晚餐時分，便在崇憲、長寧處用
  餐。
  歸來，見鵝湖 222 期已寄到，李紹崑兄評析我與傅佩榮之文字已
  刊出。又先恆來電，謂已從 Chicago 林孝信處借回中蘇論戰文集
  選編──九評及其他──，晚上即讀此書，已越三分之一。此書
  以毛思想爲主，而反蘇修，反美帝，充滿了情緒性的語句。
- 昨日曾與崇憲、先恆等論及文字修辭與理論辯析之不同，茲述如
  下：
  文字修辭是經由一種語言文字氣氛的經營，以氣運理的方式，去
  烘托出一個理境，再經由這樣一個理境去凸顯出自己的主張。
  精巧的文字（語言）修辭可以封住各種思考的可能性，而使得你
  順服於其一的思考方式而已；而他一般所使用的技倆看似溫雅而

客氣的作了些自我限定,而實則是築起了一道圍牆,成了一種封閉性的區隔。祇不過因為他貌似開放,但實則卻是十足封閉的。

• 和文字、語言、修辭結合在一起的乃是辯論術,而不是解析的方法。理論的解析,是經由語言文字去瓦解自身,並且開啟對方的遮蔽,而使得它能與讀者或其他的論者能形成一個互動的交談過程,在這過程中而使得真理因之而顯現出來。理論的解析不是一種辯論術,而是一種意義的彰顯之道。

• 辯論是一種限定、孤離的方式,築起碉堡,而向外發射武器。

• 真理不是經由辯論而開啟的;辯論的目的是對敵人的鬥爭,對於那些不能分享真理的敵人展開鬥爭的最溫和形式。

• 真理是經由交談而開顯的;是經由自我限定的撤離而達到一種確定,經由置於脈絡之中而得以確立起來。

• 讀「九評」發現其使用的語句充滿了獨斷的氣氛。我以為可以經由此篇文字的句法研究而去說明彼之思維模式及專制性格,並更進一步來研究彼何以有如此之專制性格,而此專制性格又多帶有嚴重的理想浪漫性格。

• 主體的能動性若不是放在生活世界的脈絡中而去彰顯的話,它很可能成為掛空的,若非掛空的,便是教條的與專制的,最甚者,它便可能是暴力的。

1994 年 1 月 8 日

• 吾於 1994 年元月八日晨六時五十分離 University of Wisconsin 的 Eagle Heights,起程返回台北。

• 現為當日芝加哥時間午 12:50 分,正由芝加哥飛往舊金山途中,

吾即於此用思想，將自己心中之所感，盡吐於此，是爲誌念也。此本非有系統之論著，乃爲無系統之雜感也。

* 新儒家著重的是對於傳統的深入詮譯，直探骨髓，進而由此做一「轉化的創造」。如此必皆以主體爲核心，故吾名之爲「主體轉化之創造」。「主體轉化之創造」實不免有主體主義、形式主義之傾向，或者說其所著重爲「道德思想之意圖」，但此道德思想之意圖，實乃轉化之契機。以一抽象而客觀之歷史社會情境觀之，吾人可說彼之爲道德思想意圖有其侷限，甚至有其謬誤；但若在歷史發展之環節而論，則彼不宜說之爲謬誤，而宜釐清其限制也。

* 相對於當代新儒學之強調「主體轉化的創造」，林毓生氏提出「創造的轉化」。先說前者：新儒學之主體轉化的創造，以良知學爲核心，其背後的方法論的神髓是良知的辯證發展性，是由此再轉爲知識論的對偶性原則；在智識化的儒學建構裡，良知成爲一切輻輳的核心。我以爲就思想史的意義而言，當代新儒學的確想避免泛道德主義的弊病，但其實卻又很難免。彼之所以難避免，乃因爲彼仍是以「統之有宗，會之有元」的統會觀點，做爲其根柢，因此而有所蔽也。或者，我們亦可說當代新儒學這一步的轉出是眞正面對道德主體之爲何，而讓出客觀的知識世界也。此祇是起點，是以主體主義爲思考方式而做成的。

* 牟先生經由康德「現象與物自身」的區分而做成了「一心開二門」的格局，這是一種玄學式的區分，是以良知主體的辯證詭譎性做成的。此做法之爲可議，其可突破點，當在此辯證的詭譎性之如何理解。

我以為此辯證的詭譎性之根本乃是物之為物所隱含之矛盾性、對立性，由此矛盾性、對立性絞結成一個總體，即此總體之收縮而有一辯證之詭譎性也。換言之，辯證的詭譎性收縮為主體之所含，此是理論化、智識化之結晶；至於論其起源則非如此，當是整個經濟、政治、歷史、社會總體之所含而締結成的。

- 換言之，辯證的詭譎性於理論之深化與疏清，可見其深涵於任一事物之自身中，而做為實踐起點的主體能動性當然是此起點之起點，核心的核心。但相對而言，於歷史發生之歷程觀之，此當是整個經濟、政治、歷史、社會之所產也。以是觀之，欲由此主體之辯證的詭譎性之轉化，而去開出一主、客對立的格局，此精神誠亦可貴也；但終不免未見及歷史、社會總體本為雜多混沌者也。我想以此來說，當代新儒學是可以說有一道德思想意圖之謬誤的。林毓生氏於此確有所見，惜彼未真能正視此主體之詭譎的辯證性而深入分析，彼祇是就思想史總的論述而已。此亦可見思想史與哲學之為不同也。

- 主體之辯證的詭譎性於新儒家而言，乃藏於道德良知之中；而究其底，此有一奧秘性之思維，蓋源於古宗教神秘主義式之思維。此神秘主義式之思維則又隱含一語言的咒術性，此語言之咒術性又與其最終極之主宰黏合為一個整體。主體之詭譎的辯證性思維實乃源於此也。我以為此是中國文化之深層神髓，新儒家果知此深層神髓，而不知此深層神髓之弊病也。

- 神秘主義式思維之特點在於將分別相對礙的兩端渾而為一，而知此兩端渾而為一之總體乃分別相之起點。端就此而言，其立論亦可成立，即如今之現象學者亦依此格局而論，而又有別於神秘主

義也。蓋神祕主義之最爲重要者在於語言之咒術性（或包括儀式的咒術性、道德之咒術性）等等。彼以爲經由一咒術之表象的過程，得以通極於那總體的根源；其進一步的表詮方式則爲主體通極於道體，當然萬有一切亦渾融其中。

- 語言與咒術之所不同，語言乃是一表象性的思維，而咒術則是神祕性的思維。表象性的思維以主客對立的兩橛性而開啓；神祕性的思維則以主客渾合爲一的一體性而開啓的。

- 語言與咒術都是一「中介」，然語言之中介指向對象；而咒術之中介則指向形上之整體根源。因語言是指向對象，故語言具有對象化或者對象性之傾向；因咒術是迴向整體之根源，故咒術具有整體的根源或者根源的整體性。

- 以語言爲標的、爲主導的文化傳統，其咒術亦是表象性的思維所做成的，因而成就一超越於經驗世界之上的夐然絕對者，此即爲上帝。此上帝亦可以理解爲最高善之頂點，而相對於此最高善則有一根本惡，此根本惡即爲原罪之理論。上帝之最高善與人之原罪形成一強烈之對比。

- 以咒術爲標的、爲主導的文化傳統，其語言亦是迴向於根源的整體性的；而語言仍含有咒術性，而咒術則以實踐之主體爲核心，故成就一內在於整個生活世界之中的良知本心，此良知本心亦可以說是最高善之本源，或說良知本心之祈向最高善也。
  相對於此良知天理則其對比之另一端則爲私欲之遮蔽。

- 「明」有兩向，一是指向對象物之明，一是迴向本體界之明。前者之明是經由語言之表象性思維而成之明，後者則是經由咒術之返歸性而成之明。先說語言之表象性思維所成之「明」，如此之

明乃是一攝聚抽象而表象所成之明。這樣的「明」是將 representative 直當成 reality 來理解。如此之明便有一「徹底性」，及另一「遮蔽性」。所謂之徹底性乃是表象成對象之徹底性，其意謂苟非表象成對象之存在則非存在，或即是空無；如此之「有（存在）」顯然是一執著性、定向性之有，是一對象化了的，孤離的存在（有）。如此之為徹底便又隱含了如彼之為遮蔽。我個人以為此中有一弔詭──「明」與「蔽」之弔詭，亦可以說是文明與矇昧（野蠻）之弔詭。西方所謂之啓蒙運動（Enlightenment）便含有這樣的問題；或可說 Enlightenment 所含之矛盾或辯證即於此可見。吾人亦可由此明與暗之矛盾辯證而說及存有的遺忘與具體性的　誤置。

- 存有之為存有本非一對象性的、執著性的、定象化的存有；而是存有之在其自己，此當是一非對象性的、非執著性的、非定象化的，而是如其自己之存有自身。然西方哲學傳統自 Parmenides, Plato, Aristotle 以來所持之思維與存在的一致性原則，即以存有「學」之探討視為「存有」之探討所構成之學，如此是以思維所及之存在為一定在，即此定在而為存在，以是之故忽略了存在何如之為存在，此即是存有的遺忘。

再者，吾人可說存有是當下的、具體的，是境識一體而不可分的，厥為可分是一識之執著性以對境，如此而生一對象化之物的存在，然此對象化之物的存在已非此存在之自身；所可驚者，人類之文明，特別是西方啓蒙意義下的文明即以此對象化之存在視如存在之自身。或者吾人可說彼是通過語言、文字、符號之表象化而表象之，然此畢竟非事物之自身，即以此而誤認那抽象的、執

著性的爲具體的、非執著性的，進而不解如何之爲具體的、存在的、非執著的，此即是所謂之具體性的錯置所成之謬誤。

迴向本體界之明，究其本源來說當是咒術之返歸性所成之明；然此咒術之返歸性所成之明亦有不同之類型，一是宗教性之咒術之返歸性所成之明，另一則是倫理性道德性之咒術之返歸性所成之明。前者可以道教及一切 Shamanism 爲代表，後者最恰當之代表當爲儒家。咒術之返歸性所成之明是道體之自己彰顯其自己；而道體與主體是不二的，即以此通極於道體之主體做爲實踐之起點。依此實踐之起點言，可以有幾個不同之方向。一是由主體之回到道體，一是即此主體之爲道體，而以此道體主體做爲實踐的動源點，而即此動源點之彰明即是世界之彰明。

- 返歸本體界之明，其問題不是語言之表象化對象化所成之明所有之「明與蔽」的辯證性，而是另一問題。蓋返歸本體界之明，非語言之表象化，而是咒術之冥契化；咒術之冥契化，以其他話來說，亦可說是一氣的感通，即此氣的感通而成之明有「隱與顯」及「淨與染」之辯證性。即其爲智慧之彰明顯現，亦是生命之隱匿、逃遁；即其爲凡塵之染污世間，亦是神聖之純淨世間。或者吾人可說道體自身之明，本非言說，非分別性之明，而是超乎言說（或先乎言說）渾融爲一體之明，此亦可說是超知的，而此超知即含有反智之傾向，此反智之傾向亦多帶有威權性格。就此威權、宰制及反智，吾人實可發現其爲不明，其爲隱晦，其爲染污也。吾以爲此可以說一道的錯置之謬誤，可以說一神秘性之替代之謬誤。

1994 年 2 月 9 日

- 以中國哲學或思想史的研究而言，我以為大陸學者之受 Marxism 之影響，短時間內，看起來是囿限在教條框框之中；但長期說來，我以為馬克斯的 Materialism 卻可以養成一種整體思維的好習慣，可以擺脫唯心主義的泥淖。劉青峰、金觀濤的《興盛與危機》之著重從控制論、系統論和數學模型的方法來探索中國歷史問題，可以說是由 Marxism 轉出的一個好的例子。

- 「為什麼資本主義文明恰恰是以歐洲高度自給自足的封建莊園和規模不大的城鎮中產生；而在城市和商品經濟相對發達的中國封建社會裡，資本主義卻難以產生和發展？」

  這樣的問題，若翻繹成哲學語句的話，成為這樣──

  △資本主義文明乃是一 atomism 下的文明，是文而明，是一種符號定性的文明，是一種原子論式的文明，是由原子、原子相交結而成一個共相的文明。

  △封建莊園及城鎮乃是「原子」的象徵。一個原子與另一個原子是獨立開來的，它們是 isolated being，或者說是 ── objectified being；任何一個 objectified being 一定是 isolated being，此為不可免。

  △中國的城市及商品雖發達，但不是一言說的論定傳統，而乃是氣的感通傳統，故不成一 atom，亦不以言說而成一絕對之共相，因而合理化及解咒之程度皆不及西方。彼相感而為一體，此雖一體仍為多元，而多元又相感通也。

  △「氣的感通」以調節性原則為首出；以具體為首出；「言說論定」則以決定性原則為首出；以抽象首出。

- 有趣的是，Feudalism（封建主義）這個詞的含義就是「The man of another man」，也就是某個個體從屬於另一個個體之下。原先指的是受支配的農奴，采邑（fief）替代支薪制，武士階級的優越性，基於服眾和保護的臣屬制（Vassalage）和臣屬體（homage）。

- 這是說臣屬體而構成一個 unit，這成了一個 substance，成為一個具有 essence 的 isolated being。其實，這已隱含了其以後之為一個單元個體，之為資本主義（Capitalism）或現代化（Modernization）下的一個 atom。封建主義之走向資本主義乃是一順取的發展；中國之為封建主義顯然與此不同。錢賓四先生即以為不當以封建主義來說中國之歷史社會，蓋誠真有所見也。

- 馬克斯主義的歷史的五階段說——原始、奴隸、封建、資本主義、共產主義；我以為不能去質疑它是否為歷史的真象；而應說他通過了自己對歷史的概括方式而做出了這樣的演進式理解；就這樣的理解而言，我以為是在資本主義發展的現代化架構下的理解，這也是一種 Logocentralism 下的理解，這理解就這個視點來說自然是可以成立的。

- 但它之能成立，並不代表它就可以預示共產主義之來臨，而成為一種幸福美好的歷史成果；頂多我們可以將此理解成對於末世論的超越理解，這仍然深陷在「人——理——神」這樣的理解方式之中。Marx Karl 不同於 Weber，Marx 首在於樂觀的預示了未來，Weber 則祇是悲觀的解釋了過去。他們同樣是西方中心主義下的思想家。

- 中國兩千年來之為一大一統帝國、官僚制度、地主經濟以及佔主導地位的制度化儒家文化可以說始終是社會的基本構架。金觀

濤、劉青峰指出其爲一「超穩定的結構」而去闡明其理由，我則以爲在此之上，可以說出另一個極爲重要的道理來，那即是「Misplaced Tao」（道的誤置）。「道的誤置」的提法不是一社會結構論的詮釋，而是一哲學的詮釋，這樣的詮釋對於中國哲學會有一些新的斬獲，是一個極有生產價值的提法。

- 道的誤置（misplaced Tao）的提法是要去講明中國文化爲何如此的停滯；爲何如此的扭曲；中國爲何陷在泥淖中難以自拔。又，既指出了「誤置」便意味著有一矯治的可能，我以爲道的誤置的提法比起以前從思想層面來探索中國文化缺失的先賢們更爲整體，更具有說服力。

- 血緣、宗法、封建、井田、禮樂、仁義（道德）……這是循著生命的具體化原則而展開的；在具體化的過程中而形成一個整體，具體通於整體，即此具體而體現整體，即此整體而由具體以呈現之。這即便是朱子所說的「物物一太極，統體一太極」。這亦可以說是「吾心即宇宙，宇宙即吾心」；亦可以說是「波紋型的格局」（如費孝通氏之所言）；我以爲這一切可以涵在「氣的感通」這樣的 term 下來闡釋。

- 「血緣的」，若停留在「孝親」的立場，是不足以構成一強控制的父權宗法封建主義，而衹是一弱控制的家庭封建主義，這便難以構成一專制的、法家式的帝國思想。我以爲儒家的原型是一孝親型的血緣式弱控制的家庭封建主義；而後來被法家化的儒家則成爲一忠君型的宗法或強控制的父權帝國主義，這是極爲不同的，這一點要區分開來，儒家才有新的希望。

- 中國武俠的工夫片奇奧玄妙、高來高去，浪漫奇幻；充滿著神秘

主義、浪漫主義、超現實主義，而一言以蔽之，此仍是一咒術型的思考方式，祇不過是咒術型的儀式化，身體化罷了。這裡隱含著對於整個專制體制既屈服，又抗爭、瓦解的形式；但說穿了它仍然是在一專制的結構之下的；或者，直說其與帝皇專制基本上是同構的。我以爲治中國哲學也有這個類型的，直將中國哲學武俠化了，完全忽視了工夫的限度。以爲一「反身自省」一切問題就被處理了，其實完全不是這一回事。我以爲宋明理學之談心性修養，正是在一強控制、父權的、高壓的、宗法帝國主義下的同構、另一對立面的表現。這樣的途徑看起來是發掘了中國族群的心性根源，但骨子裡，其實是內斂（退避）到一形上的玄奧之境中； 陽明學本是要破解這個的，要走出一條實踐之路來，但他的學派卻仍難免其中一流走向狂禪之路去，這是極易理解的。

1994 年 2 月 11 日

- 馬克斯以爲一個民族的整個內部結構都取決於生產以及內部和外部的交往的發展程度。又「社會通訊是使得社會這個建築物得以粘合在一起的混凝土」。
- 中國之爲大統一的大帝國，最重要的是運用了「儒家」的力量，而也在運用的過程中壯大了儒家，並同時扭曲了儒家。
- 儒家的根底是符合於中國古傳統的最初連結方式 ── 血緣性的自然連結，它進一步由此血緣性的自然連結，而有了新的轉化與創造 ── 這即是「述而不作」。這眞切的落點則在於孔老夫子所指出的「仁」── 存在的道德眞實感。
  這存在的道德眞實感是形成人格性的道德連結的根本動力。

- 宰制性的政治連結，這原不是儒家之所提出，而是法家所提。起先這樣的連結方式與血緣性的自然連結產生一種大的斷裂。不過血緣性的自然連結力量甚強，它很快就修復了，而且與宰制性的政治連結又和在一塊兒了。它之所以能如此，則是儒家幫了很大的忙，因儒家所提的人格性的道德連結適巧提供了這二者連在一起的可能。

1994 年 2 月 15 日

- 研究儒學必須取得一世界史的眼光，要是不能提到此世界史的眼光，則儒學之研究，要不是蔽於一曲，要不是閉門造車，即可能祇是對古時之懷想而已。除此之外，儒學之研究尚須進入到自己的生活世界，此即可以「本土性」明言之。無本土性之儒學是無根之儒學，無世界性之儒學則是無眼之儒學。

1994 年 2 月 18 日

- 讀蒲松齡的《聊齊誌異》，覺其文字工妍清麗，幽深委婉，曲折雅緻，令人真有愛聽秋墳鬼唱詩之慨；除此而外，吾以為若環繞一歷史社會總體之批判而觀，蒲著實可以開啓一文學批判社會學。
- 美之為美，必其能通極於善也。康德有言「美是道德善之象徵」當可做如是之理解也。
- 批判之美學是經由美學之方式顯露其批判意義也；亦可以說是經由批判之途經，而冀美之顯現也。
- 無批判則無遮撥，無遮撥則美亦不得彰顯；無美之彰顯則批判亦

無所底歸矣！

1994 年 2 月 22 日

- 後新儒家哲學論綱之一
- 往昔，儒家實踐論的缺失是：這實踐是境界的，是宗法、是親情的、是血緣的、是咒術的、是專制的，這些一直都掛搭結合在一起，分不清楚；這樣的實踐概念是將對象、實在及感性做一境界性的把握，而沒有提到一自為主體的對象化的情況下來理解。換言之，對象祇是境界主體所觀照下的對象；實在祇是境界主體所觀照下的實在，而感性祇是此渾淪而境界化之感性，不是可以擘分開來的起點。
- 實踐概念之為實踐概念，應當是以其自為主體的對象化活動所置立成之對象，而使此對象如其對象，使此實在如其實在，進而以感性的透入為起點，而展開一實踐之歷程，故對象如其對象，實在如其實在，這「如其」不是如康德意義下的物自身的如，不是佛教的如，而是在「實踐歷程而開啓」意義下的「如」。「如」是動態的歷程，不是靜態的當下。
- 後新儒家的實踐概念是要去開啓一個新的「如」這樣的實踐概念。這是以其自為主體的對象化做為其起點的，是以感性的擘分為始點的，是以整個生活世界為場域的，是以歷史社會總體為依歸的。

但這樣的實踐性概念並不是以思維的實在性，權力的實現為目標的；而是以價值的實現為目標，以真理的朗現為實在而開啓的。換言之，這實踐概念雖然強調要經由主體的對象化做為起點；但

這裡說的「主體」不是 Descartes 義下的思維主體，亦不是 Karl Marx 及 Engles 義下的實踐主體，而是承繼著原始儒學，致中和、天地位、萬物育，意義下的主體，進而開啓的主體。

- 後新儒學的人文性是一徹底而激進的人文性（radical humaniety），這人文性是解咒了的人文性，而不同於往前的儒學仍然是一咒術中的人文性；但更值得注意的是這樣的人文性之解咒仍然不是 Max Weber 意義下的，因 Weber 義下的解咒乃是 modernization 義下的解咒，不是 Post-modern age 義下的解咒。

- 關於教育與環境之問題，後新儒學不以強調「適應」與「感通」為主，而是以強調「克服」與「創造」為主。其所著重的不是以一超越的形式性原則來對治當前的問題，而是以內在的根源性動力來開啓一新的可能。此開啓即是創造，即是克服。

- 內在的根源性動力，其說承繼於陽明的良知教、船山的繼善成性之說（命日降、性日生日成）；然而更重要的是要開啓一交談的情境、互動的倫理。因此，這內在的根源性動力是環繞著廣大的生活世界及歷史社會總體而說的，不是那美學的、感懷式的、境界的生活世界而顯現的。我以為這是重新面對孟子學的怵惕惻隱。

- 儒學的特點在於不置立一超越的彼岸，而是直面對當下的此岸；這原具有一開放性的歷程開展趨向；但是值得留意的在於這此岸的神聖性是如何的安立。往昔的儒學這裡未免有一種專制性與咒術性，在專制性與咒術性下的神聖性，使得這神聖性有著一虛幻性，於是神聖性的內在根源實踐動力祇成了心性修養的起點，而不是社會實踐的初始。

- 真面對此岸，是真正視具體的生活世界，真注重廣義的生產活動（包括物質與精神，因物質與精神原是不分的），在感性的擘分下，主體的對象化活動，去面對此岸。

- 虛幻的神聖性之革除，最重要的在於面對物質性（materiality），並且培養一種物質性的面對方式。首先須學習的是主體的對象化活動，其次要學的是對於此主體的對象化活動所成之對象做一對象化之把握，此對象化把握又是一主體之把握。這不是思維之事，不是理論之事；而是實踐之事。

- 抽象的思維之必要性，是第二序的釐清，而感性的直觀則是第一序的前引；但祇是這前引仍是盲目的，必須要一根源的實踐動力之參與而才能開啓主體的對象化活動，如此才能進到概念架構的層次，才能啓動理念的動力。

- 後新儒家強調的性善，不是人性本質之善，而是人性之為一根源性的實踐動力，是即此：「向」，而言其為「性」，說此善之定向，而明其為性善，是善向論。這是要擺脫本質論 essentialism 的思維方式，而是要建立起一動力論（dynamics）的思考方式。

- 因此，當我們說起「宗教」的時候，往往將那神聖性以本質化的方式，內化於人性之中來處理，以為此人性之本質即此超越的神聖性，因而忽略了人是不能就一抽象而孤離的個體來論略他的。人須放在整個人所構成的網絡整體中，具體觀之來論略他的。

- 抽象的論略人的本質，而說其為神聖的、圓滿的、絕對的，並以此來對比當下的、實際世界極易引出一消極的歷史退化觀的後果；要不然亦可能產生一空泛的神聖圓滿的阿Ｑ式理解。

- 面對人的實際生活世界，面對歷史社會總體，面對一具有物質性

的世界，是人之面對自己最重要的起點；這不是本質式、抽象的把握，而是物質性的、主體對象化的、實存的、主體的把握。

- 物質性的、主體對象化的、實存的、主體的把握，這必然要開啓一後新儒學的哲學人類學式的嶄新理解。要真了解生產力、生產力關係、生產工具、生產者之間的互動關係，找尋實踐的切入點。

- 老儒家的實踐立足點是血緣的、宗法的、專制的、咒術的社會，新儒家的實踐立足點是市民的、契約的、現代的、開放的社會；而後新儒家的實踐立足點是自由的、人類的社會及後現代的、社會的人類。由老儒家而新儒家再而後新儒家這是一批判的、繼承的、創造的發展；它不是一斷裂的、隔離的、推翻的發展；究其原因，則根本的仍是那內在的、根源性的實踐動力，此是儒學之法鑰。

1994 年 2 月 25 日

- 隨因緣而常懷悲慈，任自心而永駐性空；因緣既隨是過而能化，慈悲常懷是存而能神，蓋存神所以過化，過化所以存神也。自心識得保任之而源泉滾滾沛然莫之能禦；空而不執，性見真如，無罣無礙也。

- 寂靜即是安住，安住祇是無著，修法依吐納，定性在心中。

1994 年 2 月 27 日

- 學問重要的是見識，見識之培養須虛懷若谷，若意見橫塞胸中，則學問不進矣！

- 筆不可太滑，心不可太紛，祇要穩健，一切如如即可。

- 歷史語言學的方法是可取的，然語義不能取其符應說，而應取其融貫說；歷史不能取其截斷說，而宜取其衍展說。

- 哲學之作法不能太空，若祇是在字義詮釋上多設想，極可能思之太過，此孔子所謂「思而不學則殆」者也。

- 語言祇是一次級的存有，而不是存有之自身，但語言一旦系統化之後，它就由其執性而成其為一超過了次級的存有，這樣的存有便在這過程中僵固了它自己，這我們可將之稱為語言的存有論化。

- 語言的存有論化，是將語言存在化，將存有語言化，語言越了位，存有失了質，兩相失，而語言衰頹，存有封閉。

- 道家及佛教最可貴的是面對此語言的存在論化及存有的語言化來思索問題，必其使得封閉的存在再度開啓，衰頹的語言，再度重生。

- 語言的弔詭在於它實難以免其咒術性格及專制性格，似乎兩者必居其一；惟一可能突破點在於如何使得語言的表達不是 Positive，而是 Negative，可要留意的是我們一般以為 negative 的表達很可能底子裡仍是 Positive，我們當留意那種 Psuedo-negative 表達；這也是為何佛教空宗要雙遮雙遣的理由。

- 存在之自身是奧祕，此奧祕即在剎那生滅間，執定了存在，便是一種僵化了的死亡，於是用去表達存在的語言便成了死屍的棺槨。奧祕之為奧祕是剎那當下即孕含著全體大用；但這不能用境界型態的方式去設想，而祇能在生活世界及歷史社會的實踐中去體會。

- 黑格爾哲學的可貴在於充滿著歷史的意義，但其限制在於這樣的

歷史意義是經由一種語言的存有論化及存有的語言化而收攝到絕對精神之中，並以邏輯辯證的論式而開展，這便使得黑格爾喪失了其可貴的實踐哲學意義，甚是可惜。今日要重看黑格爾的是怎樣去發掘他的歷史意識，從而使得實踐意識復活起來。

• 康德的實踐概念是在主體中而落實的形式，黑格爾的實踐概念是在歷史的辯證存有化中被銷融不見了，馬克斯的實踐概念在階級鬥爭中被激化了；其實階級鬥爭是另一種語言存有論化的形式。用一句佛家的話來說：他們都在執著相中而開啓的實踐概念，如何開啓一嶄新的、無執著性的實踐概念，這當該是融會儒、佛、道的新的哲學，是後新儒學應走的途徑。

• 「生活世界」這個概念不能成為一空洞的概念，它的起點在於"I and thou"（我與您）這個基本論式是由 Martin Buber 提出來的，我以為陽明所謂「目無體以萬物之色為體，耳無體以萬物之聲為體，口無體以萬物之味為體，心無體以萬物之感應是非為體」這講得真好，我以為這即是"I and thou"所成的 Life-world。

• 當牟宗三先生說中國哲學中的儒、道、佛有其優越性，他們的性智、玄智與空智如同 Kant 的 Intellectual Intuition，因此可以使得物自身（Thing-in-itseif）如其自己的顯現其自己。這看起來免除了 Kant 對於存有的不可知論之困局，但可不要忘了，這是用獨斷論來替代不可知論的。如何免除這獨斷論呢？祇有一個可能，那即是將收束於主體的 Intellectual Intuition 解放出來，展布於生活世界之中，開啓真正而切實的實踐。面對有限性、開啓否定性的辯證；面對精神的虛浮，開啓事物的物質性基礎，我以為這才是真正站在牟先生所開發的立場更做一調適而上遂的發展。

- 論辯的功能是消極的清理，而不能有積極的創造。積極的創造性想像，類此始能開啟。凡是抽象的、普遍的，就是僵硬的、規約的，是強者，但可不要忘了「其死也剛強」；相反的，凡是具體的、個別的，就是柔弱的、生氣的，是弱者，但「其生也柔弱」。

- 思想的孕育是由無形而有機來的，但思想的成長則必須經概念的反思來確立的。祇有孕育沒有生長，這便祇能像夢境般的耽溺在光影之中，這就叫玩弄。

- 思想不能祇是擴散與滲透，必須要嚴謹的自我反思，否則纖纖細細，亭亭阿娜，卻仍祇是藝伎般的身段，這便將人間悲苦看做一段風塵韻事，存在的真實卻也如幻化的空華水鏡而已了。

- 思想之難就像孕育子女一樣，有孕、有育、繼而有成、有長。受孕不易，但受了孕祇將那肚子挺著，說她的美，自然比較不艱辛，但這缺了育、缺了成、缺了長。出了娘胎，它要如其為自己的站立起來，這還得至少有三年才能免於父母之懷，多麼不易。這過程即是我所說的主體的對象化活動而開啟的自我反思之路，自我生育而獨立之路。

- 胡蘭成的文字果真是有靈氣的、有仙氣的；但卻也輕飄飄地，像藝伎的身段一般，迷人顛倒，甚至癡狂，但畢竟祇是藝伎，觀賞觀賞，唱和一番，是不能做數的；做數了，可能爭風、吃醋，鬧出人命來。這樣的靈氣是魂兮歸來的倩女幽魂之氣啊！中國文化之衰頹亦由是可知矣！

1994 年 2 月 27 日

- 讀胡蘭成的文字最好是端坐著，文雅的遠觀，不能是偕與俱行的

遊玩，否則便會玷污了這清雅典麗的藝伎，她的身段之美也就不見了。

- 若果能端坐靜觀，胡蘭成之文字的確有靈氣，能啓迪吾思，潤澤吾懷，甚至可以指出個途經路向來。這就要看讀這書的人功力如何了。喜之而偕與俱行，甚而玷污之，此最下最下者也。見其美而不知其美，則根本不入流者也。見其美而懼之，而屏棄之，是中下者也。見其美而懼之，而留神之，是中中者也。見其雅緻典麗而且懼且喜，是中上者也。見其雅逸丰標秀麗，喜之而懷之，慈以待之，是上下者也。見其雅麗丰峻，喜愛之而寶之，和以解之，是上中者也。靜觀凝視，透其精神，知其婉約，明其根源，此上上者也。此蓋有如王夫之之讀莊子，其莊子通謂「因而通之，亦足以造乎君子之道也」，無「因而通之」之能耐則讀其書，反遭其害；此如孔夫子所謂「少之時，血氣未定，戒之在色」者也。

1994 年 2 月 27 日

- 理解與詮釋的方式將會影響乃至決定了運作的方式，整體而脈絡的理解與詮釋方式並不應導出整體的變革方式，而應是脈絡的變革方式，之所以一轉而爲整體的變革方式，這可見就出了問題了。這問題在於以爲整體是可以經由咒術的通道而做全體變更的，這根本上是謬誤的。

1994 年 3 月 1 日

- 身段、唱腔、戲台合成一個不能分的生活世界，說祇是身段，沒有唱腔，沒有身段，那更不行。現在的人文學界是有戲台，也有

戲目，也可以說有戲文，但卻缺了身段做工與唱腔，大家還猛對戲文推敲了半天，即使了知其意義，但總離眞實的意味太遠了。

- 愈來愈清楚，我要做的是一個有創意的思想家而不是學院中的學究，我要喚醒的是廣大人群對於「人」的理解之提昇，而不是枝節的、理論的事情。

1994 年 3 月 3 日

- 想寫一文「縱貫性的創生」背後的社會哲學之理解，經由此去說明儒家的道德性其實是座落在「父子」這「血緣性的縱貫軸」之上的。

- 經由這一步的釐清，可以將儒家原來所強調的天命性道相貫通俱納於社會哲學的結構下來考察，並將陽明以來的良知學做一新的理解與詮釋。

- 任何「人與人」的關係都必然立基在「人與天」的關係上；任何「人與天」的關係，亦都是以「人與人」的關係爲起點而摹仿轉化而成的。

- 「I and Thou」的模式是異於「I and it」的模式的，Martin Buber 區分了這兩個存在的 Pattern；其實進一步說「I and Thou」仍然可以有兩個不同的理解方式，I and it 亦然。這有意思的問題仍然可以歸結到「氣的感通」與「言說的論定」這兩個不同的類型上去。

「氣」原來是從血緣性這樣的概念發展出來的，它意涵著其交往的型式是「感通」與「熟悉」，它的是強調的是「和諧」與「整體」它。是「I and Thou」這樣的存在樣式，是主客不分、境識

俱泯的狀況下達到一無分別相，超乎言說的境域，而此即是根源。

- 「氣」的概念之為首出，「生」的概念便為首出，在社會學上必然以家族血緣概念為首出，這是十分一致的。

- 《原儒》，熊十力所提出來的一本書，這概念是很有意義的；但可惜他並沒有做得成功；因為他祇是將其理想的形像投射出來而已，並未真能歸本溯源去看待。不過倒可以經由他所做的擘劃，重新來看「原儒」之意義。

- 當代新儒家的儒學圖像，值得重新釐清。

  一個農業的、耕讀傳家式的中國。

  一個民主的、自由的開放的中國。

  一個社會的、人民的自足的中國。

  一個現代的、法治的進步的中國。

  一個倫理的、自治的民生的中國。

- 三民主義的中國圖像，是值得重新正視的，正因為三民主義已不再是具有主導性的思想，它更有著這樣的可能。

1994 年 3 月 5 日

- 當一個族群其「存在」的理解與現時的西方社會（文化）完全不合時，我們便要重新去找尋其對比的觀點，否則極易掉入削足適履的困局之中。

1994 年 3 月 7 日

- 「如果我們相信耶穌替我們贖罪，我們的罪就不會束縛我們。……耶穌也是為此而受苦並替人類救贖一切的罪，惟有接受

他的救贖的可以得到永遠的平安。……」

「如果這是基督教，我便不能接納，我不希望從罪惡的結果得到救贖；我所求的是從罪惡的本身得到救贖」。

甘地這段話令我讀之動容，我一再的重複唸著「我所求的是從罪惡的本身得到救贖」。

- 我想這問題的關鍵處應在於基督之代人贖罪正是要在源頭處，並不是在結果處，祇是人是一有限者，人無法成就其自己而已。我以爲此當是基督教之本義，後來之預選說與救贖論皆已非基督宗教之本義也。

- 「我已經得到做律師的秘訣，那就是把握著人性中善良的那一部份而深入人的心靈裡面，我認爲律師的眞正任務是使嫌隙者和好。」甘地此言，不祇律師如此，而實可用之於各行各業也。（甘地）

- 「我覺得上帝只有從服務中被發現。」（甘地）

- 語言在傳達中轉換，思想亦然，惟有言語道斷、心行路絕，才能歸返到思維之源頭。（梧）

- 欲察念慮之微，此甚艱難，不如不察。寧代之以觀，觀者止其所觀而已，此乃觀止之道。（梧）

1994 年 3 月 12 日

- 理論的生產是來自於生活，而不是來自於理論。生活是境識渾而爲一體，不可分的，理論乃是意識的抽象與反思活動而形成的產物；沒有眞正生活的人是沒有理論的。當然，生活不是一般世俗之情調而已，而是由其活能透其生，此生乃創造力之根源。

- 權威是理性化的觸媒，是成長之節，少了這個節，就好像竹子失去了節一樣，它就不成其爲竹子。

- 記得生活世界中一個構造的環節比起理論或意義詮釋上本質該當如何的途徑切要的多。生命是靠構造的環節端立起來的、生長起來的；生命不能靠意義的詮釋，就想本質的長出什麼來；這也就是說生命不能離其物質性，正視物質性是生命生長的必要條件。

1994 年 3 月 14 日於 Borders

- 由生活而生出的理解與詮釋是活的；而由理解與詮釋而生出的生活，看起來或有深的意義，但卻要留意它亦可能帶來一種語言的障蔽。

- 對理性、語言等的歷史起源看清楚了，就知道權力的重要性，我以爲尼采（Nietzsche）之特別強調權力意志是要廓清自古以來語言符號所帶來的遮蔽、專制、異化等等，他要的是讓人去面對存在的眞實，若對比於非執著性而言，則彼仍不是第一序的眞實，仍祇是主體的對象化之後而生的眞實起點而已。這裡可以看到 Nietzsche 的深心悲願，但也可以看到他的限制，這是整個文化之所使然。

- 再者有人以爲 Schupenhauer 之《意志與表象的世界》一書受到佛教思想，特別是唯識的影響；但我卻要說這可能祇是表層上的相似，骨子裡，Schupenhauer 是不懂佛法的；若彼懂佛法，則定了解「緣起性空」，蓋此般若共法，佛說皆不悖於此。唯識之學，則是 Negative interpretation，並不是 Positive Construction，最後

仍要歸本於無的。

- 就歸本於無而言，虛妄唯識則表面上以阿賴耶識爲歸，此阿賴耶識又爲染污；但彼實有一用心在；以其爲染污，故祇能薰習無漏種。無漏種祇是一理論之預設，非現下實現之佛性，故不談佛性之爲理論之基，而論實踐歷程之當如何展開。若此再一層說則亦又可說此賴耶通眞妄；若往上說，溯其源流，欲尋一根基則由虛妄唯識學轉而爲眞常唯心之論；然揆諸佛教 negative 之 methodology，吾人當說此眞常唯心之論已有一大轉換性之創造（Transformative creation），亦可以說已悖了佛法在方法論上之本旨。賴耶通眞妄是如其現象而觀之，以明其可能，可能通眞，可能通妄也。若眞溯其源，則爲由此分別相、執著相、染污相往上翻，如此之往上翻而入於無分別相、無執著相、無染污相，此即原始之「無相唯識」所可通極而建立者也，蓋一併皆歸於「境識俱泯」矣！

1994 年 3 月 14 日午 Borders Madison

- 今日於 Borders Book Store 見一「Classics of Moral and Political Theory」是 Michael, L.Morgan 編纂成的，裡面涉及 Plato, Aristotle, Epicurus, Epictetus, Augustine, Aquinas, Machiavelli, Hobbes Locke, Hume, Rousseau, Kant, Mill, Marx, Nietzsche 等人之作品，大有啓示，我以爲像這樣大規模的編纂方式當行之於當今之中國，回得台灣亦可順此編一部西洋之道德與政治之古典理論，再編一部中國之道德與政治之古典理論。或者，可先在通識課上開一門西方古典政治哲學或中國古典政治哲學，以爲張本。又數星

期前購得 Philosophy made Simple 一書，覺此書頗清麗明白，吾欲爲之「哲學概論」亦可以此做爲範本來寫。

- 「說」的哲學與「傾聽」的哲學是頗爲不同的，前者指向一對象，由執著而生的確定性，後者則迴向自身，去了執著，任由開顯，乃是就如其開顯之如而有了確定性。此兩個確定性之意義頗不相同。

- 「說」的方法祇能是第二義的知識之把握；而「聽」的方法才能上及於第一義的智慧與眞理之開顯。前者是把捉而確定，後者是放下而成全。

2545，1994，0314

- 文明起初是創造，而之後大半是在複製，最高的思想家是創造者，複製者則遠在其次，至於堆砌者，那已是斗筲之人何足算也；不過現前的人文學界其做學問之方法常是堆砌的，此與我甚不相合。

- 書寫不是將成品紀錄其標籤與性質，而是製造一新的成品。書寫本身就是思考。須知，一切涉及於 Body 的活動，它展開的思考，遠比祇用 mind 的活動，思考還來得多，並且更爲深刻。

- 「雅」是什麼，把不須要的、附帶的去掉，該當有的蘊含蓄積在字裡行間，這樣的文字就雅了。雅者必簡，雅者必樸，雅者必美，雅者正也。寫文章要到這地步，爲人處事亦要到這地步，如此才可爲雅正之人也。

- 紅樓夢是白話，是雅言之白話；此勝於今之白話，可以學習之。而學習之方，在於脈絡中尋個雅意，涵泳其中，用功日久，自然

成文矣！

2545，1994，0315

- 怎樣去轉譯與詮釋乃是一切思考的法門之一。
- 思想是深層的、多重的，而表達是定形的，因此要穿透表達進到一深層而多重的境域是極不容易的。
- 人間是怎樣構造的，天上也就怎麼構造；世界怎樣構造，人心也就怎樣構造；語言怎樣構造，思考也就怎樣構造。
- 血緣性縱貫軸所成之宗法國家，皇權是一種最高位分的象徵，就是權力的象徵，也是價值的象徵；在表面上是由武力取得，而骨子裡則由教化構造之。
- 符號式的統治之理想是「黃帝垂衣裳而天下治」，是「舜躬己之正南面而已」是「無為之治」；但皇權的問題一直是一未解決的問題，因而此理想極易異化成權力式的統治，把權力掛在血緣親情上統治，把權力掛在符號上統治，最後權力成為獨大，形成了「道的錯置」（Misplaced Tao）。
- 利害與規則，理性與權力這些是關連在一起的；而親情與倫理，道德與理想這些是關連在一起的。

2545，1994，0316 凌晨

- 觀「菊豆」一劇深有感觸
  此是張藝謀之作品，由此可見中國當前情境之一斑。
  傳統的血緣性縱貫軸，在宰制性的壓榨下，成了一異化自噬之物。
  男性中心，老人中心表徵的是共產黨。

女人小孩代表的是大地蒼生的聲音。

楊天清代表的是軟弱的改革派。

結局是紊亂，玉石俱焚。啊！我於此劇看到中國之結局，果如是哉？可悲！可悲！

當血緣性縱貫軸之父權成了祇是父權時，言說使其異化成一暴虐性之存在。

順服倫理之不可違抗，使得自家生命無法真正的建立起，此是血緣性縱貫軸之最大盲點所在。

對於權力根源之未恰當解決乃是一切禍亂之源。

- 締約的自由是一最根本之自由，此是人權之最為優先者。

2545，1994，0316

- 解開良知的專制性、咒術性，才能開啓良知的生活化，落在歷史社會總體中實踐。

- 良知的專制性與咒術性，常以一種境界型態的玄辯方式秘藏在主體與道體的內在同一性之中，這使得人們願意耽溺在一種虛假的圓教之中，而其表達則是以「辯證的詭辭」為方式，當代新儒學實不能外乎此，甚為可惜！我以為此與牟先生晚年徹底的悖離了 Socialism 有密切的關係，彼早年亦是一社會主義者。

- 「良知」是屬神、還是屬人，這問題看起來好像不恰當，其實就此問題來講正像「上帝」是屬人，還是屬神，這問題一樣，是你站立的哲學位置，到底是人的立場或神的立場一樣；是平民百姓的立場或統治者的立場一樣。

- 良知學是抗專制的，但骨子裡卻是專制的；良知學是抗咒術的，

但骨子裡卻仍是咒術的，怎樣扭脫出來，這真是大問題啊！

- 「屬神」與「屬神的」兩個意義亦極為不同，後者已落於一種神學的存有論化的境地，而前者則是真在神的存有之中的。從費爾巴哈（Ludwig Andreas Feuerbach，1804-1872）到恩格斯（Friedrich Von Engels，1820-1895）、馬克思（Karl Heinrich Marx，1818-1883）以來的 humanism 之問題即在於將「屬人」與「屬人的」這兩個東西混淆了。這其實亦可以說是「無執」與「執著」的問題。不過我以為 Karl Marx 的方向是對的，只是少了個「境識俱泯」這「無執著」之「如其」的傳統而已。

- 腦子裡浮現魏晉南北朝名士討論孔老會通之問題時，有一說「聖人體無故言有」這句話的確很有吸引力。

2545，1994，0321

- 聖賢亦天才乎？程明道雖言大賢不論才，然果如是乎？若以中國傳統中之道統中之人物而論，儒者之興，大體能破分別相而入於無分別之根源，汲取此根源之動力而締結之，此非天縱之資為何？

- 什麼是根源的、縱貫之創生，此是將一切橫剖面所牽引而成之分別相全然脫棄而獨顯其無分別相之根源，即此而言其為縱貫之創生也。

- 今日閱牟師宗三所著《政道與治道》一書，覺筆力萬鈞，理路清明，情氣縱橫，真才實學之作也。吾以是有深感，牟師真不愧大哲學家也，亦不愧為哲學之天才也。天才者，縱才任氣直探本源，引而發之，自有中節處，此皆於生命有砥礪，有頓挫而發者也。

吾昔閱此，竟不知此，愧慚極矣！（1978 年）

- 我因是自思，如何可養此天縱之才氣也，當作根源之追溯，並涵養之，使之暢其源也。此絕不可泥於文字語言之餖飣考據，自陷而不不知，吾當留意爲之。蓋余亦具此天分，當好自寶愛。紹述吾師，並引而發之，闡明其根源，並承繼而發揚之可也。

- 神話之爲神話是一個族群內在根源的聲音，它指向一個極致，指向一個理想，指向一個根源，這不是分別相的，不是對象相的，不是廣延的量，而是無分別相，而攝所歸能，純任主體之爲能也，是內含的、張力的、強度的、主體的縱貫的表現方式。以其如此，古人所說不能以現實之 Reality 視之，因彼雖爲 fiction，即此 fiction 而爲 reality 也。

- 一個沒有神話之族群實即一沒有理想、沒有根源、沒有夢之族群、沒有神聖之企盼的族群。如此而論，當說：神話祇能限制，不能解消，不能瓦解，一切神話皆已瓦解，則純任世俗，又何可說焉！

- 執著、定向、言說、斷裂型之宗教祇有「道成肉身」以爲連續，此道成肉身非其生命之能自已，是氣之不容已，故此人物是天之所縱也，非人之所修也，此是自然氣性，亦是絕對神性之縱貫而成的，如此而說，此是天才，亦是英雄，此有一種超乎世俗之大能與燃燒極烈之欲望在焉，耶穌之人格當即於此而論始可眞知其丰標駿逸也。

- 若儒家之「聖」則非道成肉身者，而乃肉身成道者，非自然氣性非絕對神性之所下貫而成者，乃自覺之心性、向上頂、向上透而彰顯此天地氣象、乾坤朗朗者矣！聖賢自別於俗智之人，但亦非

如上所說之天才，非如上所說之英雄，而是一反躬自省，萬物皆備、其樂融融之天地生物氣象，此只是悅樂，而無殊特相，故孔子有「吾與點也」之歎：蓋「暮春三月，春服既成，浴乎沂，風乎舞雩，詠而歸」，如斯之悅樂，蓋天人不二之境也。

- 由血緣性之縱貫軸再轉而爲根源性之縱貫創生軸，而點示人與人之間存在的道德美感，繼而即由此「仁」，而說人之安宅，即由此「義」而說人之正路，此便逐漸可往一平面的、左右的人際主體互動軸說。

- I and Thou 之兩義，一是向上超越的，對越在天的向上契，而入於幽明死生，無對無極之本然體態根源處，一是平舖內在的，主體互動相涵，而入於無分別相，境識俱泯源處，一是平舖內在的，主體互動相涵，而入於無分別相，境識俱泯之純粹經驗之根源處。前者可以闡明天道性命之下貫；後者則可以說仁義禮智忧惕惻隱之爲端也。陽明一體之仁之說承斯後者是也

- 筆是新筆，人是舊人，舊人新筆，有一番說不出的新氣象，筆力透出不可言喻，有一種駕新車，馳騁道途的感覺，想快些，但仍不能快，蓋筆之修鍊，此中有道，不合其道則不可以久於其事，亦無精神也。

- 舊筆雖順，然筆尖已凸，故行走間有其頓意、挫意，此沈鬱間，若著力亦仍可見其蒼勁；但莊嚴偉秀於形不可見矣！此正如人之生命，過了五十、六十，進乎七十，從心所欲不逾矩，自不能顯示少年英姿，如是之筆，祇適合作儀式之用，高貴其身可也，不宜馳騁疆場也。

- 新筆如新婦，夫婦之敬如賓，此是堂上禮也；夫婦合巹，貴在歡

愉，春風無限，此是洞房深閨意境也。前者以立其形式，後者以拓其根源，用筆之事，當爲如此，此所以養其筆力，培其精神也。

- 秉筆如斷獄，春秋史筆，其筆有法，其法有道，其道貫乎天地日月。秉此筆書之，當積至誠，用大德以結乎天心，使天若慈母之保赤子而不忍釋，此自有一分慈悲，一分老安少懷之心在焉，於斯天地可信，其筆所由亦得其正，斯以養筆之安宅也，此仁筆也。

- 提舊筆以爲書，忽覺不忍，彼實不宜伴我馳騁，彼實老矣，當得其尊，居其位而衆星拱之可也，束之高閣，衆筆拱之可也。筆之長老也，當尊之重之，若國之大老然！其筆攻城略地，當封侯世襲，久尊其位也。余今日擇吉封此老筆爲太上老君，可也。願太上老君居無爲之地，自然成化，助我新筆正君統我文德天下，祈之上蒼，是爲記。

- 封筆頌

  文成十百千萬計，

  章合中東南北西，

  五德輪轉地天泰；

  丹心秉筆乾坤齊。

2545，1994，0327

- 語言與文字的表達如何能不離其內容自身，果眞難矣！只能作一追本溯源，越出執著相，方始可能。此蓋老子爲道日損之爲道也。

- 根源的、理論之層面與發生之層面是不同的，兩者不可混淆。混淆之則造成之誤置，其害不淺。

- 方法論意識當起於對存在之覺知（perception）的關懷之感，外乎

此則方法之為方法當成了技術。方法與技術最大不同的是，方法必涉及於本體，而技術祇是工具，它關連著效果而說。

- 性別的固定與認定是理性的起點；理性乃是人們對於對象的一種固化活動。

- 性別的錯置代表著壓制的錯亂、瓦解與顛覆。若嘗試其性別的對調，將使此生活之情境有所變化，而開啓新的觀點（vision）。

- Power 與 Knowledge 的辯證關連，有 power 的人宣稱握有了眞理，powerless 的人祇好追求眞理，難堪！

- Karl Marx 階級鬥爭的論點嚴格的影響了一種觀看 life-world 的方法，它將 power 擺了進來，它將如此之 power 改變了之後而希望找尋到新的 Category, 這是繼 Kant, Hegel 之後的新發展。

- 馬克思主義（Marxism）的咒術性格——
如列寧（Lenin）所強調的「實踐高於理論的認識，因為它不但有普遍性的品格，而且還有直接現實性的品格」，又說馬克斯主義的哲學辯證唯物論有兩個最顯著的特點：一個是它的階級性，公然申明辯證唯物論是為無產階級服務的，再一個是它的實踐性，強調理論對於實踐的依賴關係，理論的基礎是實踐，又轉過來為實踐服務。……這裡的盲點在於（1）無產階級的神聖性（2）實踐的優先性

一、無產階級的神聖性所生的宗教感，且因而染有咒術性格，或者與原來文化裡的咒術性格結合為一。

二、實踐的優先性與根源實踐動力的血緣鄰近關係，及其相關的咒術性格。

其所謂認識的三個階段——（1）感覺與印象（認識的感性階段）

（2）認識過程中的突變（飛躍）產生了概念（3）眞實的判斷（4）推理的確定。

我以爲整個實踐的歷程帶有一極強的根源性咒術氣息在，一個實踐的咒術性氣息。此亦可以有另一面：擺脫其根源性咒術性氣息。

- 唯物辯證法的兩用：一是銷融的走入咒術性（雖說不是神學的，仍然是神學的，或者是擬神學的），一是擴張的走出咒術性（不是神學的，而是唯物的、辯證的），此兩向前者爲負向，後者方爲正向，值得正視。

- 從毛澤東《實踐論》第十七頁裡，清楚的可看出其咒術性的根源的實踐思維，一種道德思想意圖的謬誤。

思考毛澤東的實踐論──

1. 其實踐概念的特質：含有咒術性格，強調根源性。

2. 以唯物辯證解釋變動的歷程，此唯物辯證法到底爲擴張傾向，還是銷融傾向。

3. 此實踐概念與中國哲學所強調實踐的優先性之異同。與陽明作對比，將發現他們都強調實踐的認識過程中扮演的優先性角色。（儒學與馬克斯主義的內在親近性）

4. 此實踐是一道德思想意圖下的實踐而不是責任倫理下的實踐。

5. 解開實踐論的根源性與咒術性──

（1）對於辯證法及超越邏輯的重新釐清。

（2）對於其咒術性格類型之檢討。

（3）正視根源性及其陷溺、限制。

其咒術性格主要起於歷史的決定論，方法論上的本質主義，一種將名言概念及邏輯歷程定死了的方法，理智中心主義之謬誤。

2545，1994，0418 於 Arizona S.U.

• 自然環境與人文環境乃一體之兩面，因彼等皆關於人之於一切宇
宙之生命態度也。對於自然環境之污染與毀損，實即對於人文環
境之污染與毀損。以老子所說「無名天地之始，有名萬物之母」
來說，「有」銷歸於無，而「無」才能生長「有」。老子言「飄
風不終朝，驟雨不終日」，而之所能如此，是因爲天地不壞所致。
有了天地之常，自能有一自發的次序，一切自然如如。

2545，1994，0419 於 Arizona

• 台灣做爲核心國家所支配下的邊陲地帶，做爲霸權的附庸，夾著
原來拓荒者的生命氣力，又在長久以來的孤兒意識中，被「主──
奴」的支配著。這情形使得台灣一直成爲一影子般的存在，一種
negative existence，長久以來，他一直不敢正視自己之爲自己，
這樣的自己是不可化約的。

• 表現在工業方面，所謂的「加工──出口」這是最明顯不過的了。
「加工──出口」於國際上所扮演的角色，就如同它在國內所衍
申出來的方式一樣。它的成果建立在「客廳即是工廠」上。客廳
原是生活的地方，是生命成長之處；而現在成了工廠，工廠是製
造（加工）而取得利潤的地方。客廳之成了工廠，便明顯的有著
這樣的寓意，這便破壞了生命之成長，或者說轉以爲生命的成長
全數是經由工具之操作而有利益之取得。我以爲這樣的生命態
度，是台灣之邁向經濟起飛的一個基底，一方面看到生命的奮
進，而另方面則是大大的戕害。

• 這裡我們可以看到一連串的「霸權──控制」，「主──奴」的

關係。美國、日本是主，我們國家是奴；我們國家的資本家是主，老百姓是奴；我們國家的執政者是主，老百姓是奴；大人是主，小孩是奴……，最後我們以我們的人是主，而自然生態是奴。霸權力量是上下隸屬的關係，它一直傳接下來，最後最糟的當然是土地，是由土地而欲生長之始生處。以上所說，可以稱之為「台灣環境生態之被破壞」的哲學反思。

- 「形式主義」（formalism）之作為一病理學之詞的使用來說，指的是形式高張、拘限、僵固了 matter，使得 matter 之 reality 之層面為人所漠視。經由一人為給出的 name，去 formalized something，即以為此 name 便是 reality，於是在這 name 上用功夫，以為如此就解決了問題。相應來說的另一個對立面之構成的組構：認為一切從 reality 去發掘問題的人，是自己搞出問題的人，以為天下本無事，庸人自擾之，以為不去擾，就可以無事。殊不知，不去省思 reality，不去開啟 reality 之所遮蓋處，reality 是不可能表達其自己的。更何況 formalism 造成的遮蔽，更是嚴重。

- 與其說其為「道德思想意圖的謬誤」，毋寧說其為「形式主義的謬誤」，因為林毓生先生所說的「道德思想意圖之謬誤」彼之為謬誤並不在於道德思想意圖之為謬誤，而在於形式主義使得道德思想之意圖成了謬誤。再說，直將「道德思想意圖」視為一種謬誤，而忽略了其背後的真正原因而直斥之為一種謬誤，就此本身即可以說是另一種「形式主義的謬誤」。「形式主義之謬誤」之產生主要在於我們的「命名」的活動不能回到事物之自身。此不能回到事物之自身有兩層意思，一是對象義之事物自身，一是命

名之主體義的事物自身。後者更是前者的基礎，以是之故，談回到事物自身，當如此二層言之，方可。或者，更進一步說，我們根本上逐漸喪失了自己命名的能力，只期待別人為我們命名。

- 分裂之所以成立是建立在自己之所以能獨立上，並不是將獨立建基於分裂之上。或者我們可以說獨立可以導致分裂；但分裂卻不一定可以導致獨立。必須先有兩個主體之自足的理念，能使得此兩者之由一個整體中分離出來，成為兩者。獨立是要說明其自主性，自主性是要在自己的鄉土、歷史、血緣、文化中尋求，此是一自然自主性；再者，自主性要在之欲構成一嶄新的政治社會共同體之願望下有一新的理念之要求，此是一理念之自主性。

- 台灣文化的最大危機在於未能回到自身來重新思考問題。台灣文化一直只是一影子式的存在，一個被命名的存在。

- 當人們自身的母語被禁制僵固，而鄙棄之時，他的生命不可避免的就含有嚴重的被壓抑傾向。另一個角度來說，他不能使用自家的母語去展開命名（認識、詮釋及實踐）的活動時，他就不能真正用自己最深沈的聲音來呼喊他自己，如此他就沒有真正的自己。

2545，1994，0426

- 宗教文本不同於日常生活之文本在於其神聖性與咒術性，以及摻雜其間的人之參與。神聖性之為神聖性是從日常生活中凸顯而起的，是越出了日常生活的；但又不離於日常生活。其不離於日常生活，又越出日常生活，此中之連結點即是咒術性之為中介。後設的分析有兩種，一是理論的、基礎的；而另一則是語句的、枝節的。

2545，1994，0427 往 Kansas 飛機途中

• 愈體會「謙」受益之理，愈覺有味。惟謙，而其言得以兼也，得以勝也。此中奧秘不可不知也。

副論六　眾生病病病可離，萬里神洲齊奮力

──悼念　陸先恆博士

一、逝矣歸也，桃源絕境！

先恆！先恆！竟爾逝矣！竟爾逝矣！

先恆！先恆！遠矣歸也！遠矣歸也！

爾竟像那武陵人，「緣溪行，忘路之遠近，忽逢桃花林，夾岸數百步，落英繽紛！」爾正詫異時，卻又前行，這樣走了數百步，「林盡水源，便得一山，山有小口，彷彿若有光」，爾也就率性的「便舍船，從口入」，就這樣您可進了「桃源絕境」。

我們呢！仍在紅塵，仍在糾纏，仍在亂世紛紛糾纏的紅塵裡。如今身之所處仍然是「處世橫議，諸侯放恣，邪說暴行有作」，「黃鐘毀棄，瓦缶雷鳴，賢士無名，讒人高張」。我知道：爾若在，定會與我並肩，與我同心，與我攜手，對著天地說「余豈好辯哉！余不得已也！」，歸返生命之源，「自反而縮，雖千萬人

吾往矣！」然而！然而！我既已知矣！我既已知之矣！「指九天以為正兮！孰察于之衷情！」，「眾不可戶說兮！沾吾襟之浪浪！」而今，只能是默然！卻無法漠然！

驀然回首，那人可還在燈火闌珊處否？那人可還在燈火闌珊處否？回首驀然！

我真不願相信先恆就已離我而去，就此進了桃源絕境！唸叨著！他何時歸來，何時出得了這桃花源？想著！望著！望著！想著！即若夢裡，叨唸著他出來時，可要「處處誌之」，我才能「尋向所誌」，才能問津而往！

但！但！但！桃花源何在？武陵人何在？不知也！不知也！

先恆！先恆！爾何在？爾何往？仍在桃源絕境否？仍在桃源絕境否？

「歸去來兮！田園將蕪胡不歸，既自以心為形役，奚惆悵而獨悲！悟以往之不諫，實來者之可追！舟搖搖以輕颺，風飄飄而吹衣，問征夫以前路，恨晨光之熹微！」

《歸去來辭》，記得！記得在麥迪遜（Madison）的鷹嶺（Eagle Heights），酒入愁腸，醉後最所常吟的句子。杯觥交錯，鏗鏘而作，或作擊筑狀，或作舞劍狀，而爾可是步履真篤地演示了一套「太極拳」，我在旁和著躍著，評著品著！說這是「見龍在田」，這是「雲行雨施，品物流形」，這是「山下出泉」「源泉滾滾」！

二、鷹嶺多論議、酒後齊賦詩

一九九三年八月底我應傅爾布萊德基金會（Fulbright

Foundation）之邀，到美國威斯康辛大學麥迪遜校區（Wisconsin University at Madison）訪問，開啓了我近一年的訪問學者生涯。這段期間交往至爲密切的有崇憲、有同僚、有家輝、有士杰，有先恆等人，而先恆更是密切。我們一起讀馬克斯・韋伯（Max Weber）的《中國的宗教》（the Religion of China），一起上威伯曼的批判理論（Critical Theory），也一起在林毓生先生家裡討論中國當代思想史的相關議題，尤其對於魯迅的理解，更是多所切磋，對林先生所提的「道德與思想意圖的謬誤」更是多所論談，還有一起讀費孝通的《鄉土中國》，我也在這段期間爲台灣及大陸的留學生做講座，尤其是固定每星期有個經典會讀，讀了《老子道德經》、《六祖壇經》、《陽明傳習錄》。

這段期間是我在寫完博士論文後進一步的發展，對於社會哲學與歷史哲學的向度，更深了一層認識，它似乎就滲到我生命中的每一寸肌膚裡，起著全盤而一貫的影響。林毓生先生是我常請教的前輩，而先恆是我最重要的談友，在他家的飯廳、在 Borders Bookstore 的咖啡座上，在我家的客廳裡，或者在夢到她湖（Lake Mendota）畔，或在學校的圖書館，或在校園的行道上，或在小鎮上的餐館裡，都有著我們的話語，都有著我們的談跡，沒有辯論，只有交談，就在交談中，彼此傾聽，就在傾聽中，眞理自然開顯。這段期間，我寫成了《儒學與中國傳統社會之哲學省察：以「血緣性縱貫軸」爲核心的展開》，落實了我有關「道的錯置：中國政治思想的根本困結」的深層研究。

先恆社會學的專業是量化的研究，但他對於質性研究特感興趣，他的學問胃口極佳，左右逢源、旁通統貫，更可貴的是，他

因爲家學關係，對於中國古代典籍有著深厚的興味，而中國文化土壤既是他思考問題的重要對比資源，也是他涵養性情，養成人格的自然天地。就在這深植的土壤裡，只要雲行雨施，自會品物流形，記得在經典會讀時，先恆、崇憲、同僚、士杰與我，就在彼此的交談中，讓《六祖壇經》、《傳習錄》的智慧話語，隨口而出，自然天成。有一回，會講後，眾人縱酒歡敘，各拈一句，竟也成了一首七言詩，詩曰：

「天地洪荒宇內歸，
　北斗七星域外斜，
　日月本無塵間意；
　憑他醉了再一杯！」

（癸酉之秋十一月廿五日，夜飲於美國麥迪遜，與先恆、
　　同僚、崇憲共賦此詩，頗覺有味，書之為誌念也）

鷹嶺巍峨，縱酒亢歌，人生幾何，我等年少，今憶前輩，竟爾竟爾，先恆！先恆！如斯奈何？如斯奈何？

三、病病眾生君為病，眾生病病病可離。

二〇〇三年清明前，聞悉先恆罹患肺腺癌，驚噩而不信，我以爲恐會是檢查有誤。既已知之，我卻還信著先恆健碩的身子，

總以為這是先恆為眾生而病，好自調理，自可痊癒，無庸多慮！我只以為現實的一些業力，就在先恆的願力慈悲下，沾惹了過來，分理分理，應可渡過。不意，這業力來得凶險，來得令人難以招架；但怎麼說，我以為蒼天不會誤人，蒼天總要有個公平，總以為「德福一致」是蒼天應許人們的。

先恆君，身材碩壯，聲如宏鐘，其人熱誠懇慤，有弘毅之志，有駿逸之氣，他做起事來，卻又綿綿若存、生生不已；我總覺得上蒼賦給了他神聖而理想的志業，他不會就此而終。病應只是個機，是一個轉機，我這樣思想著。

> 「長相憶，莫別離，綿綿遠道志相依，華夏中土更為期，
> 眾生疾，君為醫，病病眾生君為病，眾生病病病可離。
> 長相憶，莫別離，禱爾神祇跪長揖，願我兄弟同奮力，
> 病可離，身可癒，何日歸來，志道相依，萬里神洲齊奮力，
> 齊奮力！」

> （癸未之春聞陸先恆君肺癌，作為禱辭謹祝之，祈之，
> 願其早日康復也。安梧於清明後二日）

先恆收到我的信函後，告訴我，他會努力的，我們都相信蒼天有眼。關山遙隔，音問雖通，但總覺未能促膝，深以為憾！但卻也暗自相信，先恆必會康復，康復必將歸來，歸來時，必可以「志道相依，萬里神洲齊奮力，齊奮力！」。

二○○三年年底，先恆知道我參選了台灣師範大學校長，他

為我寫推薦函，並邀請了哥倫比亞大學的教授連署，這在在可以看到先恆的熱誠悃懇，這在在可以看到他那「大炮」的豪情風範。我當時心裡想著，果真當了台灣師大校長，第一件事就是說服先恆回來共同奮鬥！台灣須要這樣的一位勇者，充滿了智慧與仁慈的勇者。

病中，先恆還應馬家輝兄之邀為香港《明報》寫專欄，也應我之請，寫了有關「孔子談快樂」的文章，章法條理，分明透邈，不失原來本色。我心想著，工夫還在，氣力依然充足，這身子骨應也撐得過去。這篇文章登在《鵝湖》廿九卷十一期，二○○四年五月，總號 347 期。我唸叨著：等先恆痊癒，我可要他多寫些有關中國社會思想的論著。

誰知：我這些念想竟成了絕想，先恆的這篇論孔子的文章，也成了他論略中國文化的絕響。思之！不亦悲夫！

四、捻燈心、下油海！且把光熹，就此殘延。

興許蒼天仍在，興許天長地久！正是兄弟情長，正是道志真醇；冥冥中生命自有真意相連，續之不已。正因如此續之不已，方成這「上下四方」之「宇」，方成這「古往來今」之「宙」。吾心即是宇宙，宇宙原不外吾心，一剎那入於永恆，一剎那貫通古今，一剎那又將生死幽明通貫一處。七月廿二日我去電先恆，是美珍接的，噩耗既知，一時間恍惚難信，我只相信先恆還在，先恆還在！

　　七月三十日，崇憲、士杰、同僚、樹仁等先恆的朋友爲他辦了一個隆重的告別式，地點在台北市中山北路，一談起先恆，大家想起的就是他的善良，他的熱忱，他的理想，他的堅持，他的宏願！我與若蕙、墾兒、耕兒全家都來了，望著崇憲、同僚，彼此泛著淚光！

　　先恆啊！先恆！爾竟作那武陵人「緣溪行，忘路之遠近，忽逢桃花林，夾岸數百步，落英繽紛！」爾正詫異時，卻又前行，這樣走了數百步，「林盡水源，便得一山，山有小口，彷彿若有光」，爾也就率性的「便舍船，從口入」，就這樣您可進了「桃源絕境」。但願您就在那桃園絕境，舞太極、讀四書、遍覽古往今來、歷觀天地陰陽，乘願再來，再來煮酒、再來吟詩，再來擊劍，再入凡塵，又做儒俠，人稱「大炮」。我們可仍要「**志道相依，萬里神洲齊奮力，齊奮力！**」

　　先恆歸矣！先恆歸矣！爰作一嵌名輓聯，聯曰：

「先人後己中心此忠，
恆變通常如心成恕。」

　　先恆是個利他主義者，事事先人後己，他守的是貞常之道，並以此應變萬化，他依據的是孔老夫子的教導，「夫子之道，忠恕而已矣！」，「忠」爲「盡己」，「恕」在「推己及人」。先恆啊！先恆！您可眞是個「忠恕君子」！

　　先恆或還記得在甲申年（二○○四年），我寄去的一首散詞，詞是這樣寫的：

憶昔年少，問酒邀愁！

起舞弄劍話千秋，怎知世態強作憂。

什麼舜堯周孔。竟敢誇勉！

到得中年，歷觀世變，欲開笑顏，臉皺卻嫌。

亂緒紛紛。豈可綿綿！

捻燈心、下油海！且把光熹，就此殘延。

（安梧　甲申之秋十月三十日隨占記感）

　　世事憂煎，兩岸紛擾，但我已知之，並從而志之，我篤切勉力要自己「捻燈心、下油海」，「且把光熹，就此殘延」，我知道在亂世「殘延」是須要的，就此殘延，也就盡了天命。先恆啊！先恆！我們且在天上人間齊奮力！齊奮力！

　　　　　　　——安梧敬悼於台北元亨居，丙戌（二〇〇六年）

　　　　　　　端午後五日，六四後一日

本文刊於《鵝湖》，32 卷第 1 期，總號 373 期，2006 年 7 月，頁 61-64。

參考書目

丁山著《中國古代宗教與神話考》，上海文藝出版社印行，一九八三年影印本，
　　上海。

王亞南著《中國官僚政治研究》，谷風出版社印行，一九八七年七月，台北。

王玉波著《中國家長制家庭制度史》，天津社會科學出版社印行，一九八九年
　　十月初版，天津。

王邦雄著《中國哲學論集》，台灣學生書局，一九八四年，台北。

王賡武著、姚楠編譯《歷史的功能》，香港中華書局印行，一九九〇年十一月，
　　台北。

中村元著、徐復觀譯《中國人之思惟方法》，中華文化出版事業委員會印行，
　　一九五三年五月初版，台北。

申小龍著《中國句型文化》，東北師範大學出版社印行，一九八八年十一月初
　　版，吉林長春。

牟宗三著《政道與治道》，廣文書局印行，一九七四年七月修訂本初版，
　　台北。

牟宗三著《中國哲學的特質》，台灣學生書局印行，一九八二年八月六版，
　　台北。

朱天順著《中國古代宗教初探》，谷風出版社印行，一九八六年十月台版，
　　台北。

成中英著《中國哲學的現代化與世界化》，聯經出版事業公司印行，一九八五
　　年九月初版，台北。

呂理政著《天、人、社會：試論中國傳統的宇宙認知模型》，中央研究院民族
　　學研究所印行，一九九○年三月初版，台北。

李宗侗《中國古代社會史》，華崗出版社印行，一九五四年，台北。

李亦園著《文化的圖像：宗教與族群的文化觀察》，允晨叢刊，一九九二年，
　　台北。

李澤厚著《中國近代思想史論》，人民出版社出版印行，一九七九年七月，
　　北京。

李澤厚著《中國現代思想史論》，東方出版社出版印行，一九八七年六月，
　　北京。

李宗桂著《文化批判與文化重構：中國文化出路探討》，中國文化與現代化叢
　　書，陝西人民出版社印行，一九九二年六月初版，陝西西安。

李甦平著《聖人與武士：中日傳統文化與現代之比較》，中國人民大學出版社
　　印行，一九九二年七月第一版，北京。

杜維明著《儒家自我意識的反思》，聯經出版事業公司印行，一九九○年十月
　　初版，台北。

杜維明著《儒學第三期發展的前景問題》，聯經出版事業公司印行，一九八九
　　年五月初版，台北。

杜正勝著《周代城邦》，聯經出版事業公司印行，一九七九年，台北。

杜正勝著《編戶齊民——傳統政治社會結構之形成》，聯經出版事業公司印行，
　　一九七九年，台北。

余英時著《中國知識階層史論（古代篇）》，聯經出版事業公司印行，一九八
　　○年八月初版，台北。

余英時著《歷史與思想》，聯經出版事業公司印行，一九七六年九月初版，台
　　北。

余英時著《中國近世宗教倫理與商人精神》，聯經出版事業公司印行，一九八
　　七年一月初版，台北。

余英時著《從價值系統看中國文化的現代意義》，時報出版事業公司印行，

一九八四年一月初版，台北。

余英時、包遵信等著《文化中國續編：從五四到新五四》，時報文化出版社印行，一九八九年六月初版，台北。

林同濟等著《中國之危機》，黃河出版社印行，一九七一年一月，香港。

林安梧著《台灣、中國——邁向世界史》，唐山出版社印行，一九九二年，台北。

林安梧著《王船山人性史哲學之研究》，東大圖書公司印行，一九八七年，台北。

林安梧著《存有、意識與實踐》，東大圖書公司印行，一九九三年，台北。

林語堂著《吾國與吾民》，中譯本，台北綜合出版社印行，一九七六年，台北。

林毓生著、穆善培譯《中國意識的危機：五四時期激烈的反傳統主義》，貴州人民出版社印行，一九八八年一月，第一版，貴州。

林毓生著《思想與人物》，聯經出版事業公司印行，一九八三年八月初版，台北。

林毓生著《政治秩序與多元社會》，聯經出版事業公司印行，一九八九年五月初版，台北。

林耀華著《金翼：中國家族制度的社會學研究》，三聯書店印行，一九九〇年九月，香港。

松本一男著、歐陽文譯《中國人與日本人》，新潮社印行，一九八八年二月初版，台北。

金耀基著《中國社會與文化》，牛津大學出版社印行，一九九二年初初版，香港。

金觀濤、劉青峰著《興盛與危機：論中國社會超穩定結構》，中文大學出版社印行，一九九二年增訂本，香港。

金觀濤著《在歷史的表象背後：對中國封建社會超穩定結構的探索》，谷風出版社印行，一九八八年九月初版，台北。

香港中文大學新亞書院中國文化學會編《望到便覺天地寬》，新亞研究所出版，
　　一九七五年九月，香港。

胡樸安著《周易古史觀》，線裝古本，一九四二年出版印行，中國。

Lucian Pye 著、胡煜嘉譯《中國人的政治心理》，洞察出版社印行，一九八八
　　年八月初版，台北。

Martin Buber 著，陳維綱、曾慶豹譯《我與你》，久大文化股份有限公司，一
　　九九一年，台北。

韋伯著、錢永祥編譯《學術與政治》，新橋譯叢，允晨文化公司印行，一九八
　　五年六月，台北。

韋伯著、簡惠美譯《中國的宗教：儒教與道教》，新橋譯叢，遠流出版社印行，
　　一九八九年一月，台北。

韋伯著、康樂編譯《支配的類型》，新橋譯叢，允晨文化公司印行，一九八五
　　年六月第一版第一刷，台北。

胡蘭成著《中國的禮樂風景》，三三叢刊，遠流出版社印行，一九九一年三月
　　初版，台北。

唐君毅著《中國文化之精神價值》，正中書局印行，一九八七年三月二版第六
　　次印行，台北。

唐君毅著《中國人文之精神發展》，人生出版社印行，一九五八年，香港。

殷海光著《中國文化的展望（上、下）》，桂冠圖書公司印行，一九八八年三
　　月一版一刷，台北。

徐復觀著、蕭欣義編《儒家政治思想與民主自由人權》，八十年代出版社印行，
　　一九七九年八月初版，台北。

徐復觀著《周秦漢政治社會結構之研究》，台灣學生書局印行，一九七五年，
　　台北。

孫隆基著《中國文化的「深層結構」》，谷楓出版社印行，一九八六年，
　　台北。

許倬雲著《中國文化的發展歷程》（錢賓四先生學術文化講座），中文大學出

版社印行，一九九二年月，香港。

許倬雲著《中國古代文化的特質》，聯經出版事業公司印行，一九八八年，台北。

許倬雲著《求古編》，聯經出版事業公司印行，一九八二年，台北。

秦家懿、孔漢思合撰、吳華主譯《中國宗教與西方神學》，聯經出版事業公司印行，一九八九年七月初版，台北。

陳其南著《家族與社會：台灣和中國社會研究的基礎理念》，聯經出版事業公司印行，一九九〇年三月初版，台北。

張光直著《考古學專題六講》，稻鄉出版社印行，一九八八年九月初版，台北。

張光直著《美術、神話與祭祀》，遼寧教育出版社印行，一九八八年初版，遼寧瀋陽。

張德勝著《儒家倫理與秩序情結：中國思想的社會學詮釋》，巨流圖書公司印行，一九八九年九月一版一印，台北。

張灝著《幽暗意識與民主傳統》，聯經出版事業公司印行，一九八九年五月初版，台北。

梁啓超著《中國魂》，上海雲記書莊出版印行，一九〇二年，中國上海。

梁啓超著《中國歷史研究法補編》，商務印書館印行，一九三三年，上海。

梁啓超著《中國學術思想變遷大勢》，中華書局印行，一九六〇年，台北。

梁漱溟著《中國文化要義》，香港集成圖書公司印行，一九六三年九月，香港。

勞思光著《中國之路向》，尚智出版社印行，一九八一年五月初版，香港。

勞思光著《中國文化要義》，香港大學崇基書院印行，一九七二年初版，香港。

費孝通、吳辰伯等著《皇權與紳權》，觀察社印行，一九四八年十二月，上海。

費孝通著《鄉土中國》，台灣影印本，一九八五年，台北。

費孝通著《鄉土重建》，台灣影印本，一九八五年，台北。

黃應貴主編《人觀、意義與社會》，中央研究院民族學研究所印行，一九九三
　　年四月出版，台北。

黃光國著《儒家思想與東亞現代化》，巨流出版社印行，一九八八年十月初版，
　　台北。

復旦大學歷史系、復旦大學國際交流辦公室合編《儒家思想與未來社會》，上
　　海人民出版社印行，一九九一年四月初版，上海。

雷海宗著《中國文化與中國的兵》，里仁書局印行，一九八四年三月，台北。

傅斯年著《性命古訓辨證（上、中、下）》，國立中央研究院歷史語言研究所
　　單刊乙種之五，商務印書館印行，一九四○年四月初版，中國。

楊聯陞著《中國文化中報、保、包之意義》，錢賓四先生學術文化講座，香港
　　中文大學出版社印行，一九八七年初版，香港。

楊適著《人倫與自由》，香港商務印書館印行，一九九一年一月初版，香港。

董作賓著《中國古代文化的認識》，大陸雜誌社印行，一九五二年三月初版，
　　台北。

劉創楚、楊慶堃著《中國社會：從不變到巨變》，中文大學出版社印行，一九
　　八九年初版，香港。

劉澤華、汪茂和、王蘭仲著《專制權力與中國社會》，香港中華書局印行，一
　　九八八年九月初版，香港。

鄧啓耀著《中國神話的思維結構》，重慶出版社印行，一九九二年一月初版，
　　四川。

韓格里（Gray G. Hamilton）著、張維安、陳介玄、翟本瑞譯《中國社會與經
　　濟》，聯經出版事業公司印行，一九九○年七月初版，台北。

錢穆著《中國近三百年學術史》，台灣商務印書館印行，一九六四年五月台二
　　版，台北。

錢穆著《國史新論》，正文印刷公司印行，一九六九年一月台初版，台北。

錢穆著《民族與文化》，香港新亞書院，一九六二年，香港。

錢穆著《中國文化史導論》，正中書局印行，一九五一年，台北。

錢穆著《從中國歷史來看中國民族性及中國文化》，（錢賓四先生學術文化講
　　座），中文大學出版社印行，一九七九年初版，香港。

瞿同祖著《中國法律與中國社會》，里仁書局印行，一九八四年九月台版，
　　台北。

薩孟武著《中國社會問題之社會學的研究》，上海華通書局印行，一九二九年
　　十一月，上海。

譚其驤等著《中國傳統文化再檢討（上、下）》，谷風出版社印行，一九八七
　　年九月初版，台北。

顧忠華著《韋伯學說新探》，唐山出版社印行，一九九二年三月初版，台北。

顧昕著《中國啓蒙之歷史圖景》，牛津大學出版社印行，一九九二年初版，
　　香港。

蕭公權著《中國政治思想史》，台北中國文化大學出版，一九八〇年，台北。

薩孟武著《儒家政論衍義》，東大圖書公司印行，一九八二年，台北。

B.I. Schwartz,1985, "*The World of Thought in Ancient China*", Cambridge:
　　Harvard University Press.

C. K. Yang, 1959. " *Some Characterictics of Chinese Bureaucratic Behavior.*" In
　　D.S. Nivison and A.F.Wright, eds., Confucianism In Action. Stanford
　　University Press.

Gary G. Hamilton And Wang Zheng, 1992," *From The Soil: The Foundations of
　　Chinese　Society*" A Translation of Fei Xiaotong's Xiangtu Zhongguo With
　　An Introduction and Epilogue, University of California Press.

Herrlee G. Creel,1953. "*Chinese Thought.* " Chicago: University of Chicago Press.

Kam Louie,1980. " *Critiques of Confucius In Contemproary China*" Hong Kong:
　　The Chinese University Press.

Lin Yu-Sheng, 1979, "*The Crisis of Chinese Consciousness: Radical
　　Antitraditionalism In The May Fourth Era*". Madison : University of
　　Wisconsin Press.

Max. Weber, 1964, " *The Religion of China* " Translated From the German And Edited by H.Gerth With an Introduction by C.K. Yang, The Free Press, New York.

Max. Weber, 1978, " The Logic of Historical Explanation ". In W. Runciman,ed., *"Weber: Selections in Translation.* London: Cambridge University Press.

Max. Weber, 1949, " *The Methodology of The Social Science*, New York : Fres Press.

Max. Weber, 1958, *"The Protestant Ethic And The Spirit of Capitalism*, New York: Free Press.

Metzger, Thomas A. 1977, " Escape From Predicament: Neo-Confucianism and China's Evolving Political Culture, " New York : Columbia University press.

Pierre Bourdieu 1991, " *Language and Symbolic Power*" Edited and Introduced by John B. Thompson Translated By Gino Raymond and Matthew Adamson, Harvard University Press.

Raymond Aron, 1965. *"Main Currents in Sociological Thought*, Vol.1,2. Pelican Books.

Susanne K. Langer, 1980. *"Philosophy in a New Key"*, 3rd ed. Cambride: Harvard University Press.

V. A. Rubin,1976. *"Individual and State In Ancient China."* New York: Columbia University Press.

索　引

十五畫以上

國家圖書館出版品預行編目資料

血緣性縱貫軸——解開帝制・重建儒學

林安梧著. – 初版. – 臺北市：臺灣學生，2016.03
面；公分：

ISBN 978-957-15-1689-9 (平裝)

1. 儒學

121.2   104023808

血緣性縱貫軸——解開帝制・重建儒學

著　作　者：林　　　安　　　梧
出　版　者：臺　灣　學　生　書　局　有　限　公　司
發　行　人：楊　　　雲　　　龍
發　行　所：臺　灣　學　生　書　局　有　限　公　司
　　　　　　臺北市和平東路一段七十五巷十一號
　　　　　　郵 政 劃 撥 帳 號：00024668
　　　　　　電　話：(02)23928185
　　　　　　傳　眞：(02)23928105
　　　　　　E-mail：student.book@msa.hinet.net
　　　　　　http://www.studentbook.com.tw
本 書 局 登
記 證 字 號：行政院新聞局局版北市業字第玖捌壹號
印　刷　所：長　欣　印　刷　企　業　社
　　　　　　新北市中和區中正路九八八巷十七號
　　　　　　電　話：(02)22268853

定價：新臺幣五五○元

二 ○ 一 六 年 三 月 初 版